中公文庫

ジョゼフ・フーシェ

ある政治的人間の肖像

シュテファン・ツヴァイク
山下　肇
山下萬里　訳

中央公論新社

アルトゥール・シュニッツラーに
敬愛の心をこめて

目次

まえがき

ジョゼフ・フーシェ。この、時代にならびなき権勢家にして古今の歴史上にも珍しい異色中の異色の人物は、およそその在世中にも人から愛されること少なく、後世からもまた公正な目でみられることがさらに少なかった。セントヘレナ島でのナポレオン、ジャコバン派の人々を前にしたロベスピエール、回想録を書いたカルノやバラス、タレーラン、そしてすべてのフランス史家は、王党派であれ共和派であれボナパルト派であれ、みなひとたびこの人物の名を書くにおよぶと、たちまち癇癪がその筆にのって走らんばかり。生まれついての裏切り者、哀れむべき陰謀家、ぬめっこい爬虫類的性格、算盤《そろばん》ずくの変節漢、低劣な警察根性、浅ましい背徳者等々——彼にたいしては、すべて遠慮会釈もない罵《ば》詈《り》讒《ざん》謗《ぼう》がかぎりなく浴びせられる。ラマルティーヌ（著書『ジロンド派史』など）もミシュレもルイ・ブラン（ともにフランス革命史を書いた）も、この人物の性格を、いやむしろ驚くほど執拗なその無性格を、本気で究明しようとはしない。彼の姿が初めて現実の生活的な輪郭をとってあらわれるのは、あの記念碑的なルイ・マドランの伝記においてである（かくいう本書も、他のすべての研究と同様、事実の素材の大部分をこの伝記に負っている）。この伝記がなかったら、歴史はこの人物をまったく黙殺し、とるに足らぬ後列のその他大勢組へ押しこんでしまっていただろう。世界史の転換期の内部にあって、あらゆる党派を牛耳り、ただひとりこの時期を生きのび、心理的な果たし合いにおいてナポレオンやロベスピエールのごときに打ち勝ったこのしたたか者を、だ。ときとしてその姿が、ナポレオン劇やナポレオン・オペレッタにちらちらあらわれることもあったが、そういうときにはたいてい、すれっからしの警察大臣とか、シャーロック・ホームズの先祖といった、月並みで型にはまった役柄でしかない。うすっぺらな演出は、いつも決まって、黒幕の役まわりを脇役ととりちがえる始末である。

ただひとり、自分自身の偉大さから、この特異な人物を大物視した人がいる。その人こそ、ほかならぬあのバルザックなのである。この高邁《こうまい》かつ透徹した精神は、時代の表舞台だけでなく、つねに書割《かきわり》の裏までも見つめて、躊躇《ちゅうちょ》なくフーシェを、その世紀の心理的にもっとも興味ある性格と見てとったのだ。バルザックは、あらゆる情熱という情熱を、いわゆる英雄的なものも低劣なものも、彼の感情の化学においてはすべてまったく等価値な元素として見るならわしであって、ヴォートラン（バルザック作『ゴリオ爺さん』中の人物、脱獄囚）のような完全な犯罪者もルイ・ランベール（同『人間喜劇』中の青年哲学者）のような道徳的天才も同じく賛嘆し、道徳と不道徳の差別をしなかった。つねに人間の意志の価値と情熱の強度のみを測ることに慣れていたから、まさしくこのフーシェという、革命と帝政の時代のもっとも軽蔑され罵倒された人物を、故意に身を隠していた陰の場所から引っ張りだしたのである。彼はこの「奇妙な天才」を「かつてナポレオンのもった唯一の閣僚」と呼び、さらにはまた「私の知るかぎりでのもっとも強い頭脳」とも呼んで、べつの箇所では「どんな表面の下にも非常な深さを隠していて、その行為の瞬間にはそれと洞察できず、後になってようやく納得のいく人物のひとり」と言っている。――これはまた、あの道学者たちの軽蔑するものとは、なんと異なった響きだろうか！　そして彼は、その長篇小説『暗黒事件』のなかで、この「ほとんど知られていない陰気で深刻で並はずれた人物」に特別な一ページをささげているのだ。バルザックは次のように書いている。

「ナポレオンにさえ一種の恐怖心を抱かせた彼の特異な天賦《てんぷ》の才も、決して一挙にあらわれたわけではない。この名もない国民公会（一七九二年―九五年十月。フランス初の男性普通選挙による議会。王政を廃止し、憲法を制定）の議員は、当時のもっとも桁はずれにすぐれた、しかももっとも誤って判断されている人物のひとりであるが、あの革命の危機のなかで初めて、後年にみられる存在になったのである。彼は総裁政府（一七九五―九九年。九五年憲法に基づく政治体制。五人の総裁。五百人会議と元老院の二院制）のもとで高い地位にのぼったが、それは、読みの深い人物ならば、その地位からして、過去を正しく判断することによって未来を卜《ぼく》することもできるような地位だったわけである。やがて彼は霧月《ブリュメール》十八日のクーデター（一七九九年十一月九日）の際に、一躍その辣腕ぶりを発揮してみせたが、まるでそれは、おおかたの大根役者がなにか不意に電撃的に啓発されてすばらしい名優になったかのようなありさまだった。色つやの悪い顔をして、修道会のきびしいしつけに叩きあげられて育ったこの男は、はじめ属していた山岳派（モンターニュ派とも。国民公会の急進革命派）の秘密をとことんまで知りつくしたかと思うと、しまいには鞍替えした王党派の秘密もこれまたいっさいきわめつくして、政治の舞台に登場する人間という人間、事物という事物、駆け引きのあの手この手をじっくりと黙って研究してしまっていたのである。ボナパルトの秘密までも彼はちゃんと見抜いて、有効な助言を試みたり、貴重な情報を提供したりした。……昔の同僚も、新しい同僚も、誰ひとりとしてこの瞬間に、彼の天才のほどを予感した者はなかった。本質的に統治の天才なのである。つまり、彼の見通しはことごとく的中したし、信じられないほどの鋭い千里眼を備えていたのだ」

まずこのバルザックの示した敬意が、私の注意をフーシェに向けさせたのだった。それからというもの私は、数年このかた、折にふれてこの人物に注目してきた。そもそもバルザックともあろうひとが、「ナポレオンそのひと以上に人間を支配する力をもっている」とまでほめそやしているのだから。ところがフーシェは、生きていた時代と同じように、歴史においても、どこまでも巧みに陰の人物となりおおせることを心得ていた。つまり彼は、決して正面きって自分の顔を人目にさらしたがらないし、手のうちを覗かせようともしないのだ。ほとんどつねに、彼は出来事の内部、党派の内部に身をひそめ、官職という無名の隠れみのの背後に隠れて、時計の中身のぜんまい仕掛けのように、人目につかず、隠密裏に行動している。だから、出来事の混乱のただなかで、彼の行動の軌跡がもっとも鋭いカーヴを描いたときに、すかさず彼の逃げ足のはやい横顔をかろうじてとらえようとしても、それさえめったに成功しはしない。そのうえ、もっと奇妙なことが！　この、逃げようとするところをかろうじてとらえたフーシェの横顔は、一見したところでは、どれひとつとしてみな似ても似つかぬ顔なのだ。なにしろ同じ皮膚、同じ髪の毛をもった同じ人間が、一七九〇年には修道会の教師で、一七九二年にははや教会の略奪者となりかわり、一七九三年にはコミュニストで、なんとその五年後にはうなるほどの百万長者、そのまた十年後にはオトラント公爵になりすますというのだから、想像してみようにもいささか骨が折れる。しかし、この彼の変貌のかずかずが大胆不敵なものであるだけに、近代におけるもっとも完全なマキアヴェリストの性格、いやむしろ無性格がさらに私の関心をかきたてた。完全に身を陰に隠してひっそりと謎に包まれている彼の政治的生涯は、ますます私の興味をそそり、彼の人間像はますます独特な、いやそれどころか、ますますデモーニッシュなものとなった。したがって、私がここにはからずもジョゼフ・フーシェの物語を書くにいたったのは、まったく心理学的な興味からであり、しかも、駆け引き上手な外交屋という、われわれの世界でいちばん危険きわまりない、まだ研究しつくされていない精神的人種についての、未開拓であり、きわめて必要と思われる生物学にたいする寄与として、なのである。

こういう徹底して道徳を超越した人物の一生の物語を書くということは、ジョゼフ・フーシェのように独特無類な重要人物の場合ですら、現代の嗜好の明らかな傾向に反することを私は承知している。今日、時代は英雄的な伝記を欲し、かつ好んでいる。現代には独創的な政治の指導者像が貧困であるところからして、より高度な実例を過去に探し求めているからだ。ところで、英雄の伝記が人の心の目を押しひらき、われわれを力づけ精神を高揚させる力をもつことを、私も決して見のがしているわけではない。この種のものは、プルタルコスの時代以来、上昇期にあるすべての一族や若者たちにとって必要なものである。しかしながら、まさにこの政治の分野においてこそ、英雄の伝記はともすれば、歴史を捏造してしまう危険をはらんでいる。つまり、真に指導的な人物が、当時も、またいかなるときでも、実際に世界の運命を決定してきたかのような歪曲《わいきょく》である。もちろん英雄的人物が、たんに存在するというだけで、数十年数百年にわたって、精神生活を支配することに疑いはないが、しかし、それは精神的な面だけでしかない。実際の現実生活、すなわち政治という権力がものをいう領域においては――しかもこのことは、あらゆる政治的妄信にたいする警告として強調しておかねばならないのだが――卓越した人物や純粋な理念の持ち主たちが裁定をくだすことはまずめったになく、はるかにお粗末だが要領のよい手合い、つまりは黒幕的な人物がことを決する役を演じているのである。一九一四年にも一八年にも私たちがこの目で見たとおり、戦争と平和の世界史的な決定は、理性と責任感から断をくだされたのではなく、はなはだ怪しげな性格と不十分な知性しかもたない、身を陰に隠した連中の手でなされたのだ。そして私たちは、最近ではまた毎日のように同じことを見せつけられている。なんともいかがわしい、政治という忌まわしい賭博である。さまざまな国民が性こりもなくそれを忠実に信じこんで、自分たちの子孫や未来をそれに賭けているのだが、倫理的な見通しやゆるぎない確信をもつ人々は、首尾一貫した信念をつらぬくことはできずに、そういう人々はただ、あの駆け引き屋とよばれる職業的な賭博師、すばしこい手つきで口先は空疎、冷ややかな神経のあの達人どもによって、くりかえし手玉にとられてしまう。したがって、ナポレオンがすでに百年前に述べていたように、政治が事実「現代の宿命《ラ・ファタリテ・モデルヌ》」という新たな運命のものとなってしまったのならば、私たちはこれら権力の背後に隠れた人間を識別し、それによってかかる権力の危険な秘密をも知ることをもって、私たちの抵抗を試みたいと思う。願わくはこのジョゼフ・フーシェの一生の物語が、そのような政治的人間の類型学《ティポロギー》のために役だつものであらんことを。

一九二九年秋　　　　　　　ザルツブルクにて

ジョゼフ・フーシェ

ある政治的人間の肖像

第一章　売りだすまで　一七五九―一七九三年

一七五九年の五月三十一日（ツヴァイクの誤り。正しくは二十一日と伝えられるが、他にも諸説あり）、ジョゼフ・フーシェは――オトラント公爵となるのはまだまだはるか先のこと！――港町ナントに誕生した。親は船乗りで商人、家代々が船乗りである。だから、跡とり息子のフーシェもやはり船員か、船乗り商人、または船長ぐらいになるというのがわかりきった話だったが、しかし栴檀《せんだん》は双葉《ふたば》より芳《かんば》し。この、やせてひょろ長の、血色の悪い、神経質で不細工な少年は、およそこうした荒っぽい、当時まだ実際に英雄的だった職業にはまるっきり適性を欠いている。岸から二マイルも離れると――もう船に酔ってしまう。ものの四分の一時間も走ったり、男の子の遊びをすると――もうへたばってしまう。こんな意気地なしの弱虫はゆくすえどうなることかと、両親は考えるたびに頭を痛めた。というのも、一七七〇年ごろのフランスでは、いちはやく精神的に目ざめて進出の機をうかがっている市民階級にとって、まだまだろくな職場はなかったからである。裁判所にしろ官庁にしろ、あらゆる官職という官職で、うまい汁の吸えるポストはみな貴族が押さえてしまっているし、宮仕えにはかならず伯爵家の紋章とか富裕な男爵領とかが必要であり、軍隊でさえ平民は白髪頭になってせいぜい伍長どまりが落ちなのだ。悪い取り巻きばかりで腐敗しきったフランス王国では、まだ第三身分（第一身分は聖職者、第二身分は貴族、第三身分は人口の大半を占めた平民）はどこへ行っても閉めだされている。してみれば、しびれをきらすほど長いあいだ辞を低くして差し伸べていたのに、その頼みの手がすげなくはねつけられた以上は、それから四半世紀がたって、今度は第三身分が鉄拳をもってその要求をするようになることも、なんの不思議もありはしないのだ。

ただ教会だけは残っている。この、千年もの齢《よわい》を重ねて、世間知にかけても諸王朝より無限にたちまさっている大勢力は、その考えかたもはるかに賢明で、民主的であり、寛大な包容力を持っていた。教会はつねにあらゆる才知ある者のために居場所を見つけてやり、この目に見えない帝国ではどんな身分の低い者でも採用された。ジョゼフ少年はすでにオラトリオ会の寄宿学校で抜群の優等生ぶりを発揮していたので、この卒業生のために修道会は快く教職を与え、数学と物理学の教師兼学校主事、生徒監に任命した。イエズス会士の追放以来、フランス各地でカトリックの教育をリードしているこの修道会で、若冠二十歳の彼はいわば高位顕職にのぼらされたわけである。むろんそれは貧弱な職で、たいした昇進の見こみもありはしないが、しかし、ともかく彼はこの学校で自分自身も訓練され、教えながら学びもしたのである。

彼が聖職者としての誓願をしていたのなら、もっと昇進して、神父にもなり、あわよくば司教とか大司教とよばれる身にもなれたかもしれない。しかし、そこがジョゼフ・フーシェの典型的なところで、その経歴《キャリア》の第一歩第一段階からして、はやくも彼の本質の一番特徴的な傾向があらわれている。つまり彼は、なにか特定の人や物事に完全に結びついて後で取り返しがつかなくなることはまっぴらごめんなのである。彼は僧衣をまとい、頭頂部をまるく剃《そ》り、他の教父たちにたちまじって修道士生活をともにし、あのオラトリオ会の十年の間、内面外面どこから見ても、まるっきりの聖職者となんら選ぶところはなかった。だが彼は、さらに上級職の聖職者叙階式を受けようとはせず、誓願もいっさいやらなかった。例によって、どんなときでも、彼はちゃんと逃げ道をあけておき、転身豹変の可能性を用意している。教会に身をゆだねたのも一時の方便なら、後の革命や総裁政府、統領政府（一七九九年ブリュメール十八日のクーデターによる政治体制。第一統領のナポレオンに権力が集中）、帝国（一八〇四年ナポレオンが皇帝即位）や王国（一八一四―三〇年。ナポレオンの退位後の王政復古によるブルボン家の王政）に加わるのも同じこと、決して全身全霊を傾けてのことではない。神にたいしてもそうなのだから、いわんや人間にたいして、ジョゼフ・フーシェは生涯の忠誠を誓う義務などさらさら感じないのである。

二十歳から三十歳までの十年間、この蒼白い、黙りこくった半僧半俗の男は、修道院の廊下をわたり、ひっそりした食堂を歩いてすごした。彼が教鞭をとる土地はニオール、ソミュール、ヴァンドーム、パリと移るが、居住地の変化はほとんど意に介しない。およそ神学校の教師生活ときたら、いずこの町でも同じこと、音もなく貧寒として、いつも沈黙の塀《へい》の内側に浮世から隔離されたまま、ぱっとしないことははなはだしいものなのだから。ラテン語や数学、物理学を教える相手の生徒は二〇人、三〇人、あるいは四〇人。黒衣をまとった色つやの悪い少年たちをミサに連れていったり、共同寝室を見てまわったり、ひとりで学術書をひもとき、おそまつな食事、少ない給料、黒いすりきれた服、こういう修道院の地味な生活である。この十年、鳴りをしずめて身を陰に隠した生活は、現実の時空のかなたに遠く離れて、なんの結実も野心もなく、一塊の木石と化したかのように見える。

　さはさりながら、この修道院付属学校での十年間で、ジョゼフ・フーシェは、後年、駆け引き外交屋として無限に役だった多くのことを学んでいる。なかんずく、沈黙しおおせる技倆《うで》、姿をくらます韜晦術《とうかいじゅつ》の奥義、人の心を見抜く観察眼と心理学の堂に入った大家ぶり。この男が一生の間どんな激情にも顔の筋ひとつ動かすことなく、彼のいわば沈黙の塀をめぐらしてびくともしない顔色からは、怒りも憎しみも興奮も、内心の激しい動きを決して読みとることができない。どんな外交辞令も、どんな恐怖の言葉も、いつも変わらぬ無表情な調子でたんたんと口にし、皇帝の居室であろうと、騒然たる国民議会（一七八九年五月召集の三部会で、第三身分の議員が、身分制議会を打破して結成した議会。九一年憲法を制定し、解散）であろうと、同じように音もたてないもの静かな足どりではいっていくことを心得ている、こうした比類のない克己自制の鍛錬こそ、この修道院生活の歳月のうちに身につけたもので、彼が世界の檜《ひのき》舞台に足をかけるまでに、すでにして彼の意志はロヨラの戒律（イエズス会の創始者のひとりロヨラが霊魂を鍛えるよう説いた）によって鍛えられ、彼の演説は数世紀の伝統をもつ聖職者の討論術によってみっちり仕込まれている。フランス革命の三大外交家たるタレーラン、シエイエス（パンフレット『第三身分とは何か』を書いた）、フーシェがいずれも教会の学校の出身で、彼らが議政壇上にのぼるより前、つとに人間学の大家であったことは、あながち偶然ではない。通常は相反するこの三人の性格にも、ある決定的な瞬間には、彼らをはるかにこえた古来の共通な伝統がある種の類似な刻印を押すのである。そのうえフーシェの場合にはもうひとつ、スパルタ的な鉄のごとき克己、贅沢《ぜいたく》や華美にたいする内心の抵抗、私生活と個人感情を隠しおおせる力、が加わる。いやたしかに、修道院の廊下の陰ですごしたこのフーシェの十年は無駄ではなかった。彼は教師をつとめながら、無限に多くのことを学びとったのである。

　修道院の塀の内側の、まったく浮世離れした世界で、この独特な柔軟性をもち、休むことを知らない精神は、しだいに教育され伸ばされて、人間心理の達人にまで成長する。数年の間は、彼もごく狭い聖職者社会のなかでほんの目だたぬ活動を許されていたにすぎないが、はやくも一七七八年には、あの社会的暴風がフランスに吹きまくり始め、それは修道院の塀さえこえて吹きつけてくる。オラトリオ会の僧房でも、フリーメーソン・クラブと同じように人権についての討論がかわされ、一種の新しい好奇心がこれら若い聖職者たちを市民層に向けてかりたて、この物理学と数学の教師も、当時の驚くべき発見のかずかず、世界最初の飛行船であるモンゴルフィエの熱気球（一七八三年フランスのモンゴルフィエ兄弟が初の有人飛行に成功）や、電気、医学の分野での大規模な発明に好奇の目を向ける。聖職者たちは知的階層との接触を求め、アラスという町（フーシェのさらなる任地）では、「ロザティ協会」とよばれるまったく独特な社交サークルがこれを提供することになる。町の知識人たちが陽気に集まって一丸となる、一種の「シュララフィア会（一八五九年プラハから始まった国際的社交団体）」のようなものだ。そこでは、ほんとに飾りけのない、気のおけない空気が支配し、偉くもなんともない市民がちょっとした詩を朗読してみせたり、文学談義に花を咲かせたり、軍人も民間人も分けへだてがない。かくして、修道会教師のジョゼフ・フーシェも、物理学の新成果について豊富な話題を持ちあわせていたから、大いに歓迎された。しばしば彼はその社交サークルに出席して、たとえばラザール・カルノと名のる工兵隊大尉が自作の冷笑的な詩を朗読したり、顔色がすぐれず唇のうすっぺらな弁護士マクシミリアン・ド・ロベスピエール（当時はまだ彼は自分の名の「ド」という貴族の称号を重視していた）が「ロザティ協会」に敬意を表して生気のないテーブルスピーチをぶったりするのに、耳を傾けた。つまり、実際、まだこの地方は哲学好きな十八世紀の最後の息吹きを楽しんでいて、ド・ロベスピエール氏も死刑宣告書のかわりにいい気持ちになって優美な短詩文を書いたり、スイス出身の医師マラー（のちの山岳派の指導者）は勇ましい共産主義の綱領のかわりに甘くセンチメンタルな小説をものしたり、小男のボナパルト中尉（のちのナポレオン一世）もどこか地方でヴェルテル（ゲーテ作）まがいの短篇小説を書くのに苦心していたのである。嵐はまだ地平のかなたにあって、姿をあらわしていなかった。

ところが、これはまた運命のたわむれというのか、よりによってこの顔色の悪い、神経質でとめどもなく野心に燃える弁護士ロベスピエールと、頭を剃った修道会教師とは、特別親しい仲となったのだ。それどころか、ふたりの仲はまさしく義兄弟にもなりかねないむつまじさだったのである。というのも、マクシミリアンの妹シャルロット・ロベスピエールはこのオラトリオ会の教師を聖職から解放しようとし、いちはやくふたりは婚約していると世間で噂《うわさ》されていたからだ。この縁組が結局なぜ破談に終わったのかは、ついに秘密のままであるが、しかし、かつてはこれほどに親交を結び、後年は生死を賭してたたかうことになるこのふたりの男の間の、あれほどに恐ろしい世界史にもまれな憎しみの根は、ひょっとすると、このへんにひそんでいるのかもしれない。だが、当時は、まだジャコバン主義も、憎しみも、彼らはなにも知りはしない。それどころか、マクシミリアン・ド・ロベスピエールがフランスの新憲法の審議に参加すべく、三部会の議員としてヴェルサイユ（一七八九年十月まで議会はヴェルサイユにあった）に派遣されるとき、旅費と服の新調のために、この赤貧洗うがごとしの弁護士ド・ロベスピエールに金を貸しさえしたのは、ほかならぬ剃髪《ていはつ》のジョゼフ・フーシェなのである。これもまたひとつのシンボルであって、後年もしばしばでかしたように、誰かが世界史の舞台に乗りだすときには喜んでその踏み台になるが、そのくせ、いよいよ決定的な瞬間におよぶと、かつての友を裏切って地上に横転させるのも、まさしくフーシェなのである。

三部会の議会にロベスピエールが出発し、やがてそれはフランス王国のあらゆる礎《いしずえ》を揺さぶることになるのだが、その出発の直後に、アラスのオラトリオ会の人々も小さな革命をやってのけた。政治は修道院の食堂にまで侵入してきたので、どんな風にも敏感な知恵者フーシェはさっそくそれで帆をあげたのである。彼の提案で、第三身分にたいする聖職者の同情《シンパ》を表明すべく、代表が国民議会に送られた。だが、いつもは用意周到なフーシェも、今度ばかりは手のうちかたが一時間はやすぎた。彼の上司たちは、罰しようにも実際の罰を加える力はないので、彼をナント姉妹校へと左遷した。かつて少年フーシェが、科学と人間学の手ほどきをうけた同じ場所へ。

ところが、経験を重ね、すっかり成人している今の彼は、もう青二才の子どもたちに、かけ算の九九や幾何や物理を教える気になどなれはしない。機を見るに敏な風見鶏《かざみどり》は、いまや社会的暴風がこの国をおおい、政治が世界を支配していることをいちはやく感じとった。こうなったら、政治にとびこむことだ！　彼はいっきに聖職者服《スータン》をかなぐりすて、剃っていた頭の毛を伸ばし、乳くさい男の子のかわりに、今度はナントの実直な市民たちを相手に政治演説をぶった。クラブが設立されて――いつも決まって政治家のキャリアはこういう演説の稽古場で始まるものだ――二、三週間もせぬうちに、たちまちフーシェはナントの「憲法友の会（通称ジャコバン・クラブ）」の会長に納まる。彼は進歩を讃えたが、しかし非常に慎重に自由主義的に讃えたのだった。律義な商人の町ナントの政治的バロメーターはまだごく穏健で、信用を気にかけ、商売第一を心がける土地柄で、急進主義は好まれなかったからだ。ここはまた奴隷船の母港で、三角貿易により植民地からたっぷりうまい汁を吸ってもいるから、奴隷解放といった空想的な構想も人気はない。そこでフーシェはさっそく奴隷売買廃止に反対して仰々しい文書を議会に送り、おかげでブリソ（ジロンド派の指導者。山岳派に攻撃され処刑）からこっぴどく叩かれたが、偏狭な市民たちの間で彼の声望が落ちることはなかった。手遅れにならぬうちに市民仲間（つまりは未来の選挙民！）に政治的な地盤を確保するために、彼はいそいで、器量は悪いが財産つきのある豪商の娘と結婚した。つまり、やがては第三身分が最高の支配身分になろうというこの時代に――いちはやく彼はそれを感じとっていた――手っとりばやく完全に市民になろうという腹なのだった。

すべてはもう本来の目的のための準備なのだ。国民公会の選挙が公示になるや、かつての修道会教師はただちに候補者の名のりをあげた。ところで、候補者というものはすべて何をするものだろうか。まず第一に、善良な選挙民たちがただ聞くだけで満足するようなことすべてを公約する。そこでフーシェは、商業を保護し、財産を守り、法律を尊重することを誓った。彼は、旧体制にたいしてよりも、秩序の破壊者にたいして（というのは、ナントでは左からよりも右からのほうが風あたりが強いからだ）、はるかに多弁を弄《ろう》して悪態をついてみせる。実際、彼は一七九二年、国民公会の議員に選出され、かくして、これより久しきにわたり、三色の議員帽章がひそかな中剃り髪にとってかわることになる。

ジョゼフ・フーシェが当選したのは、三十二歳のとき（一七五九年五月生まれとすれば三十三歳か）である。好男子ではない、どう見てもそうではない。やせこけて、幽霊のように細いからだつき。骨張ってごつごつした面長の顔。およそ醜《ぶ》男《おとこ》で感じがよくない。鼻はとんがり、いつも閉じている口も小さくとんがったおちょぼ口。眠たそうに重たいまぶたの下には目が魚のように冷たく光り、ガラス玉のような瞳は灰色でネコを思わせる。この顔のすべて、この男のいっさいが、いわば栄養失調みたいにひねこびている。まるでガス灯に照らされた人間のように、生気のない蒼ざめた存在に見える。目には輝きがなく、動作も活気がなく、声にも張りがない。髪の毛は細くしょぼついており、眉毛は赤みをおびて、あるかないかの存在にすぎず、頬《ほお》も白茶けて生気がない。まるで、この顔を健康色に染めあげるには、色素がたりないとでもいうようだ。この強靭で、前代未聞の活動力をもった人物が、いつ見ても疲れきった病人か病みあがりの感じなのである。

彼に会った者は誰しも、この男には真っ赤な熱い血潮など流れていない、という印象をうける。そして、事実、彼は精神的にも冷血動物の一種なのだ。心を揺さぶられるような荒々しい情熱などはつゆ知らず、女にも賭け事にも興味はなく、酒は飲まず、贅沢を楽しむ気もなく、筋肉をつかうスポーツに興じるでもなく、ただ室内で書類に埋もれて暮らしている。あからさまに怒りをおもてにあらわすことも、顔に筋たてて色をなすこともない。ときたま慇懃《いんぎん》に、あるいは皮肉たっぷりにちょっと微笑するときにだけ、このうすい血の気《け》のない唇がいささかほころびることもあるが、一見しまりのない土気《つちけ》色の仮面の陰に、実際の緊張の色を見てとる人はいない。赤く隈《くま》どられた重たげなまぶたの下で、彼の目は決して彼の意図や思考の動きを外へ洩らしはしないのである。

この微動だにしない冷血さこそ、フーシェ本来の天賦の才でもある。彼を支配しているのは神経でもなく、官能が彼を誘惑することもない。彼のいっさいの情熱は、彼の額《ひたい》の打ち破ることのできぬ壁の背後に、積みあげられてはまた放散していく。彼は自分のさまざまな力は遊ばせておきながら、他人の失敗を見張っている。他人の情熱が燃えさかるあいだは、辛抱づよく燃えつきるまで、またその自制心がきかなくなって弱点をさらけだすまで、待っている。それから俄然《がぜん》、情け容赦もなく攻撃をかけるのだ。この彼の無神経な忍耐の優秀さは恐るべきもので、これほど待ち続け、これほど自己を隠しおおせることができるのならば、どんな練達の士でもあざむくことができよう。フーシェは平然として人に奉仕し、どんなひどい侮辱や屈辱も、眉ひとつ動かさずに、冷ややかな笑みをたたえて甘受するだろう。どんな脅迫も怒りも、この冷血漢を動かしはしないだろう。ロベスピエールとナポレオン、この両人とも、巌《いわお》にくだける波のように、フーシェという梃子《てこ》でも動かぬ盤石にあたってくだけ散るのである。まるまる三つの世代のあいだ、人々の激情は荒れ狂っては消えていったが、その間、この激情を知らぬただひとりの男だけは冷然と尊大に変わらぬままであり続けたのだ。

つまり、こういう冷血さこそ、フーシェ本来の天賦の才を意味する。肉体に妨げられたり心を揺さぶられたりすることもない。肉体は、これらいっさいの大胆不敵な精神的ゲームにあって、いわば不在なのである。彼の血、彼の官能、彼の魂、これら生身の人間を混乱させるすべての感情的な要素は、身を陰に隠したこの賭博師には、なんのかかわりもない。この男の全情熱は、すべて頭脳に押しこめられている。というのも、この無味乾燥な事務室人間は波瀾万丈を病的なまでに好んだが、その熱情の矛先《ほこさき》は陰謀だからなのである。しかし、彼がその熱情を燃やし尽くし、享受できるのはもっぱら精神からのみなのである。そして一生のあいだ彼が装い続けた、職務に忠実な愚直な役人という味気ない風貌くらい、この彼の、事態が紛糾すること、それをメモすることを愛した無気味さを巧みに天才的に隠蔽《いんぺい》してくれるものはない。一室から糸を操り、文書や記録簿の背後に隠れて、不意に人知れず、ものすごい攻撃を仕掛ける、これが彼の戦術なのだ。革命の焔《ほむら》や、ナポレオンの栄光のなかで、およそ彼の存在に気づくためには、歴史のなか深くに目をそそいで見なければならない。彼は一見控え目でへつらうように見えながら、じつは非常にかいがいしく、時代をつくりあげる。一生人の陰を歩みながら、三世代を生きのびる。パトロクロスはとうに倒れ、ヘクトールもアキレウスもあとに続いたが、策略に長じたオデュッセウス（いずれもギリシア神話上の人物）は生き残るのだ。彼の才能は天才をもしのぎ、彼の冷血はあらゆる情熱をこえて生き続けるのである。

九月二十一日（一七九二年）の朝、新たに選出された国民公会の議員フーシェは議場にはいる。儀式はもう三年前の最初の憲法制定国民議会のときほど荘厳でも華麗でもない。あの当時はまだ、白百合（ブルボン王家の紋章）の縫いとりをした豪華な緞子《どんす》の安楽椅子、国王の王座が中央にあった。そして、国王の臨御《りんぎょ》に際しては、総員うやうやしく起立して、聖なる主にたいし、堂をゆるがす歓呼のどよめきをあげたものだった。しかしいまや、圧政の砦だったバスティーユ牢獄もテュイルリー宮殿も力を失い、フランスにはもう国王はいない。いるのはただ、粗野な看守や裁判官にルイ・カペーとよばれている肥満した男性（ルイ十六世）が、無力の一市民としてタンプル塔で退屈して判決を待っているばかり。これにかわって、いまでは七五〇人（元老院の二五〇人と下院の五百人議会）がこの国を支配し、国王その人の邸宅を彼らが議会にしている。議長席のうしろには、ばかでかい文字で憲法の文言が、新たなモーゼの十戒のように掲げられ、議場の壁を飾っているのは——危険なシンボルだ！——古代ローマの束《そく》桿《かん》（権力の象徴として、斧の柄に細い棒をたばねたもの）と処刑用のまさかりである。

最上段の回廊には民衆が集まって、もの珍しそうに彼らの代表たちを眺めている。七五〇人の議員たちは悠然たる足どりで王宮へはいってきたが、これはあらゆる職業階層の奇妙な混合体である。名だたる哲学者の隣にうらぶれた弁護士がならび、武勲高き軍人の隣に議員になった聖職者、有名な数学者や優雅な詩人たちの隣には、できそこないの山師どもが雑居している。激しく揺さぶられたコップのなかのように、フランスでは革命を通じて、最下層の者が一番上の層まで浮かびあがってきた。さていまこそ、この混沌にけりをつけるべき時である。

すでに議席の配列からして、秩序のための初の試みを思わせる。古代ローマの円形劇場ふうの議場は狭いために、口角泡《あわ》をとばす論戦は額と額をつきあわせるようなかたちでおこなわれているのだが、ずっと下段の低い場所に坐っているのは、もの静かで洗練された慎重派の「平原派（沼沢派とも）」。決議となるとかならず熱意を失ってしまうので、嘲笑的にこうよばれている。一番上段のベンチに陣どっているのは、乱暴で気短かで、急進的な「山岳派」。その最後列は回廊の傍聴席と接していて、彼らが国民を、プロレタリアートを後ろ盾にしていることをいわば象徴的に暗示している。

この両勢力がバランスを保ちあっている。その中間を、潮の干満のように揺れているのが革命である。市民派、穏健派にとっては、憲法を獲得し、国王と貴族を追放し、さまざまな権利を第三身分が得たことで、共和制はすでに完成したのである。はやくも彼らは、さらに下から盛りあがりかえしてくる流れをここでまたせきとめて、すでに確保されているものだけは保守することをいちばん願っている。コンドルセとかロランなど、ジロンド派の人々がその指導者であり、知識層と中産階級を代表している。ところが、あの「山岳派」の連中は、強力な革命的大波をさらにかりたてて、まだ残っている反動的な要素をすべて根こそぎにすることを望んでいる。マラー、ダントン、ロベスピエールといった連中は、プロレタリアートの指導者として、「完全な革命《ラ・レヴォリュシオン・アンテグラル》」を、無神論とコミュニズムにまでおよぶラジカルな、完膚《かんぷ》なき革命を主張している。彼らは、国王の次には、もう一方の古い国家的な権力である金と神とを打倒しようとする。両党派の間で、バランスは不安に揺れ続ける。穏健なジロンド派が勝てば、革命は徐々に後退し、さしあたってはリベラルでも、やがては保守に転ずるだろう。急進派が勝てば、混乱した無政府状態の深みへ、嵐のなかへと突入することになろう。かくして、この運命的な議場の出席者の誰ひとりとして、開会当初の荘重な調和にだまされる者はない。全員がみな、まもなくこの議場で生と死、精神と力をめぐるたたかいが始まることを知っている。そして、議員の着席する位置が、下段の平原であれ、上段の山岳であれ、すでに前もって各自の決断を物語っているのである。

廃位された国王の広間へ荘重な足どりで歩いていく七五〇人とともに、胸に国民代表の三色のバンドを斜めにかけたナント選出議員ジョゼフ・フーシェも、黙々と入場していた。剃髪はすでに伸び、スータンはとうの昔に脱ぎすて、いまはみなと同じ飾りけのない市民服を着用におよんでいる。

どこに坐るのだろうか、ジョゼフ・フーシェは？「山岳派」の急進派か、それとも平地の穏健派か。フーシェはどうしてどうして、いっこうにためらわない。彼の知っている党派はただひとつ、これにこそ彼は忠実だったし、最後までどこまでも忠実である。すなわち、優勢な多数派のことだ。そこで彼は、今度もひそかに票数をかぞえて、さしあたり、権力は穏健派のジロンド派の側にあると見てとる。かくて彼はそっちの席に行って坐る。つまり、コンドルセ、ロラン、セルヴァンらのところへ、閣僚の椅子を手中にして、すべての官職の任免に介入し、役得を山わけする男たちのところへ、である。彼らのまんなかにいれば、身の安全を感じる。彼はそこへ腰をおろした。

ところが、偶然、上を向いて反対派の急進派が陣どっているあたりを見あげると、はねつけるようなきびしい視線に出くわす。友人のマクシミリアン・ロベスピエール、あのアラスの弁護士が、そこで仲間の闘士を自分の周囲に集めている。頑固一徹、人の動揺や弱腰を断じて許さないあの無慈悲な弁護士は、眼鏡を片方の目にあてて、冷然と嘲《あざけ》るように、このオポチュニストを見おろす。その瞬間、このふたりの友情は、最後の一片にいたるまで、完全に雲散霧消した。このとき以来フーシェは、自分の一挙手一投足を、永遠の告発者、仮借《かしゃく》ないピューリタンの目が、背後から冷酷になめまわし、厳重に監視しているのを感じ、要心しなければ、と悟った。

要心するという点において、彼にまさるものはまずいまい。初めの数カ月の議事録には、ジョゼフ・フーシェの名はまったく出てこない。みなが得意になり、われ先にと演壇に押しかけ、動議を出したり、長広舌をふるったりして、たがいに非難攻撃をくりかえしているあいだ、このナントの議員はただの一度も登壇していない。声が小さいから、広いところでは演説できない、というのが、友人や選挙民への弁解であった。しかし、他の連中があまりいい気になってがなりたてている始末に、一見おくゆかしげに見えるフーシェの沈黙は、かえって受けがよく、評判を高めるばかりだった。

しかし実のところ、彼の謙虚さは打算なのだ。このもと物理学教師はまず力の平行四辺形を計算し、じっと雲行きを眺め、バランスがまだまだたえず揺れ動いているのを見て、態度決定を躊躇している。バランスがどっちか一方へ決定的に傾きだすその瞬間まで、彼の決断の一票は要心深く保留されている。あわてて精力を出しきるな、決定を早まるな、ぬきさしならぬ深みへはまりこむな！　とにかく、革命が前進するか後退するかは、まだ決まっていないのだから。いかにも船乗りのせがれらしく、波に乗って進むには、まず順風を待つことだと、船を港に待機させているのだ。

してまた、すでにアラスの時代から、修道院の壁の内側から、彼は、革命のなかで、人気とはいかにはかないものか、民衆の叫びは「万歳」からたちまち「やっつけろ」に変わっていくものだということを、ちゃんと見てとっている。三部会や憲法制定国民議会の時期に第一線へおどり出た人々は、いまではほとんどみな忘れられるか、憎まれるかしている。昨日まではパンテオンに安置されていたミラボー（ジャコバン・クラブの指導者）の亡骸《なきがら》が、今日はそっけなくつまみ出される。つい先ごろまで祖国の父としてその勝利を讃えられていたラファイエット（名門貴族の軍人。立憲君主制を主張。七月革命に大きな役割）も、いまでは裏切り者扱いされ、ほんの数週間前までは歓呼に囲まれていたキュスティーヌ（将軍として各地を歴戦）やペシオン（パリ市長）も、はやびくつきながら人目をはばかっている始末。これではいかん、あわててとびだすことはないぞ。早まった態度決定はせぬことだ。まず第一にほかの連中を、心身ともにへとへとにへたばらせてしまえ！　若年寄りみたいに老成したこの男は、革命なんて、決してその口火をきった先頭走者のものにはならず、いつでも、それに決着をつけて獲物をせしめてしまう最後の人物のものであることを、ちゃんと心得ているのだ。

　そこでこの智恵のまわる男は、わざと闇のなかに身をひそめているのである。実力者たちに近づきはしても、あからさまな人目につく権力はいっさい避ける。演壇や新聞で騒ぎたてるよりは、人に監視されたり憎まれたりしないで、陰からこっそり情勢を察知して、すべてを操ることのできる各種の委員会に選任されるほうがましなのだ。実のところ、彼のてきぱきした活動力はみなから評判がよく、目だたないことが誰からも嫉妬《しっと》されずにすむ防壁になった。彼は事務室に坐ったまま、山岳派のトラとジロンド派のヒョウがたがいに肉にかぶりつき、ヴェルニョー（ジロンド派）、コンドルセ（ジロンド派）、デムーラン（山岳派）、ダントン（山岳派の指導者）、マラー、ロベスピエールといった偉大な情熱家、卓越した傑物が、すべて致命傷を負ってしまうのをかたずをのんで待ちながら、辛抱づよく眺めていることができた。彼は傍観し、待機している。情熱家たちが相手をすっかり滅ぼしてしまうまでは、時節を待つ賢者の時代は始まらない、と心得ているから。フーシェはいつでも、たたかいの勝負がついてから、ようやく最後の腹を決める男なのである。

こうやって身を陰に隠しているのが、ジョゼフ・フーシェの生涯を貫く処世術なのである。誰の目にも権力の持ち主とは見えないのに、完全に権力を握り、あらゆる糸を操りながら、決して責任あるポストにつくことはない。いつも第一人者の背後にひかえ、その陰に身を隠してその人を押しだし、うっかり勇み足でもすれば、機を失せず敝履《へいり》のごとく見捨ててしまう。これがいつでも彼のお気に入りの役柄である。政治の舞台でこの完璧な悪玉役者は、かぞえきれないシーンで、さまざまの扮装《ふんそう》をこらしつつ、共和主義者だろうと国王だろうと皇帝だろうと、そのもとで終始一貫、変わらぬ妙技を演じて見せるのである。

世界の檜舞台で主役を演じて立役者になれそうなチャンスと誘惑も、フーシェには何度かあった。しかし、そういう役を本気で欲しがるには、彼は利巧すぎるのである。醜くて人に好かれない顔のことは、先刻自分でも承知している。勲章だの徽章《きしょう》だのはおよそ似あわないし、はでな人気とりもまるっきりそぐわない。額に月桂冠をつけてみても、さっぱり勇ましく見えはしない。かぼそくて頼りない声も知りすぎるほどわかっている。その声は、耳うちしたり、そそのかしたり、悪口を言ったりするにはよいが、燃えるような熱弁をふるって群衆の心をさらうような力はさらさらない。彼は、机を前にして閉めきった部屋にこもる自分、陰に隠れている自分が、いちばん強いことを知っている。そこでなら彼はよく偵察できるし、探索も、観察も、説得もできれば、糸を引いたり、こんがらかせたりもできる。しかも自分はいつも安全で、人にしっぽをつかまれる気づかいはない。つまり、ジョゼフ・フーシェの権力の奥の手はこうなのだ。彼とてつねに権力を欲していて、それどころか最高の権力を望んでいるのだが、しかし、多くの人とは逆に、権力の意識だけで十分であり、権力者の徽章や服装などは望まないのである。フーシェは、およそ考えられないほどの、このうえない野心家なのだが、名声は求めないのだ。功名心はあっても、虚栄心はない。まぎれもない精神的賭博者である彼が好むのは、支配者を象徴するしるしではなく、その緊張の価値だけなのだ。王笏《おうしゃく》や皇帝の冠などのもろもろの権力の象徴は、その実力があろうとなかろうと、他の連中が勝手に持っていてさしつかえない。そんなものはどうでもよい、栄誉だの人気だのというあてにならない幸運は、あっさり他人にくれてやる。彼にとって満足なのは、事態の本質を見抜いて、人々を操り、外では指導者でとおるものを実際には操縦し、自分のからだは賭けないまでも、あらゆる博奕のうちでいちばんおもしろくて恐ろしい政治の大博奕を打つことなのだ。こうして、他の連中が自分の信条だの言明だのに縛られているとき、陽《ひ》のあたらぬ場所に隠れている彼は、心の自由を失うことなく、ネコの目のように転変する現象のなかで、ゆるぎない軸となるのである。ジロンド派が没落しても、フーシェは残る。ジャコバン派が追放されても、フーシェは残る。総裁政府、統領政府、帝国、復古王政、そしてふたたび帝国が次々と消えていっても、ただひとりフーシェだけは、その洗練されたつつましさによって、完全な無節操と確固たる無信条とを志す図太い勇気によって、生きぬいていくのである。

しかし、革命が進展するうちに、ためらうことの許されない唯一の日、誰しもが可否順逆を一票によって明示せねばならない日（国王に科す刑を国民公会で議決する日）、一七九三年一月十六日がやってきた。革命の時計の針はちょうど正午を指し、道はまさに半ばに達していた。王権は一つひとつ剝ぎとられていたが、国王ルイ十六世は生きている。タンプル塔へ幽閉されてはいても、とにかく生きてはいる。（穏健派の期待したとおりに）亡命させてやることも、（過激派がひそかに望んだように）あの王宮襲撃の際に民衆の怒りのままに殺してしまうことも、成功しなかったのである。王は辱《はずかし》められ、自由も名も位階も奪われてはいる。しかし、いまでは、すべての人にルイ・カペーと笑い者にされてはいても、とにかく国王とか、ルイ十五世の孫とかいう存在は、ただ息がつながっているというだけで、王家の血統を継承しているかぎり、生まれたばかりの共和国にとっては、やはり危険な対象なのである。そこで、国民公会は、有罪を宣告したのち、一月十五日には処刑問題を上程する。問題は、助命か、死刑か、である。はっきりしない、臆病な、要心深い連中、つまりジョゼフ・フーシェ型の連中が、無記名投票で公然と責任ある賛否の意思表示を避けられると期待したのは、あてがはずれた。ロベスピエールは容赦なく主張したのである、フランス国民の代表たる者はすべて、イエスかノーか、助命か死刑かを、議場のただなかにおいて言明せねばならない、それは、各議員が右か左のどちらに属するか、革命の干満いずれの潮流に属するかを、国民と後世とに知らせるために、あくまで必要である、と。

　フーシェの態度は、一月十五日には、まだいたって明白だった。ジロンド派に属していること、そのまったく穏健な選挙民たちの希望、これにもとづいて、国王のために特赦を要求することは彼の義務であった。友人たち、とくにコンドルセに聞いてみると、国王の首をはねるような取り返しのつかないやりかたは、誰しも避けたがっているということがはっきりした。そして、多数派が死刑には原則として反対である以上、フーシェはむろん彼らの側に立つわけである。裁決の前夜、一月十五日には、まだ彼は、この機に助命希望を理論づけるための演説をやろうとして、その草案をある友人に読んで聞かせている。穏健派の席を選んだ以上、穏健な顔を持する義務があるわけだし、多数派がすべての過激な論に反対しているからには、べつに信念にとらわれる必要もないフーシェとしても、やはり同じ態度をとろうとしたのである。

ところがはしなくも、一月十五日の夕方から十六日の朝にかけて、不安と興奮の一夜となったのである。急進派は手綱《たづな》をゆるめず、彼らのもっとも得意とする大衆暴動という強力な機械を動かした。場末のあちこちに警砲がとどろきわたり、数人ごとのグループが太鼓を鳴らして多数の群衆を狩り集めると、たちまち暴徒の混成部隊ができあがる。彼らは、政治的決定を暴力で勝ちとるために、つねに背後から糸を引くテロリストに狩り集められるのだが、このときは、醸造家のサンテール（パリの国民衛兵指揮官など務め、人望があった）に、指一本で、ほんの二、三時間のうちに動員された。場末のアジプロ屋、がさつな女ども、向こう見ずな男たちなどからできあがったこの大部隊は、例の栄誉あるバスティーユ襲撃以来、前年九月の恐ろしい大量虐殺（一七九二年の九月、パリで収監されていた囚人多数を一般人たちが虐殺）もあり、もうおなじみだ。法律の防波堤を突破する必要があれば、いつでもこの巨大な民衆の怒濤《どとう》はあらあらしく湧きおこり、いっさいをひとたまりもなくかっさらい、ついには、この大波を海底から呼びおこした人々までものみこんでしまう。

密集した群衆は、はやくも正午には、士官学校とテュイルリー宮殿を取り巻いていた。腕をまくり胸をはだけて槍をつきあげている男たち、真っ赤な胴衣を着こんで金切り声で罵《ののし》り叫んでいる女たち、民兵もいれば、浮浪者もいる。こうした連中に仲間入りすると、アメリカ人フーリエや、スペイン人グズマン、それから、ジャンヌ・ダルクをヒステリックな漫画にしたみたいな女性、テロワーニュ・ド・メリクール（ベルギー生まれ。若き日の放埒な生活から、バスティーユ陥落によって目ざめ、革命家たちを援助し、演説し、戦闘にも参加した）などの暴動の元締めたちは、ふだんの何倍も力を発揮する。王の助命に賛成しそうな議員が通りかかると、ごみ箱でもひっくりかえしたように悪罵の雨を降らせ、民衆の代表者である議員に向かって拳骨を振り上げ、脅迫めいた言葉を投げつける。おどしにかかるこの連中は、テロと暴力のあの手この手をつくして、国王の首をギロチンにかけようと懸命である。

じじつ、この脅迫は、気の弱い連中には、効果てきめんだった。ジロンド派の議員たちは、いつになく早く灰色に暮れていく冬の黄昏《たそがれ》に、蠟燭《ろうそく》のゆらゆらする明かりを囲んで、臆病にびくついている。昨日までは、全ヨーロッパを相手とする戦火を避けるために、国王の死刑には反対する決心だった人々も、大半は、この激しく興奮する民衆の恐ろしい圧力のために動揺し、意見が一致しなくなってしまった。そしてついに、夜もふけてから、やっと氏名点呼にこぎつけた。その最初に呼びあげられたひとりは、皮肉なことに、ジロンド派の首領ヴェルニョーその人だった。彼はいつもなら南国人らしく雄弁家で、その声はどんなときでも鉄槌《てっつい》のように周囲の壁をふるわせたのである。ところが、いまは、もしも国王の命を助けたなら、共和国の指導者として十分な共和精神をもたないものと指弾されはせぬかとおっかなびっくりである。だから、かつては嵐のように荒々しかった彼も、はやくものろのろと足どりも重たげで、大きな頭を恥じ入るように下げて、演壇にのぼり、小さな声で「ラ・モール」、つまり、死刑、と言ったのである。

この一言は、音叉《おんさ》のように、議場にひびいた。ジロンド派の第一人者が腰くだけになったのである。しかし、他の多くの人たちは、信条を守った。この時機には、政治的な穏健さが表面だけの勇敢さよりもはるかに勇気のいることと痛感しつつ、七〇〇人中三〇〇人もの人たちが助命に賛成した。天秤は長い間揺れ続け、わずか数票がことを決定するポイントになった。そして最後に、ナントの代議士ジョゼフ・フーシェ、昨日までは友人たちに向かって、国王の命を守るために熱弁をふるうことをはっきり誓っていた男、十時間前にはまだ誰よりもかたい決意のほどを披露していたこの人物が呼び出された。しかし、もと数学の教師で計算上手なフーシェは、その間にいちはやく票数をかぞえあげ、もし助命の側に加担すれば、とんでもない党派へ、決して自分が属してはならない唯一の党派、つまり少数派にはいってしまうことを心得ていたのである。かくて、彼は、例によって足音もたてず、すばしこく演壇にのぼると、その蒼ざめた唇からそっともらした。

「死刑《ラ・モール》」

後にオトラント公爵は、われとわが当時のフーシェに「国王殺し《レジシード》」の極印をうってしまったこの一言の失敗を、誤りとして弁解するのに、あとで談話にも文書にも千万言をついやすことになろう。しかし、この一言は公式のものであり、「官報《モニトゥール》」に記載され、過去の歴史から削除はできないが、彼の個人的履歴としても忘れてはならない値打ちがある。すなわち、これこそがジョゼフ・フーシェの、最初の公然たる豹変なのだ。彼は、陰険にも、同志コンドルセやデムーランの背後に襲いかかり、彼らをあざむいた。しかし彼らは、自己の不明を歴史の前に恥じるにはおよばない。まだまだそのほか、もっと強力な人々、ロベスピエールやカルノ、ラファイエット、バラスやナポレオンのような、当時の最高の権力者たちさえ、あえなくも同じ運命におちこみ、みな不運のときにフーシェから苦杯をなめさせられているからである。

この瞬間にもうひとつ、ジョゼフ・フーシェの性格について、非常にはっきりした特徴が初めて暴露された。それは彼の鉄面皮《てつめんぴ》ぶりである。彼がひとつの派を裏切って見捨てるときは、決してぐずついたり、おずおずと出ていったりはしない。こそこそ隊伍《たいご》から逃げ隠れするのでもない。むしろ白日の下で、冷然と微笑しながら、人々があきれてあれよあれよと驚いているまに、あたりまえのことのように昨日の敵にさっさと鞍替えし、そのスローガンと論法とをそっくり自分のものにしてしまう。かつての同志が自分をどう思おうが、なんと呼ぼうが、世間や大衆がどう受けとろうと、彼はぜんぜん何とも思わない。大切なのはただ一点、つねに勝者の側にいること、絶対に敗者の側には残らないことである。こういう変わり身のすばやさ、義理もへちまもない変節のなかで、彼は、人々のあいた口がふさがらないようにさせる鉄面皮という尺度だけは、厳に堅持しているのである。自分の信念の旗はぽいと投げ捨てて、別の色の旗をひるがえすには、まる一日もあれば、いや、ときには、一時間、一分間でもたくさんなのだ。彼は一定の理念とともに進むのではない。その時代とともに進むのだ。時代のテンポが速くなれば、彼もそれだけスピードをあげて追いかけるのである。

それにしても、ナントの選挙民が、翌日の「官報」でフーシェの思いがけない投票を読んだら激昂《げっこう》するにちがいないことは、彼にもよくわかっていた。こういう場合には、あとで説得につとめるよりも、いっそ機先を制してしまうことである。そこで、いつもの電撃的な即戦即決と、こういうときにはかえって偉そうにさえ見える例の鉄面皮ぶりを発揮して、選挙民の憤激を買うより前に、ひと足先に攻撃を開始した。すでに裁決の翌日、フーシェは宣言を印刷し、じつは議会活動の不評判を気にしているのだが、心底からの信念であるかのように、堂々と声明を発するのだ。選挙民に考えたり検討したりする暇を与えず、残酷なまでに一気に襲いかかって、頭からおどし、威圧してしまおうというのである。マラーや激昂したジャコバン派の人たちでも、昨日までは穏健派だったこのフーシェが、実直な選挙民に次のように書きおくったものほど血なまぐさい文句は書けはしない。

「暴君の罪状は明々白々となり、万人の心は怒りにみちている。いまこそただちに彼の首が一刀両断、切り落とされぬかぎり、盗賊も殺人犯も、すべてわがもの顔に闊歩《かっぽ》することとなり、吾人はさらに恐るべき混乱の渦中におとしいれられるであろう。時代は吾人に味方し、地上のありとあらゆる王者を敵としている」

かくして、前日までは処刑反対の断固たる宣言書を懐中に用意していた同じ人物が、今度は処刑を唯一の必然的処置と声明してはばからないのである。

実際、この賢明な打算家の計算は正しかった。自分はオポチュニストのくせに、臆病風はどうせ長持ちはしないこと、大衆相手の政治的転機には、すべての計算の決定的な分母は、つねに即戦即決であることを知っているのである。やはり彼の思うつぼで、実直で保守的なナントの市民は、この思いがけない鉄面皮の宣言書を前にして、びっくり仰天、首をすくめてしまった。なにがなんだかわからないまま、彼らは、およそ賛成する気もない決定に、ただあわてて賛意を表してしまう。誰にも反対する勇気はありはしない。こうしてジョゼフ・フーシェは、この日以来、どんなに困難な危機でも乗りきれる、非情冷酷な梃子を手に入れたわけだ。すなわち、人を人とも思わなくなったのである。

この日、一月十六日から、カメレオン的性格のジョゼフ・フーシェは（当分の間）赤の色を選ぶ。この穏健派は、ひと晩で、超過激派、ウルトラ・テロリストになるのである。彼は一足とびで敵の陣営に移行する。かつての敵方のなかでも最左翼のいちばん急進的、いちばん過激な列に加わってしまう。この血も涙もない冷酷非情の事務室人間は、ぞっとするような敏捷《びんしょう》さで、他の連中に遅れてはならじと、テロリストどもの血なまぐさい隠語で話し始めるのである。彼は亡命者や聖職者にたいして鋭い攻撃の動議を出す。彼は人をけしかけ、わめきたて、暴れまわり、口舌のかぎりをつくし、身振り手ぶりで人をやっつける。こうなれば、そもそもロベスピエールともまた友情を結んで、彼の陣営に腰をおろしてもよいはずだが、しかし、ロベスピエールのほうは潔癖でプロテスタント的な良心の持ち主だから、変節漢は好まない。不信の念はさらに倍増して、彼はこの寝返り者に背を向け、その騒々しい急進主義を、以前の煮えきらない態度よりももっと疑わしいとにらんでいる。

フーシェも、鋭敏な感覚で雰囲気をかぎつけ、こうした監視の目の危険を感じとっている。危機的な日の近づきつつあることがわかっている。議場にはまだ暗雲が低迷していても、ダントンとロベスピエール、エベールとデムーランのような革命の指導者間の悲劇的な争いは、すでに政治の地平にはっきり描きだされている。ふたたび急進派の内部で決断がなされねばなるまい。しかし、フーシェは信念を吐露《とろ》することが危険のない有利な状態とならないうちは、絶対に自分の立場を確定しようとはしない。運命的な時代には、外交屋ならば、回避することでもっとも賢明に処理することのできる局面があるということを彼はちゃんと知っている。そこで彼は、争いの間は国民公会という政治的競技場を遠ざかり、決闘の勝負がつくと、またのこのこ出てくるという手を選ぶのである。うまいことに、いまならこの後退のために好都合な口実がある。ちょうど国民公会は、互選で二〇〇名の議員を、地方の郡県の秩序確立のために派遣することになっていた。いつ爆発するかもわからぬ火山のような議場では居心地が悪くて仕方がないフーシェは、さっそく地方へ派遣されるよう運動して、なんとか派遣議員のひとりに選出された。これでひと息つけるぞ。その間に、やつらは互いに争って、共倒れになってしまうがよい。あの激情家連中は、この野心家フーシェのために席をあけてくれるがよい！　いまはとにかく、その場にはいないことが第一である。敵味方のどちらにも加担しないことである。世界の時計が猛烈な勢いでめまぐるしくまわっているこの時代には、二、三ヵ月、いや二、三週間でたくさんだ。ふたたびめぐってくるころには、もう勝負はついている。そうすれば、一も二もなく勝者の側に、彼の永久不変の党である多数派の側に、つけるのである。

フランス革命では一般に、地方の歴史はあまりかえりみられていない。歴史家はみな、いわばパリの文字盤だけを見つめていて、時の進みぐあいは、パリでしか計らない。しかし、時計の進度を規定する振り子のおもりは、地方の住民と軍隊とにかかっている。パリは、ただスローガンであり、イニシアティヴであり、きっかけを与えるだけにすぎず、実行に移し、決定的な推進力となるのは、広大な地方なのである。

国民公会は、革命のテンポが、都市部と地方とで完全には一致しないということを、ちょうどよいときに悟ったわけである。農村や山村僻地《へきち》の人間は、首都の人間ほど考えるテンポが速くはない。理念ひとつをのみこむにも、ずっと悠長で要心深く、しかも自分の流儀で消化するものだ。国民公会なら一時間で法律になってしまうものも、広大な地方へは滴一滴と徐々にしみこんでいくだけで、そのうえ、多くは王党派の村役人や聖職者、要するに旧秩序に属する人々の手でゆがめられたりうすめられたりしてしまう。だから、地方の郡や県は、つねにパリよりも一時代ずつ遅れている。国民公会ではジロンド派が支配しているというのに、地方は王党派を選挙する。天下がジャコバン派のものになったころ、やっと地方はジロンド派の気分に近づく。こんなありさまでは、いくら激しい指令書など出したところで無駄である。当時の印刷物は、オーヴェルニュ地方やヴァンデ県にまで入りこんでいくとなると、ぐずぐず手間どるばかりなのだ。

そこで、国民公会は、フランス全土の革命のリズムを活気づけ、地方郡県の反革命的とさえいえる緩慢なテンポに挑戦するため、活動的な人物の生きた言葉を地方へ送りこむことに決めた。国民公会から、その意思を代弁すべき二〇〇名の議員を選び、ほとんど無制限な権力を与えることにした。三色の飾り帯と羽根飾りのついた帽子を身につけた者は、いわば独裁者の権利を持つのである。税金をとりたて、判決をくだし、新兵を徴集し、将軍までも任免できる。国民公会全体の総意をその神聖化された人格のなかに象徴的に体現するこれらの人々には、官憲といえども太刀打ちできない。その権力は、かつて属国のすべてに元老院の意思を伝えたローマの総督のように、無制限なものであり、各人一人ひとりが独裁者、自主独立の統治者であるから、その決定にたいしては不平も苦情もあらばこそ、まるで話にならないのであった。

これら選ばれた派遣議員の権力は絶大だが、その責任もまた重大であった。分担する国土の内部では、それぞれが国王であり、皇帝であり、無制限な専制君主であるかのように見えるが、しかし、そのどの首のうしろにも、ギロチンの刃がぎらついている。公安委員が、どんな苦情にも目を光らせ、会計についても、一人ひとりに詳細な報告を容赦なく要求するのである。十分に苛酷な態度を見せつけなければ、本人が苛酷な目にあわされてしまう。とはいえ、狂暴すぎる振る舞いにおよべば、その報いも覚悟しなければならない。天下の情勢がテロの方向にあれば、テロの政策が正しいことになるが、天秤が穏健派へ傾けば、テロが今度は失策になってしまう。だから、一見親分風を吹かすように見えるけれども、じつは公安委員会の使い走りにすぎず、時代の流れに従うほかはない。彼らはみずから生殺与奪の権利を握りながら、自分の生命の安全を図るためには、たえず背後のパリをふり返り、聞き耳をたてていなければならない。彼らが引き受けた役目は、じつは生やさしいものではなかったのだ。外敵を前にした革命の将軍とまさに同じように、彼らはみな、われとわが身を凶刃から守るには、ただもう、成績をあげるよりほかないことを思い知らされていたのである。

フーシェが地方総督として派遣された時期に、支配していたのは急進派である。そこでフーシェは、彼の管轄下の低ロワール県、ナントやヌヴェール、ムーランにおいて、猛烈な急進派ぶりを発揮する。穏健派をとっちめ、布告を地方に向けてやたら機関銃のように連発し、金持ちや臆病者、煮えきらないなまぬるい連中には、頭ごなしにどなりつけ、陰に陽に各種の強制をくわえて、村々から何連隊もの志願兵をひったてては前線へ送りだす。組織力や情勢分析の機敏さでは、すくなくとも同僚にひけをとらぬ程度だが、こと言葉の激越な点にかけてはだんぜん随一であった。つまり——これだけははっきりさせておく必要があるが——フーシェは、教会や私有財産の問題について、かの有名な革命の先駆者ロベスピエールやダントンのように、慎重に、「権利を侵してはならないもの」と丁重に説明するのではなく、断固として急進社会主義的なボルシェヴィズム的綱領をうちたてているのである。近代における最初の明確な共産主義の宣言は、じつはあの名だたるカール・マルクスのそれではなく、ゲオルク・ビュヒナーの『ヘッセン急使（十九世紀中葉ドイツの詩人の筆になるパンフレット）』でもない。それは、社会主義についての歴史記述で故意に見のがされているが、知る人ぞ知る「リヨンの訓令書《アンストリュクシオン》」にほかならない。これにはたしかにコロー＝デルボワとフーシェとが連署しているが、起草者がフーシェひとりであることは疑いない。この勇ましい文書は——大革命の文書のもっともすばらしいもののひとつだが——その要求するところは時代に百年も先んじているのだから、暗闇からとりだしてみる価値があろう。かつて一介の市民ジョゼフ・フーシェが要求したものを、後年のオトラント公爵は躍起《やっき》になって否認してしまったから、この記録の歴史的な価値は失われているかもしれないとしても、とにかく、純粋に時代そのものに即して考えれば、当時のこの信条告白文書こそ、彼に革命の最初の明確な社会主義者、共産主義者である烙印《らくいん》を押さずにはいない。フランス革命のもっとも大胆な要求を文書にあらわしたのは、マラーでもショーメットでもなく、ほかならぬジョゼフ・フーシェだったのだ。しかも、あらゆる文章にくらべてこの原文ほど、フーシェの、ふだんはいつもうやむやな状態へ逃げこんでしまう性格像を、あざやかに照らしだしているものはない。

　この「訓令書」は大胆不敵にも、いっさいの向こうみずな行為も決して誤りではない、とする宣言で始まる。

「革命の精神をもって行動するものは、すべてを許される。共和主義者にとっては、共和国の法律に取り残されるよりほか、なんの危険も存在しない。この法律を侵したり、明らかにその目標を逸脱するものは、しばしばいまだ正当なる結論にたどりつけない。この地上になおひとりでも不幸なものの存在するかぎり、自由はますますもって前進せねばならないのである」

　この断固とした、いわばすでに高らかな調子の序奏についで、フーシェは革命の精神を次のように規定する。

「革命は民衆のためにおこされた。しかしこの民衆とは、この世のありとあらゆる快楽、社会のありとあらゆる財貨をわがものとし、その富によって特権を与えられているあの階級のことと理解してはならぬ。民衆とは、フランス市民全体にほかならず、とくに祖国の辺境を守り、その労働によって社会を養う無数の貧しい人々の階級なのである。もしも革命が、数百人の個人の幸福のみに心を用い、二四〇〇万の困窮者をこのまま持続させようと欲するならば、革命はすなわち、政治的道徳的な混迷を意味することとなろう。したがって、このような絶大なる差別が、幸福に関して人と人とを分けへだてているにもかかわらず、いまもなお依然として平等の美名のもとにことを論じるとすれば、革命は人類を侮辱し、欺くものというべきであろう」

この導入部に続いて、フーシェは得意な理論を展開する。つまり、裕福な者、「不義にして富める者」は決して正しい革命家、正しく誠実な共和国民にはなれない。ゆえに、あらゆる財産上の差別をさらに存続させようとするブルジョアだけの革命は、すべてまたしても暴君政治に堕《だ》してしまうことは不可避である。

「なんとなれば、富める者は、依然として別人種の扱いをうけるであろうから」

かくしてフーシェは、民衆にたいし、絶大なるエネルギーと非の打ちどころのない「完全なる」革命とを要求する。

「だまされてはいけない。真に共和国民たらんとするなら、フランスの面目を一新せるあの革命と同様な革命を、一人ひとりの市民が自己自身の内部に遂行せねばならぬ。暴君下の従順な臣民と自由な国の住民との間に、なんら共通な要素が残存してはならぬ。ゆえに、諸君の行為、感情、習慣のいっさいが完全に改められねばならないのだ。諸君は抑圧されている。したがって、諸君は自己を抑圧するものを粉砕せねばならぬ。諸君は教会の迷信の奴隷だった。しかしいまや、自由以外のなにものも崇拝してはならぬ。……およそ、この種の感激を知らず、民衆の幸福以外のことに心をわずらわせ、冷酷非情な利害打算にのみ思いをいたし、自己の名誉、地位、才能のもたらす利得を計算して、一瞬たりとも公衆の利益を逸脱する者、抑圧と余剰の名を耳にして血をたぎらせることもなく、民衆の敵に同情の涙をそそぎ、いっさいの感情の力を自由の殉教者のためのみに捧げようともしない者、これらの者がみな、あえて共和国民たることを名のるならば、それはまやかしである。彼らはわれわれの国を出ていくがよい。しからずんば、彼らの正体は看破され、その汚れた血が自由の国土を染めることとなるであろう。わが共和国はその領域に、ひたすら自由のたたかい、そして死ぬ意欲を有する者のみを、共和国の子と認めるのである」

こうした革命的信条告白は、この「訓令書」の第三項におよぶと、ついにその正体を公然と暴露して、(一七九三年の最初にして明確なる) 共産主義宣言と化する。

「必要以上に所有する者はみな、この非常事態における相互扶助に協力しなければならず、その税額は、祖国の大いなる要求に比例せねばならぬ。かくして諸君は、まず寛大な度量と真に革命的な方法によって、各人が公共のために何ほどを供出すべきか確定しなければならない。その際に大事なことは、数字の精確な確定とか、また、公的課税の申告で通例おこなわれる小心な引きのばし策のごときではない。この特別処置は、それぞれの境遇の性格にふさわしくなければならぬ。したがって、度量と勇気とをもって行動し、すべての市民から、その必要とせざるものいっさいを取り上げよ。なぜなら、余計なもの（余剰物）はみな、民衆の権利を公然と侵害している。各人が必要以上に所有するものは、それを濫用する以外に使い道がないからである。ゆえに、絶対必要なもののほか、一物たりとも残してはならぬ。余財はすべて、戦争の継続するかぎり、共和国とその軍隊とに帰属する」

フーシェはこの宣言書で、とくに、金銭の拠出だけでは十分でない、と強調している。

「どんな品でも、ふんだんにあって、しかも祖国の守りに役だつなら、それらはすべて、祖国が現に必要としているものである。下着やシャツ類、布地、編み上げ靴の類いを、しこたま貯めこんでいる者が世間にいるが、こうした品々はみな、革命による徴発の対象とせねばならぬ」

さらに彼は、真の共和国民なら、金銀は「人心を腐敗させる悪質な金属」として軽蔑するはずであるから、これをいっさい国庫へ供出するように、とあからさまに要求する。

「（そうすれば）それは共和国の像がそこに刻まれ、火によって浄化され、社会のためにのみ役だつようになる――われわれの必要とするものは鋼鉄や鉄材のみ、これによってこそ共和国は勝利を勝ちとるであろう」

　さて、この要求全体のしめくくりは、いっさいをかえりみぬ献身を要求する恐るべき呼びかけで終わっている。

「われわれは、ゆだねられた権威を至上の厳格さで行使するであろう。他の事情のもとならばおそらく怠惰、弱腰、遅滞として看過されるすべても、われわれは悪意のものとして厳罰に処するであろう。中途半端な狐疑逡巡《こぎしゅんじゅん》の時代はすぎたのだ。われわれの強力な一撃に協力せよ。しからずんば、その一撃は諸君みずからのうえに落ちるであろう。自由か、死か！――諸君がそれを選ぶのである」

　この理論的な文書はすでに、地方総督としてのフーシェの実践を予見させるものである。低ロワール県、ナント、ヌヴェール、ムーランにおいて彼は、ロベスピエールやダントンでさえも要心して手のつけられなかったフランスきっての強権、つまり私有財産と教会にたいするたたかいを、断固として敢行する。「財産の均等化」を図る意味で、いわゆる「博愛委員会」なるものを発案し、敏速果敢な行動を開始して、金持ちにたいし、おもて向きは自発的意志ということにして、金品を寄贈させる。しかし、彼は、事をあいまいにぼかさないために、最初から、ちゃんとやんわり警告をつけくわえている。「富者が自由の政体を愛すべきものとする権利」を行使しない場合には、「共和国にはその資産を没収する権利があるであろう」と。彼はいささかの余分も見のがさず、この「余計な」という概念を思いきり制限してしまう。

「共和国民は鉄とパンと四〇エキューの収入で十分である」

フーシェは、馬小屋からは馬を、粉袋からは小麦粉を取り上げ、小作人たちには、小作の取りきめを守らないことのないように各人の生命を懸けても責任をとらせる。また彼は、世界大戦（第一次世界大戦のこと）のときの戦時パンのような平等パン（金持ちは白パン、貧乏人は黒パンという差別を避けて、一七九三年の法令で、パン屋は一種類の平等パンのみを作るとされた）を指令し、贅沢な白パン類はいっさい禁止する。同じやりかたで、彼は、毎週五〇〇〇名の新兵を徴集し、乗馬、靴、軍服、銃を装備させて強制的に工場を運転させたが、彼の鉄のごときエネルギーにはすべてが服従した。金のほうは、租税・関税・寄付・募金・代金等のかたちで流れこんできたので、彼は、二ヵ月の活動ののち、国民公会にたいして誇らかに書きおくっている、「当地では、資産家とみられることが恥辱とされる」と。もっとも、じつは、「当地では、資産家であることが、恐怖である」と言ったほうがよかっただろう。

後年の百万長者オトラント公爵、国王の庇護下に教会で二度目の婚礼を神妙にとりおこなうことになるこのジョゼフ・フーシェも、当時はまだ急進的なコミュニストであり、また同時に、キリスト教にたいするもっとも狂暴で情熱的な闘士であることも明らかである。「この偽善的崇拝は、共和国と倫理への信仰にとってかえられねばならぬ」という彼の緊急の強請状が雷鳴をとどろかすが早いか、たちまち教会や大聖堂に向かって稲妻のような最初の雷撃が落ちていく。やつぎばやに法令また法令、布告また布告、「聖職者は、宗教上の場所以外においては、スータンを着用すべからず」といったぐあいに、あらゆる特権が奪いとられる。なぜなら――「この高慢な階級も、ふたたび原始キリスト教の純粋性を取り戻し、市民階級へ還俗《げんぞく》せねばならぬときである」からと彼は論証する。じきにフーシェはもはや軍や法廷や行政の最高首席、無制限の独裁者であるだけでは満足せず、教会のあらゆる権能までいっさいはぎとることになる。聖職者独身制を廃して、一ヵ月以内に結婚または養子縁組を決めるよう命じ、みずから公開の広場で結婚や離婚のさばきまでした。教会の説教壇（十字架や聖像は全部たんねんに取りのぞいてある）にのぼって、無神論的な説教をし、霊魂の不滅や神の存在は否定する。キリスト教的な葬式は廃止され、ただひとつの慰めとして、墓地には「死は永遠の眠りなり」との碑文が刻まれる。この新しい教皇は、ヌヴェール（ニエーヴル県の県庁所在地）にちなんでニエーヴルと名づけた自分の娘の洗礼にあたり、洗礼というものの市民的な方式をあみだす。すなわち、国民衛兵（革命時に組織された市民兵）が太鼓を鳴らし、軍楽を奏して行進するうちに、フーシェは、教会の手を借りることなく、公開の広場で、娘に洗礼と名前とを授けるのである。ムーランでは、馬上ゆたかに、ハンマーを握り、行列の先頭に立って全市を乗りまわし、十字架やキリスト磔刑《たっけい》像、聖者像などを狂信の「恥ずべき」象徴として、こっぱみじんに粉砕したこともあった。略奪した司教冠《ミトラ》や祭壇掛布を山と積んで火をつけ、紅蓮《ぐれん》の炎が燃えさかる間、暴徒たちが歓声をあげながらこの無神論的火刑のまわりを踊りくるうのであった。しかし、石像は抵抗もしないし、十字架はいとも簡単にこわれてしまうから、こんな生命のないものを相手にあばれまわってみたところで、フーシェは半分も勝った気がしなかったにちがいない。完全な勝利の始まったのは、フーシェの能弁の前で、大司教フランソワ・ローランが修道服をもぎとって赤いふちなし帽をかぶり、これにならって三〇人もの司祭が感きわまりつつ同じ行為を続けたときであり、この成功は火のような波浪となってフランス全土に広まっていった。かくて彼は、自分より弱腰の無神論の同志たちに向かって、おれは狂信を粉砕したぞ、おれの管区ではキリスト教を絶滅したんだぞ、と誇らしく自慢もできたのである。

まったく猛りたった所業、狂信的な夢想家の常軌を逸した情熱、と人は思うだろう！ところがジョゼフ・フーシェは、見せかけは激情家でも、じつは相変わらずの打算家、現実主義者なのである。国民公会にたいして申し開きをする義務のあることは忘れるどころか、愛国的な美辞麗句や書類などがアッシニア紙幣（一七八九―九七年の間に通用した革命通貨。急激に下落して革命の障害となった）もろとも、だいぶ前から相場が下落していて、賞賛の声をよぶにはきらきらした言葉を見つけねばならないことも、ちゃんと心得ている。だから彼は、徴集した兵隊たちが国境目ざして行軍しているうちに、教会から略奪したものをごっそりパリへと送りつける。黄金の聖体顕示台、くだいてとかした銀の燭台、ずっしり重たいキリスト磔刑像、はぎとった宝石類、それらをいっぱいつめこんだ箱が、次から次と国民公会へ運びこまれる。いまや共和国にいちばん必要なのは現金だと知った彼は、地方からこうした雄弁な略奪品を議員たちのもとへ送りつけた最初にして唯一の人物である。議員たちはこの新しいエネルギーにたいしてまず目をみはり、ついで万雷のごとき拍手かっさいを浴びせる。このとき以来、国民公会でフーシェの名は、鉄のような男、共和国のもっとも勇敢で強力な共和主義者として、口の端《は》にのぼらされ、広く知られるようになったのである。

　使命をはたして国民公会に帰還したジョゼフ・フーシェは、もはやかつての一七九二年の名もない一議員ではない。万におよぶ新兵を徴集し、黄金一〇万マルク（第一次大戦前の金平価）、現金一二〇〇ポンド、純銀一〇〇〇本を地方からまきあげ、しかも、ただの一度も「国民の剃刀《かみそり》」ギロチンに手をかけなかったこの男には、国民公会も、「その熱誠にたいし」賞賛の言葉を惜しむわけにはいかなかった。ウルトラ・ジャコバン主義者ショーメットも、フーシェの業績に次のような賛辞をささげて書いている。

「市民フーシェは、いま余の述べたかずかずの奇蹟を成しとげた。彼は老人を敬し、弱きを助け、不幸に目をそそぎ、狂信を打ちくだき、封建性を打倒した。鉄の生産をふたたび興し、容疑者を逮捕し、あらゆる犯罪を公明に処断し、搾取《さくしゅ》者を告発して獄に投じた」

要心深くおずおずと穏健派の席に坐ってから一年たったいま、フーシェははや急進派中の急進派として通るようになっている。折も折、リヨンの反乱をめぐって、狐疑逡巡とはおよそ縁のない、とびきり勇ましい人物が必要となる。このため、古今東西の革命のつくりだした勅令のなかでも、もっとも恐るべき勅令を敢然遂行すべく、彼にまさる適任者がはたしてありえようか。国民公会はおさだまりの美辞麗句をならべて訓令を発する。

「君がこれまで革命のために尽くした功績は、今後もまた君が成果をあげうることを保証している。かの解放都市《ヴィル・アフランシ》（リヨン）において消えなんとする市民精神の炬火《たいまつ》をいま一度燃えたたせることは、ひとえに君のみのなしうるところ。革命を完成せよ、貴族の抗戦を撃滅せよ、しかして、かの潰滅《かいめつ》せる権力の再建せんとする廃墟が、彼らみずからの頭上に崩れおち、彼らをこっぱみじんにするがよい！」

かくて、未来の大富豪、後年のオトラント公爵、ジョゼフ・フーシェは、かかる報復者、破壊者の姿で、「リヨンの虐殺者」として、初めて世界史の舞台に登場するのである。

第二章「リヨンの虐殺者」一七九三年

フランス革命の史書をひもとく者も、なかでもっとも血なまぐさい一ページ、リヨンの反乱の部分を開くことはほとんどない。しかし、当時まだ小市民的な農業国だったフランスで、第一番の工業都市、絹織物の発祥地リヨンほどに、社会的対立の尖鋭化していた都市は、パリをふくめて考えても見あたらなかったといえよう。まだブルジョア革命にすぎなかった一七九二年ごろにも、ここの労働者たちは、王党派的、資本主義的な考えをもった企業家階級とははっきり区別され、ここに最初のプロレタリア階級を形成していた。このような対立の激しい土地では、革命にしろ、その反動にしろ、このうえなく血なまぐさい熱狂的なかたちをとるようになるのは、不思議ではない。

ジャコバン派の信奉者たち、労働者や失業者の群れが、指導者と仰いでそのまわりに結集したのは、およそ世界史の曲がり角にいつも突然姿をあらわすタイプの、あの特異な人物のひとりである。まったく私心のない理想家ではあるが、まさにその信念と理想主義そのもののために、どんな残忍な現実政治家や狂暴きわまる恐怖を起こさせる人物よりも、不幸な事態と流血の惨事を引き起こしてしまう人物。世にも高邁なる志を抱きながら、こと志と異なって人々に死と災厄《さいやく》をもたらすのは、つねに、こうした純真で、宗教的で、事に熱中するタイプの人であり、世界を変革し改善しようと燃えたつ人物なのだろう。リヨンにおけるその人の名は、シャリエといった。還俗した元聖職者で、かつては商人だったこともある。この人にとっては、革命がもう一度キリスト教、正しい真のキリスト教となったのであって、この革命に自己犠牲的、異端的な愛をささげたのである。ジャン・ジャック・ルソーの熱烈な愛読者であるこの人にとって、人類を理性にかえらせ平等にまで高めるならば、それだけで千年王国を実現することになるのだ。彼の灼熱的な人類愛は、まさに革命のほむらのなかにこそ、ほかならぬ新しい不滅な人間性の朝焼けを見てとるのである。感動的な夢想家だ。つまり、バスティーユが陥落したとき、彼はその牢獄の石材を素手にかかえて、六日六晩の道を、パリからリヨンまで徒歩で運んで、それを新たな祭壇としたのである。彼はマラーを、この熱血たぎるパンフレット作成者を、神のごとく、新しいピュティア（アポロの神殿の巫女。神のお告げを伝える）のごとくに尊敬し、マラーの演説や著作を暗誦できるまで学び、神秘主義的な子どもっぽい演説で労働者を燃えあがらせることにかけてはリヨン中にならぶ者がない。民衆は彼の本質に、燃えたつような思いやりあふれる人間愛を直観的に感じとっているが、いっぽう、リヨンの反動主義者たちは、この種の純粋で、時代精神にかりたてられた、ほとんど狂愚なほど人間愛につき動かされた人物のほうが、騒ぎたてるジャコバン派の煽動家たちより、よほど危険だと感じていた。あらゆる愛情が彼にそそがれ、また、あらゆる憎悪が彼に集中した。そして、最初の暴動がこの町に発生すると、この神経を病んだ、いささかこっけいな夢想家は、その首謀者として投獄された。そのうちに、偽造された一通の手紙によって、彼にたいする告発状が苦労してでっちあげられ、他の急進派たちへの見せしめのために、そして、パリの国民公会にたいする挑戦として、彼に死刑の宣告がくだされたのである。

憤激した国民公会は、シャリエを救うために、次々と使者をリヨンへ派遣するが、徒労に終わる。公会は、反抗的なリヨン市当局に警告し、要求し、脅迫した。しかし、今度こそパリのテロリストどもに目にものを見せてやろうと決心したリヨン市議会は、断固あらゆる抗議をはねつけた。ありがたくないおどし道具のギロチンを送られて、そのまま使いもせずに倉庫へしまいこんでおいたものを、今度はいよいよ、人道的とよばれるこの革命の道具を、まずひとりの革命家の処刑に実地に使ってみて、恐怖政治の擁護者どもを訓育してやろうというわけである。さて、この機械はまだためされたことがなかったばっかりに、シャリエの処刑は、刑吏の不手ぎわから、とんでもなくひどい拷問《ごうもん》になってしまう。なまくらな刃が三度も音をたてたが、それでも、囚人の首の骨は断ち切れない。縛られて血にまみれた指導者の体がまだ死にきれないで、見るも無残な拷問に苦しんでいるさまを、民衆は恐怖におののいて見守った。最後には刑吏が見かねて、この不幸な男の首を帯剣で胴体から切り離した。

しかし、ギロチンの刃で三度もずたずたに打ちのめされたこの拷問の首は、やがて、革命のためには復讐の守護神となり、殺人者たちにとってはメドゥーサの首となる。国民公会は、この犯罪の報告を聞いて驚愕する。フランスの一都市が公然と国会への反抗を敢行するとはなんたることだ？　このような厚顔な挑戦は、ただちに血を流してでも弾圧されねばならぬ。いっぽう、リヨンの当局の側も、それがどういう事態を招くかぐらいのことは承知していた。彼らは、国会の命令にそむくばかりでなく、いよいよ公然たる反乱に移っていく。軍隊を徴集し、フランス同胞にたいして防塞《ぼうさい》を築き、公然と共和国軍に敵対する。もはや、リヨンとパリ、反動と革命との雌雄《しゆう》を決するのは、武器だけであった。

理屈で考えれば、こんな時機の内戦は、若い共和国にとって自殺行為に見える。いまほど共和国の情勢が危険で絶望的でお先まっ暗なときはないからだ。イギリス軍はトゥーロンの軍港を攻略して、艦隊と兵器庫を奪い、ダンケルクにも迫っている。これに呼応して、プロイセン軍とオーストリア軍がライン河流域からアルデンヌ県に進出し、またヴァンデ県一帯は反乱の火の手をあげている。戦火と叛旗がフランス全土にわたって共和国をおびやかしているのだ。とはいえこの日々はまた、フランス国民公会の真に英雄的な日々でもある。危険を克服するには挑戦するにしくはない、という無気味で宿命的な本能から、革命の指導者たちは、シャリエの死後、その執行人たちとのいっさいの妥協を拒否した。「妥協を選ぶよりはむしろ滅亡を」、弱さを明るみに出す平和よりは、むしろ七戦にもう一戦を加えて悔いず、である。そして、この不退転の捨て身の高揚、理屈もへったくれもない猛烈果敢な熱情、これこそがまさに、ロシア革命の際（やはり東西南北でイギリス軍や世界中の傭兵《ようへい》におびやかされ、国内でもウランゲリ、デニーキン、コルチャークら〔いずれもロシアの軍人。兵を率いて赤軍に敗れた〕の軍団に悩まされた）と同様に、間一髪《かんいっぱつ》、フランス革命を救ったのである。仰天したリヨンのブルジョアたちは、いまやおおっぴらに王政主義派の軍隊にすがりつき、自分たちの軍隊を国王の一将軍の指揮下にいれたが――プロレタリアの兵士たちが、農場からも、場末の町々からも、陸続と押しよせてきて、ついにこの反乱をおこしたフランス第二の大都市は、十月九日、共和国民の軍隊によって攻略された。ひょっとしたらこの日は、フランス革命におけるもっとも誇り高い日であったかもしれぬ。国民公会で、議長がおごそかに席から立ちあがり、リヨンの全面的降伏を報告したとき、議員たちはみな、席からとびあがって歓声をあげ、たがいに抱きあって狂喜した。一瞬、あらゆる政争あつれきも終わったかのように見えた。共和国は救われた。共和国人民軍の無敵の威力、怒りと突撃の力のすばらしい実例が、全国、全世界に与えられたのだ。だが、この勇気という誇り高い感情が、非運なことに、勝者を慢心に導き、この勝利をただちにテロ行為に変えようとする悲劇的欲求にとかりたてる。敗者への報復も、勝利への感激と同じように、恐るべきものである。「フランス共和国、若い革命は、三色旗に叛旗をひるがえすやからを最大の厳罰に処する、との範例を示すべきである」。かくて、全世界に人間性を明らかにすべき国民公会ともあろうものが、かつてミラノの破壊にフン族的暴力をふるったバルバロッサ（神聖ローマ皇帝フリードリヒ一世のこと。赤髯王とも。たびたびイタリアに遠征した）や、かの回教教主《カリフ》たちでさえおよびもつかないような指令を出して、みずからが汚名をこうむることになる。十月十二日、国民公会の議長は恐るべき文書を発表したが、これこそフランス第二の大都会の破壊を提案する内容のものにほかならぬ。ごく一部にしか知られていないこの指令は、言葉の意味するとおり次のように書かれているのだ。

一、国民公会は、公安委員会の建議にもとづき、ただちにリヨンの反動革命を武力によって膺懲《ようちょう》するため、委員五名よりなる特別委員会を任命する。

二、リヨンの全住民は武装解除され、その武器は共和国の防御者たちに引き渡されなければならない。

三、武器の一部は、富者と反動革命家に圧迫された愛国者たちに引き渡される。

四、リヨン市は破壊される。有産階級の居住した家屋は、すべて地上から消されねばならない。保存を許されるのは、貧者の家、殺害または追放された愛国者の住居、工業用および慈善、教育用の建造物にかぎる。

五、リヨンの市名は、共和国の都市一覧から削除される。残存家屋の集合体には、今後

「解放都市《ヴィル・アフランシ》」の名を与える。

六、リヨンの廃墟には、王党派都市の犯罪と刑罰とを後世に伝える記念柱をたて、「リヨンは自由を敵として戦えり――リヨンはもはやなし」との碑文を刻む。

フランス第二の大都市を瓦礫《がれき》の山に変えてしまうというこの狂気じみた動議にも、誰ひとり異議を唱えようとしなかった。慈悲とか同情とかいう言葉をちょっとでも口にするだけで、ギロチンがすべての人の頭上にきらめくようになってからは、フランス国民公会から、もう、とうの昔に勇気が消えてしまっている。わが身かわいやで首をすくめて、国民公会は満場一致でこの野蛮行為に賛成し、ロベスピエールの友人クートンにその執行をゆだねたのである。

フーシェの前任者であるクートンは、フランス最大の工業都市とその文化財を、こうした威嚇《いかく》のゼスチュアのために軽はずみにぶちこわしてしまうのは、狂気の沙汰《さた》の自殺行為であると、すぐさま見抜いた。そこで彼は最初から、内心ではこの任務をサボタージュする腹をかためていた。しかし、それには巧みな偽装が必要だ。というしだいでクートンは、さしあたっては、徹底的破壊という途方もない指令を大げさに賞賛して時間をかせぎつつ、ひそかにリヨンを守ろうとする自分の意図は隠していた。彼は宣言した。

「同志市民諸君！　諸君の指令を読み、われわれは感嘆の情にたえないものである。しかり、この都市が破壊され、あえて祖国に反逆しようとする他の全都市にたいする大いなる戒めとなることはまさしく緊急の要務である。国民公会がこれまで指令したすべての偉大かつ強力な措置のなかに、ただひとつ、今日までわれわれのなしえなかったことがある。すなわち、完全な破壊の決行である……。だが、同志諸君、安心せよ、国民公会の決定どおり、国民公会の原則こそわれわれの原則であり、その指令は言葉の意味するとおりに完遂されるであろう」

とはいえ、こんな熱狂的な言葉で任務を快く受け入れた張本人が、じつは、てんから指令を実行する気持ちなどなく、芝居がかった処置だけで満足しているのだ。この当人、まだ年寄りでもないのに、麻痺症で両足ともきかないが、心中牢固たる決意を秘めて、椅子駕籠《かご》でリヨンの中央広場に乗りつけると、取り壊しを指定された家々に銀のハンマーで形ばかりの傷をつけ、恐ろしい報復の法廷を開くことを布告する。それで、興奮の極にあった民心もいちおう落ちつく。さて実施の段になると、人夫がたりないという口実で、数人の女性や子どもをやり、形式的に十数回シャベルで家を叩かせただけ、処刑もほんの二、三人やったにすぎない。

あの強烈な布告のあとで、こんな思いがけない穏やかな処置しかないものだから、リヨンの人々はあっけにとられながら、ほっと胸をなでおろした。だがテロリストの側もぼんやりしているわけではなく、しだいにクートンの温厚な考えかたを見抜いて、強引に国民公会に働きかけ、強行措置をとらせることになる。血まみれに打ちくだかれたシャリエの頭蓋骨《ずがいこつ》は聖物としてパリに運ばれ、ぎょうぎょうしく飾りつけられて、国民公会の閲覧に供されてから、民心を鼓舞するため、ノートルダム大聖堂に安置される。彼らはいよいよ性急にはやりたち、ぐずぐずしているクートンにたいする不信任動議を次々に提出する。彼はあまりに怠慢で、のろまで、臆病であり、要するに、このような見せしめの報復を実行できる男ではない。必要なのは、流血にもひるまず、どんな極端なことでも平気で実行できる、右顧左眄《うこさべん》のまったくない、信頼すべきほんものの革命家、鋼鉄の筋金入りの人物である、というのである。こうした彼らのがなりたてる声に、ついつい国民公会は屈服して、おとなしすぎるクートンのかわりに、随一の猛烈なアジテーター、コロー＝デルボワ（噂によれば彼は、かつて俳優としてリヨンでやじりたおされたことがあり、その市民をとっちめるにはもってこいの男だという）と――さらに、地方総督中きっての大急進派、悪評たかきジャコバン派のウルトラ・テロリスト、ジョゼフ・フーシェをこの不幸な都市に死刑執行人として派遣したのである。

　かくて、一夜にして血なまぐさい仕事に指名されてしまったジョゼフ・フーシェは、はたしてほんとうに死刑執行人であろうか。当時のテロの闘士たちのあだな「吸血鬼」なのだろうか。彼の口にする言葉からすれば、たしかにそのとおりだ。地方総督のうち、フーシェほど自分の任地で活動的に精力的に革命的に急進的にふるまった者はほとんどなかろう。情け容赦なく徴発し、教会を略奪し、財産を搾取し、あらゆる抵抗を排除したのだ。にもかかわらず――まったく彼らしいやりかたで！――彼はただ口舌の徒として、命令と威嚇で口先のテロをやったにすぎない。ヌヴェールやクラムシーでは、彼の支配していた間、一滴の血も流されてはいないのである。パリでは、ギロチンがミシンのようにガタガタ鳴り続け、ナントでは、カリエが容疑者を数百人ずつかたっぱしからロワール河に沈めていた。国中いたるところで、いっせい射殺とか虐殺とか人間狩りなど、恐るべき音響がこだましているとき、フーシェは自分の地区で、一度も、ただの一度も、政治犯の処刑をしたことがない。彼は――これこそ彼の心理学のライトモチーフなのだが――人間はおよそ臆病な動物であることを心得ていて、テロをやるぞという強烈な身がまえさえすれば、実行にはおよばないこつをのみこんでいる。だから、後年、反動政治がのさばりだした時期に、どこの地区でもかつての統治者を告発したのに、フーシェの地区の人々は、彼がつねに死刑の脅迫をしたという申したてしかできず、誰ひとり実際の処刑のかどで彼を告発するわけにはいかなかったのである。そんなわけで、リヨンの刑吏をおおせつかったフーシェは決して血を好む男ではない。冷たい非情な男、打算的で思惑買いの好きなこの人物、いってみれば、トラよりはキツネの類いであるこのフーシェの神経を刺激するには、なまぐさい鮮血のしぶきなど必要ないのだ。彼はやたらに脅迫じみたことをどなりちらすけれど、人殺しがおもしろいとか、権勢をふるってみたいとかいう理由で実際に処刑をやる気になったことは絶対にない（いっしょになってのぼせあがってしまうことは決してないのだ）。彼は自分の生命が危うくならないかぎりは、本能的にも、賢さからも（人道的な考えからではない）、人の生命は大切にする男である。ただし、ひとたび自身の生命や利益がおびやかされるとなると、そのとき初めて他人の生命や運命をもおびやかすようになる、これがいつでも彼のやり口なのだ。

すべての革命指導者の悲劇的宿命とでもいおうか、彼らはみな、本来、血を好まない人物であるのに、とどのつまりは、どうしても流血の惨事を免れなくなってしまう。これはほとんどすべての革命にまつわる不思議な一面だ。デムーランは、事務室では、憤然としてジロンド派の裁判を要求したが、やがて法廷に坐って、自分がそこへ引きずりだした二二名にたいする死刑宣告を耳にすると、死人のように真っ青になり、手足をふるわせて、席からとびあがるなり、夢中で法廷から逃げだしてしまった。実際は、彼は死刑を望んではいなかったわけだ！　何千という不吉な通達に署名したロベスピエールさえも、二年前の評議会では、死刑に反対し、戦争を犯罪だときめつけている。ダントンは死刑裁判所の創設者でありながら、つい取り乱して、「ギロチンにかけるよりいっそギロチンにかかりたい」と、絶望的な文句を吐《は》いてしまった。マラーでさえ自分の新聞には三〇万人の首を公に要求すると書きたてているくせに、いざ相手がギロチンにかかるとなると、その一人ひとりの生命だけは、という気になった。彼らはみな後には、死んだ餌食《えじき》のにおいに酔いしれる、常軌を逸した殺し屋として、描かれることになるが、レーニンをはじめロシア革命の指導者たちとまったく同じく、心の底ではいっさいの処刑を嫌悪していたのである。誰もがもともとは、処刑するぞ、とおどかして政敵を追いつめようとしただけにすぎず、殺人を理論的に承認すると、殺人という竜の牙（竜を殺しその牙を地上へまくと、そこから戦士がつぎつぎと生まれて殺し合うというギリシア神話）が、必然的にはえてしまうのである。それゆえ、フランス革命の指導者たちの罪は、血に酔ったことにではなく、血なまぐさい言葉に酔ったところにある。彼らはひたすら民衆を興奮させ、彼ら自身の急進的な思想をみずから証明しようとしたばっかりに、愚かにも、血のしたたるような隠語を案出し、たえず裏切りと断頭台が頭から離れなかった。ところが、民衆のほうがそのすさまじい刺激的な文句に酔い、夢中になって、叩きこまれたばかりの「断固たる措置」を実際に要求すると、指導者たちにはそれをおさえる気力もなく、ギロチンをひけらかした弁舌をうそっぱちだと攻撃されぬためには、結局ギロチンを使ってみせるほか手がなかった。彼らの行動はわれとわが狂暴な言葉でがんじがらめにされ、大衆の人気取りで人後に落ちまいとするばかりに、身の毛のよだつような競争が好まれることになる。どうにもならぬ勢いで、重力の法則どおり、処刑は処刑をまねき、血で血を洗うことになり、最初は血なまぐさい言葉の遊戯だったものも、しだいに狂暴化して人間の首を実際に打ち落とすことになる。何千という人命が血祭りにあげられたのは、快楽のためでも情熱のためでもなく、まして決断力のせいではさらさらない。ただもう、大衆をおさえる勇気を特たぬ政治家・党派人の不決断のためであり、つまるところ無気力のせいである。遺憾ながら、世界史は多くの書物に記されているような人間の勇気の歴史ばかりではなく、人間の臆病の歴史でもある。また、政治とは、とかく世論を指導するもののように思いこませたがるが、じつは、指導者が勝手に自分でつくって圧力をかけてきた法廷にみずから奴隷的に屈従することなのである。戦争というものは、つねに、危険な言葉をもてあそび、国民の情熱を煽りたてすぎることからおこるもので、政治的犯罪にしても同断だ。この世のどんな残忍さや悪徳でも、人間の臆病ほどに多くの血を流しはしない。そんなわけで、フーシェがリヨンで大量殺人をやってのけたのも、決して共和主義的な情熱（そもそも彼は情熱など知りはしない）からではなくて、ただ穏健派だと見られて人気をなくすことを恐れたからにすぎない。しかし、歴史の決定的な要因は、思想ではなくて行動であり、したがって、彼が何千回それを否定しても、彼の名はやはり「リヨンの虐殺者」として史上に残るわけである。後に、公爵の外套《がいとう》をまとう身分になったにしろ、それが彼の手にしみついた血痕《けっこん》をおおい隠すことはできないだろう。

コロー゠デルボワは十一月七日、ジョゼフ・フーシェは十日にリヨン入りをした。着くとさっそく仕事に着手。しかし、この喜劇役者あがりと還俗した共犯者は、本番の悲劇よりひと足先に、まず短いサテュロス劇（本来は悲劇のあとに演じられる喜劇）を、フランス革命全体を通じてもっとも挑発的で厚顔無恥な茶番劇を演じてみせる。いうなれば、白昼堂々と一種の悪魔的なミサを挙行したのである。すなわち、自由の殉教者シャリエの慰霊祭というのが、この無神論者のどんちゃん騒ぎの口実だ。その皮きりとして、朝の八時、まずすべての教会は最後の敬虔《けいけん》さの象徴となるものを、いっさいはぎとられ、十字架上のキリストが祭壇からもぎとられ、おおいものやミサ服は引っぱがされる。それから、大量の群衆が列をつくって全市をねり歩き、デ・テロー広場に集合する。パリからきた四人のジャコバン派が三色のじゅうたんでおおった担架をかつぎ、その上には、いっぱいの花を飾ったシャリエの胸像がのっている。そのわきには彼の遺骨を入れた壺と、獄中の殉教者を慰めたといわれるハトを入れた小さい鳥籠。この担架に続いて、三人の地方総督が、自由の殉教者、「彼らの身がわりとなって死んだ救世主」シャリエの神性をリヨンの住民に盛大に証明せんとする前代未聞の礼拝式に向かって、もったいぶって深刻な足どりで進んでいく。これだけでもすでに厭味で鼻につく儀式を、ますます低級にしているのは、これにまた不快で馬鹿げた悪趣味が加わっているからだ。なにかといえば、一団の連中が歓声をあげてアメリカ先住民風のダンスを踊りながら、教会からかっぱらってきたミサの器物、聖餐杯や聖餅《せいべい》容器、聖者像などを引きずってくるのである。そのあとから一頭のロバが、とことこくっついてくる。その耳には盗んできた司教冠《ミトラ》がうまく載っかっている。哀れなロバのしっぽには、キリスト磔刑像と聖書が結びつけてあり——しかも、真っ昼間に、ロバのしっぽの福音書が街路の汚泥にまみれてぶらぶら揺れ、馬鹿者どもがそれを見て大喝采なのである。

しまいに、軍楽隊が、止まれの合図を奏した。大きな広場には、牧草でしつらえられた祭壇があり、シャリエの胸像と骨壺がうやうやしく安置されて、この新しい聖者の前に、三人の民衆の代表者は丁重に腰をかがめる。そして、まず熟練の俳優、コロー＝デルボワが熱弁をふるい、続いてフーシェの番がくる。国民公会ではあれほどがんこに沈黙の技倆《うで》を発揮していたこの男が、いきなり声を取り戻し、石膏《せっこう》の胸像に向かって、感動的でほめそやす呼びかけを始めたのだ。

「シャリエよ、シャリエよ、君はもはやいまさず！　犯罪者どもは、自由の殉教者たる君を血祭りにあげたのだ。さればこそ、それら犯罪者の血が、いまこそ君の霊の怒りをしずめるただひとつの贖罪の供物《くもつ》としてささげられねばならない。シャリエよ、シャリエ！　われらは君の胸像の前において、君の殉教のために報復せんことを誓う。しかして、貴族どもの血をば、香をたくかわりに君の霊前にそなえよう」

三人目の民衆代表者は、未来の貴族、後年のオトラント公爵ほどには弁がたたなかったので、ただうやうやしく胸像の額に口づけすると、広場全体に高らかにひびかせた。

「貴族を殺せ！」

この三人のぎょうぎょうしい賛美のあとで、火刑用の大きな薪《まき》の山に火が点じられる。福音書がロバのしっぽから切り離され、火中に投げ入れられると、僧服もミサ典令も聖体も木製聖者像ももろともに燃え上がる炎に包まれて、一条の煙となって立ちのぼっていく。 つい先ごろまでまだ中剃りをしていたジョゼフ・フーシェも、真剣にふたりの同僚とそれを見守る。ついで、この灰色の四足獣には、神を冒瀆《ぼうとく》する今日の式の報酬として、聖餐杯からたっぷり酒を飲ませた。こうした悪趣味のきわまるふるまいが終わると、四人のジャコバン派がシャリエの胸像を肩にかつぎ、教会へ持ってかえって、破壊されたキリスト像のかわりに、これをうやうやしく祭壇に飾ったのであった。

このおごそかな祭りを永久に記念すべく、その後、特別の記念貨幣が鋳造された。今日ではもうそれも見られなくなってしまったが、おそらく後年のオトラント公爵が一枚残らず買いしめて、隠匿《いんとく》した結果であろう。ちょうど、ウルトラ・ジャコバン派的無神論者時代の自分の極端な武勇伝を詳しく記した書物をそうしたのとまったく同じである。彼自身はちゃんと記憶していた。しかし、他の連中までが、リヨンの悪魔的なミサのことを覚えていたり、思いだしたりしかねないとすれば、後年、キリスト教の信仰もっとも篤き国王の元老院議員かつ大臣となったフーシェにしてみれば、やはりやりきれない不快事であったろう。

さて、ジョゼフ・フーシェのリヨン第一日目もまた、まことに鼻つまみ的な始まりだったわけだが、とはいえ、まだほんのどたばた騒ぎの子どもじみた仮面劇をやったというだけで、血は一滴も流されていない。しかしあくる朝になると、早くも地方総督たちは、人払いをして町はずれの一軒家に閉じこもり、武装した歩哨をたてて、無用の者の出入りをいっさい厳禁し、いかなる慈悲も哀願も寛容もいっさい排して、かたく門戸を閉ざした。ここに革命法廷はできあがるが、人民の王者フーシェとコローがどんなに恐ろしい聖バルテルミーの夜（十六世紀パリで聖バルテルミー祭の夜に新教徒多数がカトリック教徒に虐殺された）を計画しているかは、恐ろしくも、彼らが国民公会にあてた手紙に明らかである。ふたりは書いている。

「われわれはわれわれの使命を、筋金入りの共和主義者のエネルギーをもって追求する。われわれは、いささかの罪を負う人々への哀れみのために、人民からゆだねられたこの高所からおりることはしない。時を空費し温情についやされることがないように、われわれはいっさいの人を身辺より遠ざけた。われわれの眼中にあるのは、偉大なる実例を、目に見えるかたちで教訓を示せ、と命じる共和国のみ。われわれの耳にするのは、愛国者の流した血にたいしてただちに断固たる報復をおこない、人類が二度とふたたびかかる流血の惨劇を見ぬように、と求める人民の叫びのみ。われわれは、この卑しむべき町には、人民を殺害せるやからの手で弾圧され投獄された人々をのぞけば、ひとりとして罪なき住民はいないと確信しており、彼ら住民の後悔の涙には不信の念を禁じえない。なにものもわれわれの厳格さをやわらげることはできない。市民の皆さん、われわれは告白しなければならないが、寛容こそは危険な弱点とみなしている。われわれは、犯罪者の望みを完全に一掃すべきこの機にのぞんで、寛容をもって彼らの望みにふたたび火を点じるような愚挙は、断じてすべきではないと考える。もし誰かひとりに温情をめぐむならば、同じような人すべてに寛容を示す結果となり、裁判の効果はむなしくならざるをえない。破壊の作業は手間がかかりすぎる。共和国人民のいらだちが期待するのは、さらなる迅速な手段である。すなわち、地雷の爆発、火炎の破壊力によってのみ、人民の力は表現しうる。人民の意志は、暴君の意志のごとく抑制されてはならぬ。人民の意志は万雷のような偉力をもたねばならない」

この万雷は、予定どおり十二月四日におこり、たちまちフランス全土にすさまじい反響をとどろかせた。まず早朝に、六〇名の苦い男女がふたりずつ縛りあわされて牢獄から引きだされた。しかし彼らは、フーシェのいわゆる「手間のかかりすぎる」ギロチンの下へではなく、町をはずれてローヌ河を渡ったブロトーの平原に拉致された。急造の並行した二本の壕があり、すでに犠牲者の運命を暗示している。一〇歩ばかり離れたところに大砲がすえられ、大量虐殺の方法を語っている。抵抗力を持たぬこれらの人々はそこに集められ縛りあげられ、叫びおののきわめきのたうちまわるけれども、もはや無益な抵抗にあえぐ絶望した人間のかたまりにすぎない。命令一下――この至近距離から、息をのむほどまぢかな砲口から噴出する散弾が、恐怖にふるえる人間の群れにぶちこまれた。むろん、最初のいっせい射撃で犠牲者全員がきれいにかたづくわけがない。片腕、片脚のもぎとられた者、内臓が露出した者、なかには偶然に無傷のままの者も何人かはあった。しかし、血ははやくも大きな泉のようにとうとうと壕のなかにあふれ流れ、時を移さず、第二の号令一下、サーベルとピストルを手にした騎兵たちが、生き残る犠牲者に襲いかかって、ぴくつきうめき泣きわめくばかりで逃げる場のない人間群を切りまくり撃ちまくり、息の根をとめて、最後のひとりの断末魔が聞こえなくなるまで、乱暴狼藉《ろうぜき》のかぎりをつくす。それから、この刑の執行人たちは、虐殺の報酬として、まだ体温の残る六〇名の死体から、衣服と靴をはぎとることを許され、死体そのものは裸にされ、八つざきにされて、壕のなかへ埋められたのである。

　これが、後年、キリスト教の信仰もっとも篤い国王の大臣となったジョゼフ・フーシェの、名だたる虐殺行為の発端であって、翌朝発表された烈火のような声明は、この虐殺を誇らしく自画自賛している。

「人民の代理人は、託された任務を冷厳に守りぬくであろう。人民はその代理人の手に報復の万雷を託したが、自由の敵がいっさい絶滅されないかぎり、代理人はそれを手放すことはないであろう。しかして、廃墟を乗り越え、国民の幸福と世界の革新に達するために、謀叛人《むほんにん》たちの無数の墓列をものともせず、ますます突進する勇気をふるうであろう」

　もうその日のうちに、この嘆かわしい「勇気」は、またしてもブロトー平原の砲撃によって残忍にも実証されたのだが、今度は、前よりも壮大におこなわれたのである。二一〇人の人々が、家畜のように、うしろ手に縛られて引きだされると、砲弾と歩兵銃のいっせい射撃で、ほんの二、三分でかたづけられた。そこまでは前回と大差ないが、今度は、虐殺から墓穴を掘るまでのめんどうくさい手数をはぶいたから、虐殺者の子分どもには、やりきれない仕事の量がだいぶ減ったわけだ。こんな畜生に墓まで掘ってやることがあるか、といわんばかりに、傷ついた足から血だらけの靴をひったくり、裸の、なかにはまだぴくついている死体を、さっさとローヌ河にほうりこんで水葬にしたのである。

ところが、フランス全土と世界史が吐き気をもよおすばかりの、この身の毛もよだつ兇行《きょうこう》すらも、ジョゼフ・フーシェはおおげさに美辞麗句をならべて言いつくろっている。彼に言わせれば、ローヌ河に裸の死体の臭気が漂うのは、政治的業績なのである。つまり、死体は下流のトゥーロン港まで流れていき、そこで戦慄《せんりつ》すべき共和国の徹底した復讐ぶりをまざまざと証明してみせるからである。彼は書いている。

「必要なのは、われわれがローヌ河に投じた血まみれの死体が両岸にそってくだり、河口の忌まわしき都市トゥーロンに達することによって、小心ながら残虐なイギリス人たちに、恐怖の印象と人民万能の実相をはっきり見せつけることである」

もちろんリヨンでは、あいつぐ処刑、あいつぐ虐殺で、もうこんな見せつけはいらなかった。トゥーロン奪回の報を聞いて、フーシェは「うれし涙にむせんで」喜び、おまけにその日を祝して、「二〇〇名の反逆者を砲口の前に送り」さえした。助命を求める哀願泣《きゅう》訴《そ》も聞かばこそである。死刑法廷で夫の釈放をあまりに熱心に頼んだふたりの妻女は、縛られてギロチンのわきに立たされた。人民代理人の家へ、減刑嘆願に近づくこともいっさい許されず、いっさい誰も寄せつけない。しかも、砲声はますます荒々しく響きわたり、それにつれて地方総督もますます大言壮語するばかり。

「しかり、われわれはあえて主張する。われわれは多くの汚れた血を流したが、これは人道と義務のためである。……諸君がみずからの意志によってそれを表明せぬかぎり、われわれは諸君がわれわれの手にゆだねた強権を手放さないであろう。そのときまで、われわれは絶えまなく敵を打ち倒し続けるであろう。われわれの敵を、あらんかぎりの残忍さ、迅速さをもって根絶するであろう」

　こうして、数週間のうちに一六〇〇名の処刑が執行された。ジョゼフ・フーシェが今度は例外的に真実を語っていたということになろう。

　こうした虐殺を推し進め、独善的な報告書を作成する間にも、フーシェとその同僚は、国民公会からリヨンでの執行を命じられていたもうひとつの情けない任務も忘れてはいない。リヨン到着の初日に、彼らはパリへあてて、命じられた都市破壊作業が、前任者の手では「手間がかかりすぎる」と訴えたのだった——「今度は機雷が破壊の作業を加速するであろう。すでに工兵は行動を開始した。二日以内に、ベルクール広場の建造物は空中分解するであろう」。これらの広場に面した高名な建物は、ルイ十四世のもとで着工され、マンサール（十七世紀フランスの建築家。ヴェルサイユ宮殿などの建築を指揮）の弟子の建てたものだが、いちばん美しいという理由で、まっ先にこわされることになった。残酷なことに、この家並みの住人たちは追いたてをくい、何百人もの男女失業者が、ほんの数週間ばかり無意味な破壊作業に従事して、この壮麗な芸術品を消滅せしめたのである。不幸な町には嘆息と呻吟《しんぎん》、砲声と壁のくずれる音が響きわたる。「司法」委員会が人を殺し、「解体」委員会が家をこわしているかたわらで、「物資」委員会が食料、衣料、貴重品類の徴発を容赦なく推進している。潜伏者や隠匿された贅沢品の捜索には、一軒残らず地下室から屋根裏までくまなくかきまわされた。フーシェとコロー、このふたりは歩哨に守られて、いっさい姿をあらわさず、人も寄せつけず、一軒家に閉じこもっているが、そのふたりのテロは町中いたるところで猛威をふるい、荒らしまわっている。いちばん美しい邸宅は、はや破壊された。牢獄には、あとからあとから人がつめこまれるが、すぐにまた半分はがらがらになる。商店には品物がまるでなくなり、ブロトー平原は一〇〇〇人もの人の血がしみこんでいる。そこでついに、二、三人の勇敢な市民が意を決して（うっかりすれば首がとぶ！）、パリへ急行し、全市を更地にならしてしまう暴挙はやめてくれ、との請願書を国民公会に提出した。むろんこの請願書の文面はごく慎重に、むしろ卑屈な調子さえこめて、まずおそるおそる敬意を表し、何としてでも名をあげたいと言わんばかりのかの声明を、「ローマ元老院の天才の筆になるかと思われる」とまで讃えたうえで、「心からの後悔の念と心弱き過誤にたいする慈悲――あえていえば――誤認された無実の人々への恩寵」を請願したのである。

ところが折しも地方総督たちもこの密かな告発を探知し、機を失せず攻撃をかわすべく、能弁なコロー＝デルボワが早馬を仕たててパリに駆けつけた。翌日、彼は、国民公会とジャコバン派の人たちに向かって、この集団処刑を弁解するどころか、「人道」の一形式だといって自賛する心臓ぶり。彼はまくしたてた。

「われわれが願ったのは、絶えまなく無数の処刑が継続する恐るべき光景から人類を救い出したいということであった。さればこそ、委員たちは、判決をうけた死刑囚を一日のうちにいっきょに処刑すると決定したのだ。この願いは真の人情の発露にほかならないのである」

ジャコバン派の人たちのあいだでは、彼は一段と熱をあげて、新しい「人道的な」方式を得意然と説明する。

「そう、われわれは二〇〇名の死刑囚をいっせい射撃で全滅させ、そのために非難をうけている。だがこの処置もまた、激情をしずめるためのものだったことがなぜわからないのか！　もしも二〇名をひとりずつ順にギロチンにかけるとすれば、最後の番にあたったものは、自分の番までに二〇回も死ぬ思いをせねばならない。だが、この場合は、二〇名の反逆者があいもろともに死んでいけるのである」

そして、実際のところ、革命家の隠語という血まみれのインキ壺から吸いあげた使いふるしのきまり文句が、まんまと功を奏したのだ。国民公会もジャコバン派の人たちも、コローの説明に納得して、地方総督たちに処刑を継続する認可を与えた。また、パリでは、ちょうど同じ日に、パンテオンでシャリエの葬儀がとりおこなわれた――それ以前にはジャン・ジャック・ルソーとマラーにだけ授けられた名誉である――そして、シャリエの内妻は、マラーの内妻と同じように、年金を受ける。かくて、殉教者は国民的な聖者として公認され、フーシェとコローのいかなる暴力行為も正当な報復として是認されたのである。

さてそうはいうものの、やはり彼らふたりの心には、ある種の不安がのしかかってくる。というのは、国民公会内部の危険な情勢、ダントン対ロベスピエール、穏健派とテロリスト派のシーソーゲームが、さらにいっそう慎重になるべきと要求していたからである。そこでふたりは役割を分担することとし、コロー＝デルボワはパリに留まって委員会と国民公会の雲行きを見張り、攻撃が始まりかけたら先手を打って、しゃにむに能弁で煙にまく。いっぽう、フーシェの「実行力」には、大量虐殺の続行が託される。ここで重要なのは、この時期に、ジョゼフ・フーシェが無制限の独裁者だったと確認することである。なぜなら、後になってフーシェは、暴虐行為の全責任を、腹蔵のない同僚のコローに巧みにおしつけようとしたからだ。だが、彼がひとりで支配していた時期にも、矛はおさまりはしなかったことは、事実が立証している。一日に五四名とか、六〇名とか、一〇〇名とかが、あえなく弾丸の犠牲となり、コロー不在の間に壁がくずされ、家々は焼きはらわれ、処刑のために牢獄はがらあきになったというのに、あいも変わらずジョゼフ・フーシェは、みずからの行為を熱狂的な恐ろしい言葉でどなりちらしていた。

「この法廷の判決は、犯罪者を戦慄させるだろうが、判決に耳を傾け、それを承認する民衆には、安心と慰めとを与えている。有罪者にたいして、われわれがただの一度でも恩赦の栄誉を授けはしなかったかと疑うならば、不当もはなはだしい。われわれは一回たりとも恩赦など与えたためしがない！」

ところが、不意に――どうしたことだろう――フーシェの調子が一変したのだ。彼の鋭敏な鼻は、遠く離れていても、急に国民公会の雲行きが変わったにちがいないことを、いちはやく嗅ぎつける。それは、彼のかんだかい死刑執行のファンファーレが鳴り響いても、近ごろは、とんと反応がうすれてきたことでわかる。ジャコバン派の人たちのなかでも、彼の友であり無神論の同志であるエベール、ショーメット、ロンサンらが突然黙りこんでしまったのだ――かたく口をつぐんで、しかも永久に沈黙したのだ。というのは、出しぬけにロベスピエールの非情な手が彼らにつかみかかり、その首をしめあげてしまったからである。猛虎のようなこの道徳家は、いつも、いちばんの乱暴者どもといちばんの穏健派との間を抜け目なく往来しながら、時いたれば右にも左にも腕を伸ばす用意を怠りなく構えていて、このときいきなり極左急進派に向かって、暗闇から飛びかかったわけである。リヨンでフーシェのやった射殺刑に劣らぬひどさで、ナントの水死刑をやってのけたカリエは、ロベスピエールの発議にもとづき、国民公会で報告を求められた。さらに、ロベスピエールは、その精神的な従者であるサン＝ジュストを使って、狂暴なオイロギウス・シュナイダーをストラスブールでギロチンにかけさせ、また、フーシェが自分の管区やリヨンで催したような無神論的民衆劇をあからさまに愚行ときめつけて、パリでの上演を封じた。そこで、不安を感じた派遣議員たちは、例によって平身低頭してロベスピエールの示唆に従ったのである。

フーシェを襲ったのは、いつもの不安、もはや多数派には属していないらしいぞ、という不安である。テロリストたちは排除されたのだ——なんでこれ以上テロリストでいる必要があるだろう？　さっさと穏健派へ、いまや「減刑裁判所」を要求しているダントンとデムーランの派へ、鞍替えしたほうがよろしい。新しい風向きに応じて、大至急マントの向きを変えることである。二月六日、彼は突如として、機銃掃射刑の中止を命じる。そこで、（彼がパンフレットで、手間がかかりすぎると主張した）ギロチンがのろくさと動きだし、一日にせいぜいわずか二つか三つの首を切るだけとなる。かつてブロトーの平原で催された国民的祝祭にくらべたら、まったく些細《ささい》なことだ。そのかわりに彼は、自己のいっさいの力を、にわかに彼の祝祭の実行者や彼の命令の執行者である急進派にさし向けて、きりかえてしまう。革命的なサウロ（もとは熱心なユダヤ教徒でキリストの敵であったが、後にはキリストに帰依して使徒パウロとなった）が、俄然人道的なパウロに変身する。さらりと彼は反対側に転進し、シャリエの友人たちのことを「アナーキストと反乱の政治舞台」とよんで、一から二ダースもの革命委員会をばっさり解散させてしまう。すると、まったく奇妙なことがおこった。死刑におびえて恐れおののいていたリヨンの住民は、いきなり、機銃掃射の猛者フーシェを自分たちの救い主と見なしたのだ。そしてまたしてもリヨンの革命家たちは、フーシェの優柔不断な態度、裏切り、「愛国者の弾圧」を弾劾《だんがい》する憤激した手紙を次々と書き送ることになるのである。このような大胆な転向、衆人環視のなかでの不敵な寝返り、勝者の側への鞍替えこそ、フーシェの戦術の奥の手であって、もっぱらこの手で彼は生きながらえてきたのだ。彼の手は両面作戦である。もしもパリから寛大すぎると責められたら、一〇〇〇以上にのぼる墓穴や、リヨンの町の破壊された家並みを見てくれ、と言えばよい。反対に、虐殺者として訴えられれば、「穏健派」とか優柔すぎるとかの罪名をきせているジャコバン派の告発をひきあいに出すこともできる。風向きに応じて、右のポケットからは仮借なさの証明書を、左のポケットからは人道的との証明書を取り出せるから、こうなれば、どう転んでも、リヨンの処刑者とも救い主ともふるまうことができるわけだ。じじつ、彼はやがてこの巧妙な手品を使って、虐殺の全責任を、自分より正直者で嘘のつけない同僚デルボワにおしつけてしまうことに成功した。しかし、成功したのは後世をあざむくことだけで、目下のところパリには、強敵ロベスピエールが容赦のない監視を続けている。ロベスピエールは、自分の派のクートンをリヨンから追いだしたフーシェのことが、どうしても許せないのである。国民公会がはじまってこのかた、彼はフーシェという二枚舌の男を知りつくしているから、いま、ふたたび落雷を避けて急いで縮こまろうとしているフーシェの変節転向を、とことんまで追及してやまない。しかも、ロベスピエールの疑惑は猛獣の爪を持っており、誰もそれから逃れることはできない。芽月《ジェルミナール》十二日に、彼は公安委員会で、フーシェにあてた、即刻パリへきてリヨン事件の経過を弁明せよ、との威圧的な指令を強行採決した。三ヵ月のあいだ残虐に人を裁いていた男も、今度こそはみずから被告席に坐らねばならない。

被告席に？　なぜだろう？　二〇〇〇人のフランス人を三ヵ月で虐殺したからか？　カリエやほかの大量虐殺者と同じ仲間さ、と見る人もあるだろう。しかし、フーシェの不敵な究極の転向が彼の政治的な天賦の才であることが、いま初めてよくわかるのだ。なんということだろう。彼が責任を問われているのは、急進的な「人民協会《ソシエテ・ポピュレール》」の弾圧とジャコバン派の愛国者たちを迫害した件なのである。しかも、この「リヨンの虐殺者」、二〇〇〇人を犠牲にした執行人フーシェは——これこそ史上もっとも忘れることのできない笑劇だ！——人類の知るかぎりでのもっとも高貴なあやまち、すなわち、人間というものを心得ていたがゆえに、あまりにも人道的だったとの理由で訴えられているのである。

第三章　ロベスピエールとのたたかい　一七九四年

四月三日、ジョゼフ・フーシェは公安委員会がパリへ出頭するよう要求したのを知り、五日、車上の人となった。出発にあたって、一六回の鈍い衝撃音が伴奏のように響いたが、それは、彼が任務の最後として、ギロチンに一六回、そのきびしい義務をはたさせた音であった。そしてこの日さらにふたりの男がこれを最後と大急ぎで死刑宣告を受けたが、ふたりはまったく奇妙な連中だった。というのは、この、リヨンの大虐殺の最後のふたり、（当時の愉快な表現に従えば）首を籠《かご》のなかに吐きださねばならなかったふたりは、いったい誰であろう？　それはなんとほかならぬリヨン市の死刑執行人とその助手なのだ。反動派の命令でシャリエとその友人たちをギロチンにかけ、その後革命派の命令で、数百の反動主義者の首を同じギロチンで平然と切った当の男たちである。だがこのふたりが、いったいどんな罪を犯したのか、裁判記録をいくらひいき目に見ても、かいもく不明である。おそらく、彼らが、フーシェの後継者と後世とにたいし、リヨンの出来事をあまりしゃべりすぎないようにと、犠牲にされたにすぎないのであろう。かくて、馬車は音をたてて走る。だがフーシェは、パリへ向かう車上で、いろいろと思いをめぐらさねばならなかった。いずれにせよ彼は、まだなにも失われたわけではない、と考えて気を引きたてていたのかもしれない。国民公会には、勢力のある友人も大勢いることだし、なかでも、ロベスピエールの大敵ダントンがいる。おそらくあの恐ろしい男の動きもなんとか封じる手はあるだろう、と。しかし、革命の命運を決するこの時にあって、事態はリヨンからパリへ向かう乗合馬車の車輪よりはるかに速やかに回転していることを、フーシェがどうして知りえようか？　すでに二日前、彼の親友ショーメットは投獄され、つい昨日、ダントンの巨大な獅子頭はロベスピエールの手でギロチンの下に突きだされ、同じ日、右派の精神的指導者、コンドルセは、飢えにさいなまれながらパリ周辺をうろついたあげく、翌日、裁きを逃れるため、みずから毒をあおいだことを、どうして知りえたであろう？　そして、これらすべての人間を失脚させたのは、たったひとりの男であり、まさにこの唯一の男ロベスピエールこそが、フーシェのもっとも手ごわい政敵であった。八日の夜ようやくパリに着いた彼は、初めて、自分の落ちこんだ危険の全貌を知った。地方総督ジョゼフ・フーシェが、パリに着いた最初の夜、おちおち眠れなかったろうことは、たしかである。

翌朝さっそくフーシェは国民公会へおもむき、じりじりしながら会議がはじまるのを待った。だが不思議なことに、広い議場はいつまでたってもいっぱいにならない。議席の半数、いや半数以上は依然として空席のままである。たしかに、議員のうち何人かは使命をおびて地方に派遣されているし、あるいはなんらかの理由で出席できない者もあるだろう。だがしかし、往時の革命の指導者であり絢爛《けんらん》たる雄弁家ぞろいのジロンド派の面々が占めていた右派の議席には、なんという大穴がぽっかりあいていることだろう！　いったい彼らはどこへ行ってしまったのか？　ヴェルニョー、ブリソ、ペシオンら、もっとも大胆不敵な二二人の議員は、あるいは断頭台にたおれ、あるいは自殺し、ある者は逃亡の途上で狼に引き裂かれてしまったのだ。あえて彼らを弁護しようとした六三人の友人たちも多数派をもって追放された。ロベスピエールは恐るべき一撃で、一〇〇人にのぼる右派の敵をかたづけてしまった。しかも彼は、その拳を同じ力でおのれの陣営に向け、山岳派をも打ちくだいたのである。ダントンもデムーランもシャボもエベールも、ファーブル・デグランティーヌも、ショーメットも、二ダースにのぼる他の連中も、彼の意志にそむき、彼の独断的な空論に逆らったかどで、墓穴に突き落とされたのだ。

この見ばえのしない男が、すべての人間をかたづけてしまったのである。このやせこけて小さく、胆汁質《たんじゅうしつ》で蒼白い顔、低い禿げあがった額と、小さい水色の近眼の目をもった男は、いままで長い間、巨人のような先行者たちの姿におおわれて目だたなかった。しかし時代が大鎌をふるって道を開けてやったのだ。ミラボー、マラー、ダントン、デムーラン、ヴェルニョー、コンドルセが、すなわち生後まもない共和国の、護民官、煽動者、指導者、文筆家、雄弁家、思索家が、すべてかたづけられてしまったいま、この男は古代ローマの大神官にして、独裁者とも、凱旋《がいせん》将軍ともなり、すべてを一身にかねている。フーシェは、おずおずとみずからの敵を見やった。そのまわりには、卑屈な議員連が群がり、畏敬の念を押しつけがましく示しているが、いっぽう敵その人はといえば、そんなことは何でもないとばかりに、無関心な態度で、彼らのお追従を受け流している。「徳行」の鎧《よろい》に身を固めたこの清廉《せいれん》居士《こじ》は、近寄りがたく、何を考えているかわからず、その近視の目で、あえてわが意にそむく者はもはやないと知って、傲然《ごうぜん》と議場をにらんでいる。だが敢然、その意に逆らおうとする男がひとりあらわれたのだ。いまや失うべきなにものもないひとりの男、ジョゼフ・フーシェが、リヨンにおける自分の行動について、弁明せしめよ、と要求したのである。

　国民公会での弁明を要求したことは、公安委員会にたいするひとつの挑発であった。なんとなれば、彼に釈明を要求したのは国民公会ではなく、公安委員会であったにもかかわらず、フーシェは公安委員会より上級の国民公会こそ真の法廷であるとして、国民公会における弁明を要求したからである。かかる要求が大胆不敵なものであることは、まごうべくもなかったが、公会議長は許可の言葉を与えた。ともかく、フーシェといえば、公会では、新顔というわけではない。その名前はこれまで、多すぎるほどたびたびこの議場で呼びあげられたことでもあるし、その功績や、その報告や行動はまだ忘れられてはいないのだ。そこで、フーシェは演壇にのぼり、詳細な報告を読みあげたが、公会は黙然と聞きいるばかりで、妨害もしなければ、賛成の拍手もおこらず、反対の野次ひとつ飛ぶでもない。報告が終わっても、賛否の挙手すらおこなわれなかった。それもそのはずで、国民公会は不安の念にかられていたのだ。ギロチンの一年間に、議員はすべて精神的に去勢されてしまったのだ。かつては情熱のおもむくままに、自由に、自己の信念に従って行動し、声高く、公然と、大胆率直に議論をたたかわせ、主義を争った人々も、いまやその信念を表明するより、沈黙を好んでいた。刑吏の手がポリフェモス（ギリシア神話で人肉を食うひとつ目の巨人）のごとく右翼の陣営、左翼の陣営とつかみかかるようになってから、ギロチンが蒼白い幽鬼のごとく、彼らの発する一語一語に重くのしかかるようになってから、彼らは演説するより沈黙を守っている。誰もが人の背後に隠れようとし、身動きする前は、おずおずと左右をうかがい、人々の面《おもて》には、灰色の不安が重い霧のようにおおいかぶさっていた。およそ、目に見えない物に対する不安ほど人を卑屈にするものはないし、集団となると、これに輪をかけてそうなるものである。

　それゆえに、彼らはこのときも、あえて意見を述べていないのだ。あの、目に見えぬ裁判官、公安委員会の領域に足を踏み入れたら最後だ！　こうして、フーシェの弁明は、忌避はされなかったものの、採択もされず、公安委員会に送付して、審査されることとなった。ということはつまり、フーシェがあれほど慎重に避けようとしていた岸に乗りあげてしまったのだ。第一戦は敗北に終わったのである。

いまやさすがのフーシェも恐怖に首筋が寒くなるのを覚えた。地形も知らずに前進しすぎてしまったのだ。このうえは、できるだけ早く退却するほかはない。もっとも強い男相手に、単独でたたかうよりは、降参したほうがよいのだ。それでフーシェは後悔の念を抱いて、膝《ひざ》を屈し、頭《こうべ》を垂れたのである。そういうわけでその日の晩、彼は話し合うため、というより正直にいえば、許しを請うため、ロベスピエールの家を訪れた。

このときの交渉には、立会人がいなかったので、その内容はわからないが、そのなりゆきだけは判明している。われわれは、バラスが、その回想録にはっきり描いた、ぞっとするようなロベスピエールとの会見記から類推して、次のような場面を想像することができる。すなわちフーシェもバラスと同じように、ロベスピエールが自分の徳行と貧乏を見せびらかすために住んでいた、サン゠トノレ街のちっぽけな町家の、木造りの階段をのぼる前に、自分の借家人を神のごとく崇《あが》め、神聖な獲物のごとく監視している家主から、訊問《じんもん》を受けねばならなかったことであろう。そしてまた、バラスのときとそっくり同じように、ロベスピエールはフーシェを、狭い、自分の肖像画以外になんの飾りもない小部屋へとおし、椅子をすすめるでもなく、立ったまま、冷然と、わざと人を傷つけるような高慢な態度で、まるで哀れな罪人に向かうように彼を迎え入れたにちがいない。それというのも、この男は、道徳を情熱的に愛し、そのいっぽう、それと同じくらい情熱的に、ほとんど悪徳の域に迫るほど激しく、自分の徳行に惚《ほ》れこんでいたため、自分と異なった意見を持つ人間には、決して寛容になれず、金輪際彼らを赦《ゆる》すことはできなかったからである。理性と「徳行」のサヴォナローラ（十五世紀イタリアの修道士。宗教改革を企て、異端者として火刑）、ロベスピエールは、峻厳かつ熱狂的に、あらゆる妥協を拒み、降伏した敵のさしだす手まですべてはねつけ、政治的見地からすれば、絶対に妥協が必要な場合でも、その過酷な憎悪と独断的な矜持にはばまれて、和解できなかった。この会談で、フーシェがロベスピエールになにを言い、裁判官ロベスピエールが、なにを答えたにせよ——それが、決して温かい歓待ではなく、叩きのめすような容赦ない説教と、歯に衣《きぬ》着せぬ冷酷な脅迫であり、いわば欠席裁判の死刑宣告だったことだけは確実である。卑しめられ、すげなく許しを拒絶され、脅迫を受けたジョゼフ・フーシェは、サン゠トノレ街の家の階段をおりながら、怒りに身をふるわせていた。彼はこのとき、自分の首を守る道はただひとつ、自分の首が落ちる前にロベスピエールの首を叩き落とすしかないことを悟ったのである。いまや生死を賭《と》したたたかいが宣せられた。ロベスピエールとフーシェの決闘が始まったのである。

ロベスピエールとフーシェのこの決闘は、革命史を通じて、もっとも緊迫した、心理的にもっともスリルに富んだエピソードのひとつになっている。両者とも賢明で、いずれ劣らぬ策略家だったが、挑戦したほうもされたほうも、ただひとつ共通の誤りを犯していた。彼らは、たがいにずっと昔から相手のことを知っていると考えていたため、たがいに相手のことを見くびっていたのである。フーシェにとって、ロベスピエールはいまでも、その故郷のアラスの協会でつまらぬ冗談を言いあった、貧相でやせこけた弁護士であり、その当時、甘ったるい詩などひねくりまわし、しばらくしてから、一七八九年の三部会で長々と演説をぶって大いに人を退屈させた男に変わりなかった。フーシェは、このロベスピエールが、その後、執拗な、ねばり強い訓練と、仕事の飛躍に鍛えられ、かつての煽動家から一個の為政者へと成長しており、器用な陰謀家にすぎなかった男が、いまや緻密《ちみつ》な思索をめぐらす政治家へと発展し、単なる修辞家が雄弁家に変じていたことを知らなかったし、知ったときはすでに遅かったのである。責任というものは、ほとんどつねに、人間を偉大ならしめるが、ロベスピエールもその使命感によって成長したのであった。というのは、彼は、物欲しげな山師連中や、ただ大声でわめくだけの議員連のただなかにあって、共和国を救うことが、運命によっておのれに課せられた生涯の仕事と感じていたからである。彼は共和国について、革命について、道徳について、はたまた神について、おのれが信じるところはかならず実現させねばならない、それが人類にたいするおのれの聖なる使命であると感じていた。ロベスピエールのこうした頑固さこそ、彼の性格の長所ともなり、弱点ともなっていた。なぜなら、おのれ自身の清廉さに酔い、おのれ自身の独断的苛酷さに魅せられていた彼は、おのれと異なる意見はすべて、単なる異説とは見ず、裏切りと考え、意見を異にする人間はすべて異端とみなし、異端審問官のように冷厳な拳《こぶし》をふるって、新時代の焚刑《ふんけい》台、ギロチンへ送ったからである。一七九四年のロベスピエールに、ひとつの偉大な、醇乎《じゅんこ》たる理念があったことはまごうべくもない。だが、より適切に言えば、その理念は生きてはおらず、ロベスピエールのなかにあって凝結してしまっていた。その理念はついに彼から出ることができず、彼もまた（独断的な精神がつねにたどる運命であるが）、決してその理念から発展するにはいたらなかった。そしてまた、うちとけた温かみと、人を魅する人間性に欠けていたがゆえに、彼の行為は、真に建設的な力を持ちえなかった。彼の強さはただ頑固さだけによっており、その力はただ苛酷さによってのみ、支えられていたのであり、いまや彼にとって、独裁は、生活の内容となり形式と化していた。したがって彼はただ、おのれの自我を革命のなかにしるすしかなく、さもなければその自我は崩壊せねばならなかったのである。このような人間は、精神の問題に関しては、いかなる反抗にも耐えられないし、他人の意見はいかなるものも受け入れることができるものではない。自分と並び立つ者はなんぴとといえども許せないし、まして敵対する者においてをやである。自分の見解を鏡のように忠実に反射する人間しか我慢できないし、サン＝

ジュストやクートンのような自分の精神的奴隷しか許せず、その癇癖《かんぺき》な気質は、それ以外のあらゆる人間を容赦なく追っ払ってしまうのだ。単に自分の意見から離れるだけでなく（彼はそういう人たちも迫害したが）、自分の意志にそむき、自己の無過失性に敬意をはらわなかった連中は災いあれ、というわけである。ところが、ジョゼフ・フーシェはそれをやってしまったのだ。彼はかつてロベスピエールに助言を求めたこともなく、昔の友人に屈したこともない。敵の陣営に属したことがあり、ロベスピエールが定めた中道の慎重な社会主義という限界を大胆にも乗り越え、共産主義や無神論を説いてまわったこともあるのだ。だが、いままでのところ、フーシェを軽視していたロベスピエールは、まじめに相手にしなかった。ロベスピエールから見れば、この議員は、聖職者時代から知っており、昔、修道会の教師というつまらぬ仕事をやっていて、自分の妹に求婚し、その後、自分の信じる神も、許婚者《いいなずけ》も、あらゆる信念も裏切った、取るにたらない、卑劣な野心家にすぎなかった。彼は、フーシェにたいし、頑固者が融通無碍《ゆうずうむげ》な男に抱く憎しみや、無為無策の男が策を弄して成功を収めようとする人間に抱く憎悪など、そういった種類の憎悪をことごとく感じており、また宗教的性質の人間の常として、フーシェの俗物根性には不信の念を抱いて軽蔑していた。だがいままでのところ、この憎悪もフーシェ個人には向かわず、フーシェなどその一変種にすぎない種属全体に向けられていたにすぎなかった。つまり、彼は傲然とフーシェを見のがしてやっていたのだ。あんないつでも踏みつぶせるような陰謀屋に労する必要がどこにあろう？　ロベスピエールはフーシェを多年軽蔑していたからこそ、これまでただ、彼を監視するだけで、本気でたたかわなかったのである。ふたりともやっといまになって、いかに相手を見くびりすぎていたか気づいた。フーシェは、自分の不在の間に、ロベスピエールがいかに巨大な権力を握ったかを知ったのである。軍隊も、警察も、裁判所も、もろもろの委員会も、国民公会も、ジャコバン派の人たちも、官僚も、ひとり残らず彼に臣従している。彼とたたかっても、とても見こみはなさそうに見える。だが、ロベスピエールが彼をたたかいに追いこんだのだ。もし勝たなければ、自分は救いようがなくなることをフーシェは知っていた。絶望のはてに追いつめられると、いつも最後の力をふるいおこす彼は、今度も、破滅の二歩手前というところまで来ると突然、追っ手に飛びかかったが、それはいわば追いつめられた鹿が、最後の茂みから突如あらわれて、絶望的勇気をふるって猟師に襲いかかったようなものであった。

最初にたたかいを仕掛けたのはロベスピエールである。この出しゃばり野郎に、まずひとつ説教をして、警告の足蹴《あしげ》をくれようというわけであり、その機会を与えたのは、共和国の全知識階級に「最高存在の実在と、宇宙を導く力としての霊魂不滅を認識する」よう呼びかけた、かの有名な五月六日の演説であった。ジャン・ジャック・ルソーの別荘で書かれたというその演説は、ロベスピエールがそれまでおこなったうちでは、もっとも見事な、活気あふれたものであり、この演説で独断論者はほとんど詩人の域に迫り、あいまいな理想主義者は、思索家にまで高まっている。迷信と不信仰から信仰を区別し、偶像崇拝的な従来のキリスト教や、空疎な唯物論、無神論をこえたひとつの新しい宗教をつくりだすこと、したがってまた、ふだんから彼が精神的問題に関していつも求めてきた中庸を守ることこそ、この演説の根本理念をなすものであり、この演説は誇大な言辞がふんだんに用いられているにもかかわらず、人類を高揚せしめたいという正しい倫理観と情熱的な意志に満ちている。しかし、この観念論者は、上述のような問題のなかにあっても、政治から離れることができず、その気むずかしい怨恨《えんこん》の念は、彼をかつて、こうした無限にかかわる思索のなかにまで、個人攻撃を持ちこませたのであった。彼は、みずからギロチンへ追いやった死者たちを憎々しげに想起し、おのれの政策の犠牲者、ダントンとショーメットを、さげすむべき不道徳、無信仰の例としてあげ、嘲笑した。そしてその後、突如矛先を変え、自分の怒りを切りぬけてたったひとり生き残った無神論者ジョゼフ・フーシェに襲いかかり、心臓に達する一撃を与えたのである。

「もはや神はないと人民に告げ知らせる使命を、君はいったい誰に与えられたのか、言いたまえ！　運命を支配しているのは目に見えない力であり、道徳も悪徳も打倒されるのは偶然のことだし、魂とは、墓の入口で消えうせる稀薄な呼吸にすぎないなどと人々に説いて、いったいどんな利益があると君は思っているのか？　哀れな詭弁家《きべんか》よ、君はいったいいかなる権利があって、無辜《むこ》の民より理性の笏《しゃく》を奪いとり、その手に悪徳を渡そうなどと不敵なたくらみをくわだてたのか？　自然に死のヴェールをおおいかけ、不幸をさらに絶望的なものとなし、罪を免除し、徳を曇らせ、人類を卑しめるとは、なんたることであろうか！　自然がわれわれに与えうるもののうち、虚無より美《うるわ》しきものはないなどと信じうる者は、自らさげすみ、人に厭《いと》われるていの犯罪者だけである」

ロベスピエールの堂々たる演説に、拍手は鳴りやまなかった。国民公会は、日ごろの低級な争いからいっきょに脱したのを感じ、ロベスピエールの提案した最高存在の祝典をとりおこなうことを満場一致で可決した。だが、ただひとりジョゼフ・フーシェだけは、黙って唇をかみしめていた。敵がかくも見事に凱歌を奏しているときは、沈黙せざるをえないではないか。彼は、この卓越した雄弁家には敵すべくもないことを知って、発するに言葉なく、色蒼ざめ、公開の席上大敗北を喫したことを認めた。だがしかし、心中はひそかに復讐を決心していたのである。

その後、数日間も、数週間も、フーシェの噂はぜんぜん聞かれなくなった。ロベスピエールはすっかり彼をかたづけたものと思っていた。あんな臆病者は足蹴にするだけで十分だったのだ。ところが、フーシェが、姿も見せず、噂にものぼらなかったのは、ただ単に、地下へ潜って、執拗に、計画的に、モグラのように活動していたからにすぎず、彼は委員会をたずね、知り合いの議員を訪問し、味方になってもらおうと一人ひとり親しげに愛想をふりまいていたのである。彼があたりをつけていたのはたいていジャコバン派の連中だったが、それはこの連中なら耳ざわりのよい巧みな言葉をかければすぐ効果があがるし、リヨンにおける功績のため、いささか彼らに人気もあったからである。しかし、このおもてに出ない男が、いそがしげにかけずりまわり、いたるところで糸を紡《つむ》いでいったい何をしようとしているのか、何を計画し、何をたくらんでいるのか、誰にもはっきりわからなかった。

ところが突然、いっさいが明らかになる。それは誰も予期せぬことだったが、おそらくなかでもいちばん予期しなかったのはロベスピエールだったろう。草月《プレーリアル》十八日、ジョゼフ・フーシェは圧倒的多数で、ジャコバン・クラブの総裁に選ばれたのである。

ロベスピエールはとびあがった。こんな大胆なしわざは、誰もできるとは思っていなかったのだ。やっといまになって彼は、フーシェを相手にするのは、いかに狡猾大胆な敵と当面することになるかを悟ったのである。ここ二年間というもの、彼が公の席上で攻撃した男が、あえて反撃に出て、主張を述べるなどということは絶えてなかった。彼らはいずれも、彼が一瞥《いちべつ》をくれれば、即座に消えうせたものだ。ダントンのような男でも、自分の所領地へ逃亡したし、ジロンド派の人たちも地方へ逃れて身の安全を図ったし、その他の連中ときたら、家のなかに閉じこもって、誰にもいっさい消息を知られないようにしたものだ。ところがこの厚顔な男は、議会の席上、議員たちの面前で指さして不潔漢の烙印を押してやったのに、神聖なる革命の殿堂、いとも聖なる革命の宮居、ジャコバン・クラブへ逃げこみ、あまつさえそこで奸計を用いて、愛国者のみに与えられる最高の地位を得たというのか？　というのは、この当時、すなわち革命の後期において、ジャコバン・クラブが巨大な精神的権力を手中に収めていたことを、われわれは思いおこしてみなければならないし、忘れてはならないからである。当時、ジャコバン・クラブが会員として迎え入れる栄誉を授けることは、すなわち愛国者かどうかという万能・至純の試金石《しきんせき》による審査にも合格できたということだったし、またクラブが除名し弾劾した人間は、ギロチンの斧にかかるしるしをつけられたようなものであった。将軍も、政治家も、民衆の指導者も、みなこの市民精神の最高法廷、ほとんど宗教裁判所にも比すべきこの法廷の前には、頭を下げて歩み寄ったのだ。この革命の近衛兵が、峻厳《しゅんげん》にして廉潔無比《れんけつむひ》、不撓不屈《ふとうふくつ》の共和主義者たちが、いまや、ジョゼフ・フーシェのごとき男を自分たちのリーダーに選ぶとは！ロベスピエールの憤激は途方もなかった。この悪漢は、白昼堂々、彼の帝国へ、彼の領域へ、彼自身が敵を弾劾し、精鋭諸士に囲まれておのが力を鍛えてきたその場所へ忍びこんできたのだ。マクシミリアン・ロベスピエールともあろう者が、演説ひとつやるにも、ジョゼフ・フーシェの許可を求め、そのご機嫌をとらねばならないというのか？

即座に彼は全力を集中した。かかる敗北を喫したからには、血の報復をおこなわねばならぬ。彼を引きずりおろすのだ。それもいますぐ。総裁の椅子から引きずりおろすだけではなく、愛国者のクラブからも追放するのだ。ロベスピエールはただちにフーシェを告発する市民を数名リヨンから招致し、その首にかみつくようけしかけた。そして、不意をつかれ周章狼狽《しゅうしょうろうばい》したフーシェが、公開の演説合戦で、途方にくれながら不器用に弁明していると、ロベスピエールはみずから容喙《ようかい》して、ジャコバン・クラブの面々にたいし「詐欺師にだまされないよう」警告を発した。はやくも、この最初の一撃でフーシェ打倒はほとんど成功するかに見えた。だがフーシェは、まだ総裁の権限を握っていたため、審議を早々に打ち切るという手段に出たのである。不名誉このうえない話だが、彼は審議を切りあげ、新しい攻撃に備えるべく、早々に暗闇のなかへ遁走した。

　だが、いまやロベスピエールは、彼の手のうちを知り、その戦術も会得していた。この男はいつも決闘の場には出てこないで、こそこそと逃げ隠れし、陰に潜んで、ひそかに背後から一撃食らわそうとするのだ。こういうしつこい陰謀家は、一度くらい鞭を食らわし、叩きつけたくらいでは不十分で、とことんまで追いつめて踏みつぶしてやらねばだめなのだ。こんな奴は、息の根がとまるまで決定的にやっつけて、永久に無害にしなければならないのである。

　そういうわけで、ロベスピエールはもう一度フーシェに襲いかかった。彼は改めて、ジャコバン・クラブの面々に向かい、フーシェを公然と非難し、次の集会にはフーシェが出席して、弁明するように要求したが、もちろんフーシェのほうは慎重にこれを避けた。自己の強みも弱点も知っているフーシェは、公開の席上でロベスピエールに凱歌をあげさせるのもいやだし、三〇〇〇人の目前で、彼をおとしめる気にもなれなかった。むしろ陰に潜んで、敵に勝利を与えておき、時を稼ぐにしかずだ、貴重な時を！ そこで彼はジャコバン・クラブの面々にあてて、遺憾ながら公開の席上で申し開きすることはできない、二つの委員会が自分の行動について何らかの決定をくだすまで、私の裁きを延期していただきたい、と丁重な拒絶の手紙を送ったのであった。

ロベスピエールは獲物に飛びかかるようにこの手紙にとびついた。今こそ、きゃつをひっつかまえる絶好のチャンスだ。ジョゼフ・フーシェを決定的にたたきのめすのはいまだ。彼が収穫月《メシドール》二十三日（六月十一日）にジョゼフ・フーシェを弾劾しておこなった激烈きわまる演説は、いままで政敵に放ったかずかずの攻撃のうちでも、もっとも危険で辛辣《しんらつ》なものであった。

最初の数語を聞いただけでたちまち、ロベスピエールが、単に敵を攻撃しているだけではなく致命傷を与えようとしているのであり、単に敵を辱めようとしているのではなく、失脚させてしまおうとしていることが感じられた。彼はまず平静を装って話の口火をきり、初めのうちは穏やかに、フーシェ「個人」にはぜんぜん関心がないと言っている。

「余はかつて、彼とある種の関係を結んでいた。愛国者のひとりと考えていたからである。

しかしていま、余がここに彼を告発せんとするのは、彼がすでにおかした罪過のためではない。それよりも、彼がさらに罪を犯そうとして、逃げ隠れしているためであり、われわれが絶滅すべき陰謀の首魁《しゅかい》と考えられるためである。余は、いましがた読みあげられた手紙を精査した。余は、この手紙を書いたのは、告発を受けているにもかかわらず、同胞の前で弁明するのを拒んでいる男であると断言する。そして、そもそも専制政治の体制はこうしたことから始まるものなのである。なんとなれば、自分自身その一員である民衆共同体（ジャコバン・クラブのこと）の前で弁明することを拒むのは、この共同体の権威にたいする攻撃を意味しているからである。かつては共同体の賛同をうるのにあれほどきゅうきゅうとしていた人間が、いったん告発をうけるや、たちまちその共同体を無視し、ジャコバン・クラブの人々にたたかいを挑み、国民公会に助けを求めるかにみえるとは、驚くべき事柄である」

　そして、ここで彼の憎悪は突然爆発して、個人攻撃が始まり、フーシェを卑しめるため、その肉体上の醜さまで喜んで利用したのであった。

「彼は民衆の耳目を恐れているのではないか？」

　とロベスピエールは言って嘲笑した。

「自分の醜悪な外貌が、あまりにもはっきりと自分の罪状をあらわにすることを、恐れているのではないのか？　彼の精神はきわめて陰険に隠されているが、彼に注がれている六〇〇〇のまなざしが、精神の全貌を看破することを恐れているのではないのか？　おのれが発する言々句々が罪人のごとく混乱と矛盾を暴露することを、恐れているのではないか？　およそ理性あるものならば、なんぴとといえども、彼の振る舞いがこうした恐怖の念にもとづくものと考えるにちがいない。しかして、おのれが同胞の視線を恐れるものは、すべて有罪である。余はフーシェを法廷に喚問する。彼は弁明するがよい。彼とわれわれといずれが民衆の代表としての権利を保持するにふさわしいか、いずれが徒党を撃滅するに勇敢なりしか、申し述べるがよい」

ロベスピエールは続いてフーシェを「卑しむべき、蔑むべき詐欺師」とよび、その行状こそ彼の犯罪の証拠である、と決めつけた後、陰険な語調で「その手が略奪品と犯罪でいっぱいになっている連中」について語り、次のような威嚇的言辞で演説を結んだ。

「フーシェはそのみずからの性格を遺憾なく示したが、余がかくのごときことを述べてきたのは、ひとえに、陰謀の一味は民衆の監視の目から逃れえないということを徹底的に知らせんがためである」

これらの言葉は明らかに一種の死刑宣告であったが、集会はロベスピエールの意のままに従った。何の逡巡もなく、前総裁フーシェを、その資格なしと認め、ジャコバン・クラブより追放したのである。

いまやジョゼフ・フーシェは伐採を待つ木のごとく、ギロチンにかけられるのを待つ身となった。ジャコバン・クラブから除名されることは、その烙印を押されたわけであり、かてて加えてロベスピエールのかかる峻厳な弾劾があれば、まずたいてい死刑の宣告をうけることが確実である。フーシェはいまや、真昼に経帷子《きょうかたびら》を着て歩いているようなもので、誰しも、時々刻々彼が逮捕されることを予期し、なかでも彼自身がいちばんそれを感じていた。彼はすでにずっと前から、自分のベッドで寝るのをやめ、人目を忍んで、義侠心ある数人の友人のところに潜りこんでいたが、それはダントンやデムーランのときのように、夜になると、憲兵があらわれて拉致される恐れがあったからであり、義侠心と呼ぶのは、彼のような公然と追放された人間に宿を貸すのは勇気のいることだからである。いまや、人前で彼に話しかけることすら、勇気が必要だった。ロベスピエールが指揮する公安委員会の警察は、彼の行く先々につきまとい、その交友や訪問先を報告していた。目にこそ見えないが、彼は包囲され、一挙手一投足が束縛され、すでにギロチンの刃に引き渡されていた。

じじつ、全七〇〇人の議員のうち、フーシェはその当時もっとも危険にさらされた人間であり、助かる可能性があるとは誰も考えていなかった。もう一度どこかにすがりつこうとしてジャコバン・クラブの面々にも働きかけてみたが、それもロベスピエールが残忍な拳をふるって、すがりつく手を引き離してしまい、いまや肩の上に首がのっていても借り物同然というありさまであった。なぜならば、公安委員会がギロチンにかけるから人を出せと要求すれば、おとなしくイエスというばかりの、臆病な、おどしつけられた、この去勢羊の集まりみたいな国民公会に、何が期待できるというのだ？ 彼らはただ自分たちに目がつけられるのを避けたいばかりに、なんの抵抗もせず指導者たちを革命裁判所へ引き渡してきたのだ。ダントンもデムーランもヴェルニョーも、みなそうして引き渡された——どうしてフーシェだけ引き渡されないといえるのか？ かつてはあれほど勇気にみち、情熱にあふれていた彼らも、いまはじっと沈黙し、不安にさいなまれ、周章狼狽しながら議席に坐っているだけだ。不安という、神経を破壊し、精神を打ちくだく恐ろしい毒薬が、彼らの意志を麻痺させてしまったのである。

だがいつの場合でも、毒薬の秘密は、うまく蒸溜して、隠れた力を抽出すれば、治癒力も含んでいるという点にあるので、この場合も——逆説的な言いかただが——ロベスピエールにたいする恐怖の念が、ロベスピエールから身を救う薬となったのである。ある人間が何週間も何カ月も絶えず人を恐怖におとしいれ、不安の念で精神を打ちくだき、意志を麻痺させるとしたら、誰にも辛抱できるわけはない。つまり、人類あるいはその一部である個々の集団は、ひとりの人間の長期にわたる独裁を憎悪の念なしに堪え忍ぶことは決してできず、この抑圧された人々の憎悪は地下に潜って、あらゆるところで煮えくりかえるものだ。フーシェのように、もはやわが家に寝ていられない議員はこのとき五、六〇人にのぼり、ロベスピエールがかたわらを通ると唇をかんで、ロベスピエールの演説に喝采を送りながら、多くは隠れて拳を握りしめるのである。この清廉の士の支配が、苛酷になればなるほど、長期にわたればわたるほど、その圧倒的な意志にたいする不満の念は高まる。しだいにロベスピエールは彼らすべてを攻撃し、侮辱することになった。ジロンド派を断頭台に送ったからといって右派を攻め、過激派の首脳を斬首したとして左派を攻撃し、自分の意志を強制するからと公安委員会を、仕事をおびやかすからと我利《がり》我利《がり》亡者《もうじゃ》を攻めたてた。野心家は昇進の道をふさがれたと言い、嫉妬深い連中は彼の支配をやっかみ、協調派は自分たちと連帯しないからと不満を抱いた。これら百人百様の憎悪と、多くの拡散した臆病さをひとつの意志に結集して、その鋭い切っ先でロベスピエールの心臓に一突きくれることに成功すれば、そのとき、フーシェもバラスもタリアンもカルノも、ひそかなロベスピエールの敵も、みな助かるであろう。だがそれを成功させるには、まず弱虫どもにたいし、ロベスピエールに威嚇されているのだと確信させなければならない。まず恐怖と不信の空気をいっそう煽って、緊張状態をさらに巧みに高めねばならない。この鉛のような暗鬱な気分は、ロベスピエールの陰鬱な演説にある漠然とした重圧がもたらしているのだが、それをさらにかきたてて、一人ひとりの神経に重くのしかからせ、恐怖はさらに恐ろしく、不安はもっと不安にしなければならない。そうすれば勇気が出て、たったひとりの人間に襲いかかることができるだろう。

ここへきてフーシェは、彼本来の行動を開始している。朝早くから真夜中まで、議員の一人ひとりに忍びよって、ロベスピエールが誰も知らない新しい構想のリストをつくっていると言いふらし、一人ひとりの耳に、「君はリストに載っているよ」とか、「今度は君の番だぞ」とかささやいて歩いたのである。そして実際、人知れず、パニックのような大きな不安の念が、しだいに広がり始めた。というのは、このカトー（古代ローマの清廉な政治家）にも比すべき人間、休みなく働く清廉居士にたいして、無垢の良心を誇りうる議員はまずいなかったからである。ある者は金もうけのときに軽率なことをやりすぎているようだし、次の議員はロベスピエールに反論したことがあり、三番目のものは女性関係が多すぎるし（この共和主義的禁欲家の目から見れば、いずれも罪悪である）、四番目は、ダントンないし有罪とされた一五〇人の議員のひとりと親しくしていたし、五番目は有罪の宣告を受けた男を家にかくまったことがあり、六番目は、誰か亡命者から手紙を受けとったことがある。簡単にいえば、誰もがふるえあがり、誰もが攻撃されるかもしれないと思っていたのであって、ロベスピエールが市民の徳行として課した苛酷すぎる要求を十分守っていると自信を持つ者はひとりもいなかったのである。そしてフーシェは、機台《はただい》の上の糸巻のように、次から次へとねらい打ちをかけ、新しい糸を紡いでは新しい目をつくり、不信と疑惑のクモの巣を張って人をからめとっていったのだ。だがそれは、危険な賭博であった。彼が張っていたのはクモの巣にすぎず、ロベスピエールが一度でも激しく身を動かすか、誰かが一言裏切りの言葉を吐けば、ずたずたに破れてしまうからだった。

たいていの本では、ロベスピエールにたいする陰謀の際に、フーシェが演じた、謎にみちた、絶望的で危険な、そして意味深長な役割については、十分強調されていないし、皮相な叙述になると、しばしばその名もあげられない。歴史というものはほぼいつもただ外観だけで書かれるもので、この興味津々たるロベスピエール最後の日々についても、作者はたいてい、演壇上に匕首《あいくち》を振りかざし、われとわが身を刺そうとするタリアンの劇的で悲愴な身振りとか、国民衛兵隊を召集するバラスの感情を排した実行力、ブールドンの告発演説などを描いてみせるのが普通である。つまり歴史家たちは、熱月《テルミドール》九日に演じられた大ドラマの演技者、それも立役者たちだけを描いて、フーシェを見落としているのだ。じじつ、フーシェはあの日々、国民公会という舞台にあがっていっしょに演技はしなかった。この大胆な危険な芝居のなかで、彼が受け持ったのは、楽屋裏の仕事、つまり演出家や舞台監督の、よりむずかしい仕事であった。彼は場面を設定し、演技を指導し、暗闇のなかで姿をくらまして、リハーサルをし、相手役へのきっかけの科白《せりふ》を与えていた——暗闇のなかで、そう、これこそ、いついかなるときも彼の真の棲み家なのだ。だが、後世の歴史家が彼の役割を見落としても——彼が存在して活動していることをすでにそのとき、はっきり感知していた男が一人いた。ロベスピエールその人であり、白昼、フーシェのことを正しくも「陰謀の首魁《シェフ・ド・ラ・コンスピラシオン》」と呼んでいたのである。

なぜかといえば、この不信にみちた邪推深い精神は、おのれに向かって何かがひそかにたくらまれていることを感じとっていたからである。それは突然、いくつもの委員会で彼にたいする反抗が勃発したことでもわかるし、敵と思われる多くの議員たちが、いやに丁重になり、従順な態度をとり始めたことで、いっそうはっきりと感じとれた。ロベスピエールは、何かはっきりはわからないが、闇から自分に一撃食らわす計画が進んでいるのを感じ、その計画を操っているに違いない手、すなわち「陰謀の首魁」のことも知っていて、警戒していたのである。彼の触手は注意深く探りを入れていた。彼直属の警察と私設スパイは、タリアンやフーシェ、そのほかの共謀者の一挙手一投足、どこに行って誰と会ったか、ロベスピエールに報告した。匿名の手紙が幾通か舞いこみ、注意するよう警告し、敵が結集しないうちに、早く独裁権を掌握して撃滅するように、とそそのかしてきた。そこで彼は、敵を混乱におとしいれてたぶらかすため、突然、政治権力に関心はない、という仮面をかぶって見せたのである。彼はもはや、国民公会にも委員会にも出席しなくなった。大きなニューファウンドランド犬をつれ、本を手にして、口を結んでひとり散歩する姿が、町や近くの森のなかで見受けられたが、見たところ、大好きな哲学の研究にうちこんでいて、権力にはまるきり関心がないといったふうであった。ところが、彼は日が暮れて自室へ帰ると、何時間も入念に、大演説の草稿を推敲していたのだ。その作業ははてしなく続き、草稿はいたるところ書き変えられ、手が入れられた。というのも彼は、この決定的な大演説で、敵をみな一度に叩きつぶしてしまおうと考えていて、そのためにこの演説は、敵の虚をついて持ちだされなければならないし、その切れ味は斧のように鋭く、修辞は躍動感にみち、精神の閃きと、憎悪の鋭さをあわせ持たねばならなかったからだ。彼は、敵が結集し、同意に達する前に、この武器をもって突如襲いかかり、不意を打とうと考えたのである。そのためには、いくら刃を磨《と》いでも、いくら毒を濃くしても、十分とはいえなかった。こうして、彼がこの恐ろしい仕事に没頭している間に、長い貴重な数日間がたってしまったのである。

だが、もうそれ以上ぐずぐずしている時ではなかった。秘密の会合に関するスパイの報告は日に日に急を告げてきたのだ。熱月《テルミドール》五日、ロベスピエールは、フーシェが自分の妹にあてた手紙を一通手に入れたが、それには、秘密めかして、次のようなことが書いてあった。

「私はマクシミリアン・ロベスピエールの中傷などすこしも恐れていません。……まもなくあなたもお聞きになることでしょうが、私はこの事件が、共和国のためになるような結果に終わるものと考えています」

まもなく、というわけだ。つまりロベスピエールは警告を受けたのである。彼は友人のサン＝ジュストを呼び寄せ、ふたりしてサン＝トノレ街の狭い屋根裏部屋に閉じこもった。

そこで攻撃の日時と方法が決められた。ロベスピエールは熱月《テルミドール》八日、突然演説をおこなって国民公会の不意を突き、国民公会を麻痺させる。そして九日、サン＝ジュストが敵の首を、委員会内の反抗分子、わけてもあのジョゼフ・フーシェの首を要求する、ということになったのである。

情勢の緊迫はもはや堪えがたいものとなり、共謀者たちも、密雲のなかに稲光が閃くのを感じていた。だが、彼らはいまとなってもまだ、このフランス最強の男を攻撃することを躊躇していた。なにしろ彼はきわめて強力であり、パリ市の行政権も軍隊も、ジャコバン・クラブも、民衆も、名誉も、非のうちどころのない人間という名声に伴う偉力も、権力という権力はすべて手中に握っているからだ。共謀者たちは、この革命の巨人に公然とたたかいを挑むほど、まだ確実でもないし、数も不足し、決意もかたまっていなかった。一部のものは早くも慎重に節をまげ、退却しようとか和を講じようなどと口走り、せっかく苦心してつくりあげた共謀は、崩壊の危機に瀕《ひん》していた。

この瞬間、運命はいかなる作家よりも天才的な力を発揮し、揺れ動く秤《はかり》のいっぽうに決定的な分銅を投げ入れたのである。ほかならぬフーシェが地雷の火つけ役に選ばれたのだ。というのは、どこへいっても絶望的にイヌに追いかけられ、時々刻々ギロチンの刃の光におびやかされていたこの男は、こんなときになって、政治的不運にくわえて、個人生活でも、このうえなくひどい不幸を経験したからである。この並はずれた男は、公開の場や政治的場面では、仮借なく、冷酷で、陰謀好きで、容易にうち解けない人間だったが、家庭では、献身的な夫であり、このうえなく愛情細やかな一家の父親であった。おそろしく醜い妻を激しく愛し、ことに、地方総督時代に彼女が産み、彼が自分で、ヌヴェールの広場へ連れていって洗礼を受けさせ「ニエーヴル」と名づけた小さい娘を、こよなく可愛がっていた。その娘、小さな、華奢《きゃしゃ》な、顔色の悪い、寵愛の子どもが、この熱月《テルミドール》の日々、突然重い病気にかかり、恐ろしいことに、自分の命の心配にくわえて、新たに娘の生命までも心配しなければならなくなったのである。残酷きわまる試練であった。あれほど愛した、ひ弱な、胸の悪い子どもが、妻のかたわらで死に瀕しているのを知りながら、ロベスピエールに追いたてられている身は、夜も瀕死の子どもの枕辺に坐ってやることもできず、他人の部屋から部屋へ逃げ隠れしていなければならなかったのだ。瀕死の子どもを看取り、消え細る呼吸に耳をすますかわりに、足元に火がついたように、議員の家をあちらこちらと転々とし、嘘をつき、物乞いし、懇願して、自分の生命を守らねばならなかったのだ。心は千々に乱れ、うろたえているにもかかわらず、この不幸な男は、燃えさかる七月の日々（数年来で一番の酷暑であった）、あちらこちらと倦《う》むことなく政治の背景をさまよい歩き、わが子が苦しみながら死んでいくのに立ち会えなかったのである。

だが、この試練も、熱月《テルミドール》五日か六日に終わった。フーシェは、わが子のはいった小さな柩《ひつぎ》に付き添って墓地まで行った。子どもは死んだのである。これほどの試練にあえば、誰でも強くなるわけで、わが子の死を目の前に見て、彼はもはや、自分の死など恐れなかった。新しい大胆さが、絶望から生まれた大胆さが、彼の意志を鍛えたのだ。そして共謀者たちが、相変わらずぐずぐずと逡巡し、決戦を一日延ばしに延ばそうとしているのを見て、もはやおのれの生命のほか失うべきなにものもない彼フーシェは、決定的な言葉を発したのである。

「明日こそは、襲いかからねばならない」

この言葉が吐かれたのは、熱月《テルミドール》七日のことである。

熱月《テルミドール》八日の朝が明ける——世界史的な一日が。朝早くから雲ひとつなく晴れあがり、七月の炎熱は、なにも知らぬパリの街に息苦しくのしかかっていた。だが国民公会だけは、早朝から不思議な興奮が支配していた。あちらの隅、こちらの隅と、議員が肩を寄せてささやきあい、廊下や演壇には、見なれない顔や好奇心にみちた人々がかつてないほどならび、秘密と緊張は、姿もなく、空中を徘徊している。ロベスピエールが今日こそ敵との決着をつけるだろう、という噂が、なんということなしに広まっているからだ。おそらく、誰かがサン＝ジュストを見張っていて、昨夜彼が、閉ざされたロベスピエールの部屋から帰っていくのを見たのだ。そして、国民公会では、この秘密の会談がどんな効果を生むか、よく知られている。それともロベスピエールのほうが、敵の戦術について何か情報を得たのだろうか？

　共謀者たちや、自分は危ないと思っている人々は、ひとり残らず、不安にみちて、同僚の顔を見つめていた。このなかの誰かが、危険な秘密を洩らしてしまったのではないだろうか？　洩らしたとしたら、誰だろう？　ロベスピエールはわれわれを出しぬくだろうか？　それとも、あいつが一言もしゃべらないうちに、押さえつけることができるだろうか？　そしてあの臆病であてにならない多数派――平原派――の連中は、われわれを見捨てるのだろうか？　それとも、味方になってくれるのだろうか？　誰もかれも動揺し、誰もかれも恐れていた。鉛色の空が暗澹《あんたん》とパリの街をおおうように、心中の不安は人々をおびやかし、議会に重くのしかかっていた。

　そして事実――開会が宣せられるや、ただちにロベスピエールは発言を要求した。彼はあの最高存在の祭典のときのように、華麗に着飾っていた。すでに歴史的となった、空色の服に、白絹の長靴下をはいた彼は、あのときと同じように、ゆっくりゆっくり、わざと荘重に、演壇へのぼっていった。ただし、今日はあのときと違って、手には松明《たいまつ》ではなく、古代ローマの従者が斧を手にしているように、厖大《ぼうだい》な書類の束を持っている。演説の草稿だ。あの封印してある書類のなかに自分の名前が出てくれば、みな破滅することを意味しているため、議席から聞こえていた雑談やざわめきはぴたりとやみ、庭や傍聴席にいた議員たちも、あわてて席に戻った。みなかたずをのんで、このあまりにも有名な細長い顔の表情をじっと見つめた。だが、演壇上のロベスピエールは、氷のように冷たく無感情に、取りつく島もない、腹の底のわからない態度で、ゆっくり演説の草稿を広げた。そして、近視の目を近づけて草稿を読み始める前に、彼は緊張をいやがうえにも高めようと、顔をあげ、いわば麻酔にかけられたような議会を、左から右へ、右から左へ、上から下へ、下から上へと、ゆっくり、冷ややかに、威嚇するように、にらみまわした。そこには、数少ない味方と、たくさんの中立派と、自分が破滅するかどうかうかがっている臆病な共謀者の一味が坐っていた。彼は一人ひとり、視線を交わし、見つめていった。だが、見あたらない男がひとりいる。この決定的な時に、敵の第一人者が欠席している。ジョゼフ・フーシェが欠席しているのだ。

しかし妙なことに、討論にあたっては、この欠席者、ジョゼフ・フーシェの名前だけがよびあげられた。そしてその名を契機として、最後の決定的な戦いの火の手が燃え上がったのである。

ロベスピエールの演説は長たらしく、くどく、聞いていると疲れるような代物だった。いつものとおり今度もまた、彼は誰と名ざさず、ギロチンの刃を振りまわし、陰謀と謀反とか、卑劣、犯罪者、裏切り者、画策などとならべたて、名前はあげなかった。彼としては、議会に催眠術をかけてしまえば十分なので、致命的な一撃は、翌日、サン＝ジュストが、この身動きできなくなった犠牲者に加えることになっていたのだ。そのあいまいな、形容詞たっぷりの演説は、延々三時間にわたり、ほとんど空疎と化したため、やっと終わったとき、議会は驚くより、くたくたに疲れはて、無感覚になっていた。

しばらくは拍手もおこらなかった。誰もが決しかねる表情だった。この沈黙が裏づけているのは、敗北なのか、それとも勝利なのか、誰にもわからなかった。討論が始まれば、どちらかわかるだろう。

とうとう、ロベスピエールの手先のひとりが、国民公会はこの演説を印刷に付すことを議決し、それをもって可決承認としたい、と要求した。異議を唱える者はいなかった。臆病で卑屈な多数派は、これで今日は誰も逮捕されなかった、新しい首や新たな逮捕、検束は要求されなかった、といわばほっとした気持ちでそれに賛成した。するとこの最後の瞬間、共謀者たちのひとりが——その名はブールドン・ド・ロワーズといい、世界史に名をとどめている——勇敢にも身を投げだして、印刷に付することに反対を唱えたのである。そして、この一声で、すべての人々が自由になったのであった。臆病者たちはしだいに結集し、徒党を組んでやけくその勇気を出した。彼らは、次から次へと立って、ロベスピエールに向かい、貴君の述べる説明も威嚇もあまりに明確さを欠いている、いったい誰が有罪なのかはっきり述べるべきだ、と責めたてた。十五分の間に、形勢は逆転し、先ほどまで攻撃していたロベスピエールは守勢にまわり、その演説の調子を強めるどころか、逆にやわらげて、誰も告発しないし、誰も有罪ではない、と言明したのである。

その瞬間、陣笠のひとりから突然鋭い声が飛んだ。

「それでは、フーシェはどうなのだ？」

あの名前があげられたのだ。彼がすでに一度、陰謀の首魁、革命の裏切り者と烙印を押した、当の男の名前があげられたのだ。いまこそロベスピエールは突進できるし、突進しなければならない。ところが不思議なことに、なんとも説明できないほど不思議な話だが、ロベスピエールは避けたのである。

「余はいまのところ彼とかかわりあいたくない、ただわが義務の声に耳を傾けるのみだ」

ロベスピエールがこのとき、なぜ回避した返答をしたのかは、彼が墓のなかまで持っていった秘密である。生死の問題だということを十分知りながら、なぜ彼はもっとも憎んでいた仇敵《きゅうてき》を大目に見たのだろうか？　なぜ叩きつぶしてしまわなかったのだろう？　なぜただひとり欠席していた彼に、攻撃を加えなかったのだろう？　不安にさいなまれて、自分の命を救うためにはフーシェを犠牲にしたにちがいない他の議員たちから、なぜフーシェを攻撃することで、その心の重荷を取りのぞいてやらなかったのだろう？　フーシェはその晩、もう一度ロベスピエールに接近しようと試みた――サン＝ジュストはそう言い張っている。それは単なる逃げ口上だろうか？　それとも真実だろうか？　その当時、彼がかつての許婚者、シャルロット・ロベスピエールとベンチにならんでいるのを見たという証人はたくさんいる。だが、本当に彼は、このもはや若くない女性に向かい、もう一度兄に自分のことを取りなしてくれるよう頼んだのであろうか？　絶望したこの男は、自分の首を助けるため、本当に共謀者たちを裏切ったのだろうか？　それとも彼は、ロベスピエールを安心させ、陰謀を隠蔽するため、偽って後悔の念をあらわし、恭順を装ったのだろうか？　この天下無双の二股膏薬《ふたまたこうやく》は、すでに何千回もやったように、またしても、二枚カードのインチキ賭博《とばく》をやったのだろうか？　そして、同じように脅威を感じていた融通のきかないロベスピエールは、自己の保身のためだけに、いちばん憎い敵も容赦する覚悟だったのだろうか？　フーシェ告発を回避したのは秘密の取りきめのしるしだったのだろうか？　それとも単なる逃げ口上だったのであろうか？　いずれともわからない。長い年月を経たいまとなっても、ロベスピエールのまわりには依然として秘密の影が漂っており、歴史もこの解きがたい謎を明かすことはできないでいる。彼は本当に独裁権を要求していたのか、ないしは万人の共和国を望んでいたのか、それとも革命を救う気だったのか、あるいはナポレオンのように革命の遺産を相続しようと思っていたのか、彼の最後の考えは決して誰にもわからないだろう。熱月《テルミドール》八日から九日にかけての最後の夜、彼が心中深く秘めていた考えはなんぴとも知りえなかったのである。

なぜなら、事態が決定されたのは、彼の生涯最後の夜だったからだ。息も詰まりそうな、蒸し暑い七月の夜、ギロチンは月光に冴えて青白く妖光を放っていた。その氷の刃が明日切断するのは、タリアン、バラス、フーシェの陰謀三人組の頸椎《けいつい》であろうか、それともロベスピエールのだろうか？ その夜、六〇〇人の議員たちはひとりとして眠りにつかず、両党派とも決戦の準備におさおさ怠りなかった。ロベスピエールは国民公会からジャコバン・クラブへかけつけ、蠟燭の火のゆらめく前で、興奮に身をわななかせながら、議員たちから否決された演説を朗読した。いま一度、これが最後の割れるような拍手が湧きおこった。しかし、苦い予感にとらわれたロベスピエールは、三〇〇〇人に取り巻かれ、歓呼の声を浴びせられても、だまされはせず、この演説をおのれの遺言とよんだ。一方その間、ロベスピエールの腹心サン＝ジュストは、委員会に出席し、夜の白々と明けそめるまで、コローやカルノその他の共謀者たちを相手に死物狂いの戦いを挑んでいた。またそのころ、国民公会の廊下では、翌日にロベスピエールをからめとるべく、網が織られていた。陰謀の糸は、機台の上の糸巻のように、二度、三度と、右派から左派へ、山岳派からかつての反動派へと行きかい、ついに明け方には、固いちぎりの盟約と化していた。ここへ突然、フーシェが再登場する。なぜならば、夜は彼の本質をなす基本要素であり、陰謀は彼本来の領域だからである。ふだんから鉛のような顔色は、不安のためいっそう蒼白く石灰色となっていたが、その姿は、薄明の部屋から部屋へ幽鬼のごとくさまよい、次から次へとささやきかけ、取り入り、約束し、不安を与え、驚かせ、脅迫し、盟約ができあがるまで、すこしも倦むことを知らなかった。そして、早朝二時、ついにすべての反対者は、結託してロベスピエールを徹底的にやっつけることに意見の一致をみた。これでようやくフーシェも、安んじて床につくことができたのである。

ジョゼフ・フーシェは、熱月《テルミドール》九日の議会にも欠席した。欠席して休息をとってもよかったのだ。なんとなれば、彼の仕事は終わっていたし、網は織られ、多数派は、あのあまりにも強力で、あまりにも危険な男を、ふたたび生きては逃がさないとの決心を固めていたからである。ロベスピエールの小姓役のサン＝ジュストが、共謀者たちにたいし、かねて用意してあった死刑宣告の演説をはじめんとするや、たちまちタリアンが割ってはいった。彼らはすでに前日、サン＝ジュストやロベスピエールのような雄弁家には一言もしゃべらすまいと取り決めていたのである。一言もしゃべらぬうちに、弾劾演説をはじめぬうちに、あのふたりの首をしめてしまわねばならないというわけで、多数派の意を汲んだ議長が巧みに議事を運営し、弁士たちは次から次へと立って演壇を占領し、ロベスピエールが弁明しようとすると、大声で叫び、足を踏み鳴らして妨害した――押さえつけられていた不安な六〇〇人の臆病心が、何週間、何ヵ月も積もってきた憎悪と嫉妬の念がいま燃え上がり、この男に向かって、爆発したのである。ひとりでその前に立ったときには、みなふるえあがっていたこの男に向かって。夕方六時にはすべてが決まり、ロベスピエールは、法律の保護を奪われ、投獄された。その断固として熱烈な共和主義精神を賛嘆する友人たちが、彼を牢獄から救いだし、パリ市庁舎へ連れていったが無駄だった。夜になって、国民公会の軍隊が、この革命の牙城を襲撃し、早朝二時、フーシェとその一味が、ロベスピエール撃滅の盟約を結んでから二十四時間後、フーシェの敵にして、昨日まではフランス最強の男だったマクシミリアン・ロベスピエールは、顎《あご》を打ちくだかれ、血まみれで、議会の控え室の椅子を二つならべた上に、斜めに横たわっていた。偉大な獲物は狩りだされ、フーシェは救われたのである。翌日の午後、荷馬車が音をたてて処刑場へ向かった。――恐怖政治《テロル》は終わったのだ。だがしかし、火のような革命精神もまた消えうせ、英雄の時代もすぎさったのである。今度は革命の遺産を受けついだ相続人の番、出世主義者やもうけ主義者、略奪者や二股膏薬、将軍や資本家の番、新しい職人組合の番がやってきたのだ。つまり、ジョゼフ・フーシェの番がやってきた、と人々は考えたのである。

マクシミリアン・ロベスピエールとその一味をのせた護送車が、ルイ十六世もダントンもデムーランもその他多くの犠牲者も通っていった悲劇の道サン＝トノレ街をゆるゆるとギロチンへ進んでいくと、興奮した野次馬連中が歓呼の声をあげて押し寄せてきた。死刑の執行はふたたびお祭り騒ぎと化した。屋根屋根には、旗や吹流しがひるがえり、窓という窓からは歓呼の声があがり、喜びは波のようにパリの上で荒れ狂っていた。ロベスピエールの首が切り落とされて籠のなかへ落ちたとき、民衆の熱狂的な歓声は重なってひとつとなり、さしも広大な広場に、雷鳴のごとく轟《とどろ》いた。共謀者たちはこれを聞いてびっくりした。なぜ、民衆はこの男の処刑にこれほど熱狂し歓呼するのだろう？　昨日まで、パリもフランスも、この男を神のように敬っていたではないか？　そして、タリアンとバラスが国民公会にはいろうとしたときに、群衆が殺到し、彼らふたりを暴君の抹殺者、テロとたたかう戦士とよんで、感嘆の叫びを放ったのを目《ま》の当たりにして、さらにいっそう驚いたのであった。共謀者たちが驚いたわけは、この卓越せる人物を殺したのは、ただ厳格に自分たちを監視している不愉快な堅物《かたぶつ》から逃れたい一心からにすぎなかったからだ――ギロチンを錆びつかせたり、恐怖政治を終わらせようと思ったからでは決してなく、そんなことは、彼らのうちひとりとして考えた者はいなかったのである。だがいまや彼らは、大量虐殺がどれほど厭われていたかわかり、また個人的復讐という自分たちの動機を、遅まきながら人類のためという動機にすり替えればいかに人気を博せるかもわかったので、大急ぎで、民衆のこの誤解を利用しようと決めた。彼らはこれから、革命のあらゆる暴虐行為に責を負うのはロベスピエールただひとりであり（なにしろ死人に口なしである）、自分たちはつねに寛容の使徒として苛酷な処置や行きすぎに反対してきた、と主張することであろう。

熱月《テルミドール》九日に世界史的意義を与えたのは、ロベスピエールの処刑ではなく、その後継者たちのこのような臆病で欺瞞的な態度である。なぜなら、この日まで、革命はすべての正義をおのれに要求し、すべての責任も泰然とおのれに引き受けてきた――が、この日からはおずおずと、不正を犯したこともあると容認し、指導者たちも革命を否認し始めたからである。およそ、信仰とか世界観というものは、おのれの無限の正当性、無過失性を否定し始めると、内なる力を失うものである。悲惨な勝者のタリアンとバラスは、偉大な先人ダントンとロベスピエールの屍《しかばね》を殺人者の腐肉と罵り、おずおずと右派の席、すなわち穏健派の席、共和国のひそかな敵の陣営に腰をおろすことにより、単に革命と歴史の精神のみならず、おのれ自身までも裏切ったのである。

そして、陰謀の張本人であり、もっとも激しくロベスピエールと敵対していたフーシェは、彼らの側にくみするものと誰もが考えていた。彼は、これまでもっともひどくおびやかされていたし、「陰謀の首魁」でもあったのだから、戦利品のうちから特別あまい汁を吸うことを請求する権利もあろうというものだ。ところが奇妙なことにフーシェは、他の連中と同じ右派の席に坐ったりせず、元どおり山岳派に席を占め、過激派に属して、沈黙のうちに身を潜めたのである。初めて（驚いたことに）、彼は多数派と行をともにしなかったのである。

なぜフーシェは、そんなにかたくなな行動をとったのだろうか？　と、当時も後世も、しばしば疑問に思ったのだった。だがその答えは簡単である。彼は他の連中より賢明で、先の見通しが利いたからである。危険が迫った際に、つかのま力を発揮するだけの、まぬけなタリアンやバラスにくらべ、その政治的理解力がはるかに卓越し、事態を見通すことはるかに深遠だったからである。かつて物理学の教師だった彼は、運動の法則というものをよく知っていたが、それによると、波動は決して空中にとどまっていることはできないのである。波動は進むか退くかどちらかでなければならないことを、彼は知っていた。したがって、退潮が始まり、反動が始まれば、かつての革命と同じように、その衝撃はとどまることを知らぬであろう。反動は、革命とまさに同様に、極端に走り、過激に陥り、暴力に走るであろう。そうすれば、こんな、あわててつくりあげた盟約などひとたまりもないにちがいない。反動が勝利すれば、革命の前衛は根こそぎやられてしまうのだ。なぜなら、新しい理念があらわれると、昨日の行為を計る基準も、危険なほど変わるからである。昨日までは共和主義者の義務であり、徳行とされていたもの——たとえば、一六〇〇人の人間を砲弾で虐殺し、教会から略奪すること——は、そうなればかならず犯罪とみなされ、昨日の原告は明日は被告に変じるであろう。良心にやましいことをいろいろやってきたフーシェは、他のテルミドール派の人たち（ロベスピエールをかたづけた連中はいまやそう名付けられていた）といっしょになって、おずおずと反動の車輪にしがみつくような、とんでもない失策を犯そうとは思わなかった。彼はそんなことをしたとて何にもならないことを知っていたのである。反動の車輪が一度まわり始めれば、誰も彼も引きずりこんでしまうのだ。賢明さと先見の明によってのみ、フーシェは左派にとどまり、過激派に忠実であり続けた。あまり大胆すぎると、生命にかかわってくるだろうと感じていたからである。はたしてフーシェは正しかった。テルミドール派の人たちは、人気を博するため、いまだかつて存在したこともないヒューマニズム精神があるかのごとき裏づけをせんものと、かつての地方総督のうちもっとも活動的だった連中を犠牲に供したのである。すなわち六〇〇〇人の人間をロワール河で溺殺刑に処したカリエと、アラスの護民官ジョゼフ・ルボンとフーキエ・タンビルを処刑したのだ。また、彼らは、右派のご機嫌をとるために、追放中のジロンド派の七三名を呼び返したが、こうして反動勢力を強化することによって、自分自身が、彼ら反動勢力に支配される結果となったことに気がついたときはすでに遅かった。彼らはいまや、ロベスピエールにたいして立ちあがった自分たちの仲間のビヨー＝ヴァランヌや、フーシェのリヨン時代の同僚コロー＝デルボワを、反動勢力の意のままに、告発せねばならなかった。反動勢力はしだいにフーシェの首筋に迫ってきたのである。このときは、彼は、臆病にも、リヨンにおける行動のいっさいを否認し（コローとともに、全文書に連署しているのだが）、穏健すぎて、暴君ロベスピエールに迫害されねばならなかったのだと、嘘八百をならべたてて助かった。こうしてこの狡猾《こうかつ》な男は、しばらく議会をだましおおせ、コローが「乾いたギロチン」にかけられ、つまり熱病の流行する西インド諸島に流されて数ヵ月後にたおれたのに、安穏に議席に坐っていることができた。だがフーシェはこの第一回の攻撃を防ぎえたからといって、すでに安泰と感じるほど愚かではなかった。彼は政治的情熱というものがどんなに厳しいものかよく知っており、歯が折れるまで飽きずに人を食い殺すという点では、反動も革命も同じであって、反動勢力の復讐心はジャコバン派の最後のひとりが法廷に送られるまで、共和国が潰滅するまで、とどまることを知らないだろうことを心得ていた。そして、殺人の罪により革命に解きがたく結びつけられている彼は、革命を救う手段はひとつしかない、革命をもう一度起こすしかないと見てとり、また自分が救われる場合もひとつしかなく、政府が崩壊したときしかない、と洞察した。彼はまたしても、六ヵ月前とそっくり同じように、誰よりも生命の脅威を感じ、またしてもたったひとりで、強大な権力を相手どって、生死を賭けて絶望的な戦いを開始したのである。

　ことが権力や自己の生命にかかわってくると、フーシェはいつでも驚嘆すべき力を発揮する。今度も、彼は、かつてのテロリストにたいする議会の追及を阻止するには、もはや尋常の手段では無理であり、残された途はただひとつ、革命時代にあまりにもしばしば試験ずみの方法、すなわちテロしかない、と見てとった。かつて、ジロンド派の人たちの死刑を宣告するときも、王の死刑判決をくだすときも、街頭の民衆を動員して、議会に圧力をかけるとか、郊外から大勢の労働者を呼び集め、そのプロレタリア的活力と無敵の勢いを発揮させ、パリ市庁舎に革命の赤旗を掲げることによって、臆病な、優柔不断な議員たちを（そのなかには当時まだ保守派だったジョゼフ・フーシェもいたが）おどしつけたものだ。なぜ、もう一度、往時の革命の精鋭部隊を、バスティーユ監獄の襲撃者を、八月十日の勇士たちを、臆病者になりさがった国民公会にぶつけて、その鉄拳で強大な力を粉砕しないのか？　テルミドール派の人たちをおどしつけるものは、革命にたいする激しい恐怖と、プロレタリアの仮借ない態度しかないのだ。フーシェはパリの民衆を、広範な大衆を煽動して、おのれの敵に、おのれの告発者に向けようと決心した。

　だがむろんフーシェは、郊外の町々へ出かけていって、火のような革命的演説をぶったり、マラーのように生命の危険をおかして、煽動のパンフレットを民衆にばらまいたりするには慎重すぎる男である。彼は危険をおかすのは好まないし、いつも好んで責任を回避する男だ。彼が得意とするのは、大声を張りあげて感動的演説をぶつことではなく、人々にこっそりささやきかけることであり、こそこそと人の背後に身を隠すことである。そして、このときも彼は、大胆に断固として前に出て、その姿で自分を隠してくれるような、ちょうど都合のよい男を発見したのである。

　この当時のパリの街には、ひとりの廉直な、熱烈な共和主義者が、排斥され弾圧されながらさまよっていた。この男フランソワ・バブーフは、みずからグラックス（ローマ共和制時代に改革をおこなった護民官の兄弟）・バブーフと名のっていたが、奔流のようにはやる心と、凡庸な頭脳の持ち主であった。社会の下層に生まれたプロレタリアで、測量技師や印刷工を経てきたこの男の理念は、貧弱にして幼稚なものであったが、彼はそれを養うに、雄々しい情熱をもってし、それを温むるに、真の共和主義的、社会主義的確信の炎をもってした。これまでブルジョア共和主義者は、ロベスピエールすら、マラーが唱えていた財産の平等という社会主義的な、しばしばボルシェヴィキ的な思想には、要心深く踏みこまずにいたのだった。彼らは、自由については、まったくじつにしばしば口にしたし、博愛についても好んで多弁を弄したが、こと金銭や財産に関しては、平等ということについて語ろうとはまったくしなかった。だがバブーフは、なかば踏みにじられたマラーの思想を受けいれ、自分の呼吸をもって煽ぎ、パリの街区を炬火《たいまつ》のごとく掲げて歩いたのである。その炎は、突然高々と燃え上がり、数時間のうちに、パリと国中をなめつくしたが、それというのも民衆は、テルミドール派の人たちが自己の利益のため、彼らの革命を、プロレタリアの革命を裏切っていることに、徐々に気がついたからである。フーシェはこのグラックス・バブーフの背後に身を潜めた。といっても、バブーフと腕を組んで姿をあらわすようなことはせず、こっそり、民衆を煽動するようにとささやき吹きこんだのである。彼は煽動のパンフレットを書くよう説き、自分でゲラの校正もやった。というのは、ふたたび労働者が進撃を始め、場末の大衆が槍と太鼓を手にして、押し寄せてくれば、あの臆病な国民公会も正気に返るだろうと考えたからである。テロによってのみ、不安と威嚇によってのみ、共和国は救われるのだ。国民公会が右に傾こうとするこの危険な傾向を元に戻すには、左から強力な一撃を与えるしかないのだ。そして、このまじめで、率直で、善意で、正直な人間は、そのプロレタリアらしい広い背中のうしろにうまく身を隠せるから、大胆不敵でまったく生命がけの攻撃には、盾になる人物としてすばらしく役にたつのだ。いっぽう、自分自身を誇らかにグラックスと呼び、人民の護民官（古代ローマの官職、平民から選ばれ平民会議を主宰）と名のっていたバブーフは、高名な議員フーシェが相談を持ちかけてきたため、得々としていた。実際このフーシェこそ尊敬するに足る最後の共和主義者だ、山岳派に残ったひとりだし、金持ちの息子や御用商人と組んだりしなかった人間だ、というわけである。彼は欣然とフーシェの相談に乗り、その巧妙な手で背後から操られて、タリアンとテルミドール派政府に向かって突撃した。だがフーシェがだましえたのは、この善良な、一本気の人物だけであった。政府はまもなく、政府に向けた銃に弾をこめている手を見破り、タリアンは議会で、フーシェこそバブーフの背後の人物であると弾劾した。フーシェは、このときもいつもの手で、即座に盟友を否認した（ジャコバン・クラブでショーメットを否認し、リヨン事件に関してコローを否認したのとそっくり同じである）。いや、バブーフとはほんのちょっとした知り合いで、いつも行きすぎを戒めていたのだというわけで、つまり簡単にいうと、全速力で退却したのである。こうしてまたもや敵の反撃をもろに受けたのは、彼の盾になる人物であり、バブーフはまもなく逮捕され、ある兵営内の広場で銃殺されたのである（いつもフーシェの言葉や政略のため、他人が血を流して埋め合わせをするのである）。

フーシェのこの大胆な反撃は失敗に終わり、またしても、注意を自分に集めることにしかならなかった。そしてそれはあまりよいことではなかったのである。なぜといえば、人々はふたたびリヨンの出来事や、血のしみこんだブロトー平原の記憶をよみがえらせ始めたからであり、反動派は、彼が支配していた各地域から告発者を呼び寄せて、再三再四、旧に倍する勢いでけしかけた。リヨンからの攻撃を苦心惨憺《さんたん》のすえ撃退したと思うまもなく、はやまたヌヴェールとクラムシーから告発者がやってきた。テロ行為のかどで、ジョゼフ・フーシェを国民公会の前で告発する声はますます高く、ますます騒がしくなってきた。だが彼も、狡猾かつ精力的に自己弁護の陣を張り、ときには成功しないでもなかった。いまや政敵タリアンまで、骨折って彼を弁護し始めたからであり、それというのも、反動派の優勢ぶりには、彼自身も恐ろしくなり、自分の首を心配し始めたからであった。だが、そうしたこともいまとなっては手遅れで、ロベスピエールの失脚から一年と十二日たった一七九五年の熱月《テルミドール》二十二日、長期間にわたる討論のすえ、ジョゼフ・フーシェはテロ行為のかどをもって告発され、翌二十三日逮捕が議決された。ダントンの亡霊がロベスピエールにつかみかかったように、今度はロベスピエールの亡霊がフーシェを襲ったのである。

だが、それは――この賢明な政治家はちゃんと計算に入れていた――同じ熱月《テルミドール》といっても第四年の熱月《テルミドール》であり、第三年のそれではない。一七九三年にあっては、告発は逮捕状を意味し、逮捕は死を意味した。晩にコンシェルジュリー監獄に投獄されると、翌朝は訊問を受け、はやくも午後は、死刑場へ向かう護送車に乗せられるといったありさまであった。だが、いまは一七九四年であり、もはやかの「清廉居士」の鉄の腕が裁判の手綱を握っているわけではない。法の網は緩やかとなっており、すこし器用な人間ならくぐりぬけられるのだ。これまでもずいぶんしばしば危うい網に引っかかってきたフーシェが、こんな容易な網の目をくぐりぬけられなかったら、もはやフーシェはフーシェとは言えないであろう。というわけで、彼は間道を通り、裏口をぬけて即時逮捕されるのを防ぎ、釈明を与え、回答し、弁明する時間を稼ぐことに成功した。そして当時は、時間がすべてであった。とにかく闇に潜んでさえいれば、自分のことは忘れられるだろう、他の連中が騒いでいる間じっと息をひそめてさえいれば、見て見ぬふりをされるに違いない！　恐怖政治の時代にずっと国民公会に席を占めながら一度も口を開いたことのなかったシエイエスは、後年、あの時代に何をしていたのですかと聞かれたとき、微笑しながら、「生きていましたよ」と有名な答えをしたものだが、いまやフーシェも、そのひそみにならって、動物たちがやるように、死んだふりをして殺されるのを防いだのである。とにかくいまは、この過渡期の間だけは、命を完《まっと》うすることだ、そうすれば助かる。風向きの変化を感じとることに熟達していた彼は、国民公会の栄耀も権勢も、せいぜいここ数週間から数ヵ月しか持つまいと見ていたのである。

こうして、ジョゼフ・フーシェは命を助かったのである。そして、この当時にあっては、それだけでたいしたものであった。助かったのは、単なる生命だけであり、名声も地位も救えなかったのはもちろんである。というのは、彼は新たな議会には選出されなかったからであり、獅子奮迅の骨折りもむなしく、情熱も狡智も、大胆な奇略も、裏切り行為も、ただただ浪費した結果に終わり、かろうじて、命からがら退却したわけである。彼はもはや、ナント選出の国民公会議員ジョゼフ・フーシェではなく、オラトリオ会の教師でもなかった。地位もなく、財産もなく、何の価値もない、さげすまれ、忘れられた一介の男、哀れな一個の影にすぎず、闇だけがそれをおおっていた。

こうして、その後三年の長きにわたり、フランスには、彼の名を口にする人はひとりもいなかったのである。

第四章　総裁政府と統領政府の大臣　一七九九—一八〇二年

かつて流謫《るたく》の、この運命を創りだす力の頌歌《しようか》をうたった者がいただろうか？　嵐のなかで人間を高め、きびしく強制された孤独のうちに、疲れた魂のさまざまな力をさらに新たな秩序のなかで集中させる流謫。芸術家たちはいつも流謫のうわべだけを見て、向上の妨げ、無益な合間、残酷な中断として訴えてきたにすぎない。だが自然のリズムは、こうした強制的な中間休止を欲している。というのも、深淵を知る者にしか生のすべては認識できないからだ。奈落に落とされてみて初めて、人には前に突き進む力がすべて与えられるのだ。あらゆる人々のなかでもとくに創造的天才は、絶望の深淵から、流浪の地の果てから、自己のまことの課題の地平と高さとを推し測るために、こうした一時的な強制的孤独が必要なのである。もっとも重要な人類のメッセージは、流謫から生まれた。大宗教の開祖たち、モーゼ、キリスト、マホメット、仏陀、彼らはみな、静まりかえった荒れ地に、人の暮らせそうもない地へ入っていかなかったら、その決定的な言葉を発することができなかった。ミルトンの失明、ベートーヴェンの難聴、ドストエフスキーの懲役、セルバンテスの監獄、ルターのワルトブルク城への幽囚、ダンテの流謫、そしてスイスのエンガディーンの寒村に魅了されてみずから引きこもったニーチェなど、それらはすべて、休むことのない人間の意志に逆らってひそかに望まれていた、その守り神による要請なのであった。しかし、もっと低次元の俗界の政治の世界においても、一時的に局外者になると、政治家に新たに新鮮なものの見方を与えて、政治力を働かせる際に、より熟考し配慮するようになる。だから、その経歴に一時的な中間休止がくることほど、幸運なことはありえない。なぜなら、世界をいつも上方からしか見ない人、つまり雲の上の帝位から、象牙の塔の権力の高みからしか見ない人は、ごきげん取りたちの微笑と危険なお追従しか知ることができない。いつでも自分の尺度で測ろうとする人は、本当に重要なことを忘れてしまうからだ。思うまま望むままにいつでも何でも成功することほど、芸術家や総司令官や権力者を弱くするものはない。失敗して初めて芸術家は作品にたいする自分の真の関係を知り、敗北して初めて総司令官は自分の過失を見いだし、失脚して初めて政治家はまことの政治的展望をつかむ。たえず富んでばかりいると人はひ弱になり、たえずちやほやされていると、人は愚鈍になる。中間休止だけが、虚空を走るリズムに新たな緊張と創造的な弾力を与える。不幸だけが、世界の現実への深い洞察と広い視野とをもたらす。いかなる流謫も苛酷な教えであるが、その教えは学ぶべき教えなのだ。それは心弱きものには新たに意志を造りあげ、煮えきらない人間には決断力を与え、たくましい人をさらにたくましくする。まことの強者にとっては、流謫はいつでも、決してその力を弱くするものではなく、ただいっそう強くするものでしかないのだ。

ジョゼフ・フーシェの流謫は三年以上も続いた。そして彼が流された孤独な荒れはてた島は、貧困という名の島だった。昨日までは地方総督であり、革命と運命をともにした身でありながら、彼は権力の最上段から、もはやその痕跡も見つからない暗闇のなかへ、汚れた泥沼のなかへ落ちこんでしまった。その当時ただひとり彼に会ったことのあるバラスは、あの最上階のあばら屋、フーシェが品のない妻と二人の小さな不健康な赤毛の子どもたち、めったにいない白皮症の子どもたちとともに住んでいた、むさ苦しい屋根裏部屋の、哀れな光景を描いている。五階分の階段をのぼって、汚い、むっとするような、陽に焼かれそうな部屋に、この落ちぶれた男は隠れていた。かつてはその口から出る言葉に何万人もの人々がふるえあがり、またこのときから数年後には、自身がオトラント公爵としてふたたびヨーロッパの運命の舵《かじ》をとるようになるのだが、いまは、子どもたちに明日のミルクをどの金で買ってやろうかと思い、わずかばかりの家賃を払うすべも知らず、同時にまた目に見えない無数の敵、リヨンの復讐者たちを前にして、この哀れな生命をどう守ったらよいかと迷う身であった。

誰も、もっとも忠実かつ正確にフーシェの伝記を書いたマドランさえも、この貧困時代にジョゼフ・フーシェが何によって生計を立てていたのか、納得のいく報告ができずにいる。代議士としての収入ももはやなく、一家の財産はサン・ドミンゴ島の反乱（砂糖やコーヒーの生産でフランスの植民地で最も栄えたカリブ海の島。フランス革命の影響で一七九一年、奴隷たちが反乱開始）でなくしてしまい、「リヨンの虐殺者」をあえて公然と就職させたり働かせたりしてみようと思う人もなく、友人は誰もみな彼を見捨てていた。誰も彼のそばに寄りつかなかった。彼は非常に珍しい暗い仕事をしていたということだ――本当に作り話ではないので、後のオトラント公爵は、そのころブタの飼育をしていた。しかしまもなく、彼はもっと汚い仕事、すなわちバラスのスパイという仕事を選んだ。バラスは新しい権力者たちのなかで、この落ちぶれた男に相変わらず奇妙にも同情をもって接した、ただひとりの人間だった。もちろん庁舎の謁見室などではなく、どこかの暗がりでのことだが、バラスはこの疲れを知らない物乞いじみた彼に、ときどき小さないかがわしい仕事を投げてやっていた。軍隊の不正取り引きとか視察旅行といったような仕事で、いつもこのわずらわしい男があと二週間ぐらいはなんとか食いつないでいけそうな、ちょっとした収入にはなった。しかし、こうしていろいろなことをやらせてみるうちに、フーシェ独特の才能が目につくようになった。それというのもバラスは、当時すでにいろいろな政治的計画を持っていたが、同僚は信頼できないので、私設密偵のようなもの、つまり公の警察には属さないで、地下に潜って情報を引きだし、もたらしてくれる、一種の私立探偵を大いに必要としていたのだろう。フーシェこそまさにこれにはもってこいの適材だ。彼は耳をそばだて、盗み聴きをし、家々を裏面から観察し、あらゆる知人から熱心に日々の雑談を誘いだして、世間のこの汚い粘液をひそかにバラスのもとに運んだのである。そして、バラスが野心を燃やせば燃やすほど、その計画がますます激しくクーデターを夢みるようになればなるほど、いっそう必要に迫られてフーシェを使うようになる。かねてから総裁政府（今のフランスを支配している五人の総裁による内閣）では、ふたりのまじめな男が彼の邪魔をしていた。とくにカルノは、フランス革命を通じて一番曲がったことを嫌う男だった。バラスはこのふたりをかたづけたいと思った。しかし、クーデターを計画し陰謀をたくらむ者がとりわけ必要とする人間は、良心のとがめを感じることなくあちこちを走りまわる人間、何でもする男、イタリア人のいう無頼漢や暴れん坊であり、いっぽうでは節操こそないが無節操ということについては信頼できる人間なのだ。これにこそフーシェは、誰も真似られないくらい似合っている。流謫は彼の立身出世の学校となり、この学校で彼は後の警察大臣としての才能を養ったのである。

生活のきびしさと貧乏の暗闇とのなかにあった長い長い夜のあと、とうとうついに、フーシェは暁の光を感じた。新しい主君が国にあらわれ、新しい権力がおこりつつある。彼はこれに仕えようと決心した。この新しい権力とは、金《かね》であった。ロベスピエールとその一派が固い板に横たわるやいなや、全能の金はよみがえって、ふたたび何千人もの佞臣《ねいしん》や従者を従えた。美しくブラシをかけ、新たな手綱をつけた馬が引く贅沢な馬車が、ふたたび通りを走っていく。そこには高価な絹織物や毛織物の衣服を着た魅惑的な婦人が、ギリシアの女神のように半裸体で坐っていた。森では金ぴか青年隊《ジャネス・ドレー》（ブルジョワ子弟たちの暴力的な圧力団体。テルミドール右派が左派の排除に利用）が、ぴっちりした白い南京木綿のズボンと、黄色や茶色、赤のフロックコートを着て馬に乗っていた。彼らは指輪をはめた手に、金の握りのついたエレガントな乗馬鞭を持っていたが、その鞭で彼らは、かつてのテロリストたちをも好んで迫害したのである。香水店や宝石商はよく繁盛し、五、六〇〇軒、いや一〇〇〇軒ものダンス小屋やカフェがまたたくまに立ちならび、人々は邸宅を建てたり住居を買ったり芝居に行ったり、あるいは投機的なことをやったり賭け事をしたりして、パレ・ロワイヤルの綾織りのカーテンのうしろでは、千の単位で売ったり買ったり賭けられたりしていた。金がふたたびお目見えしたのだ、わがもの顔に、あつかましく、大胆に。

しかし一七九一年から一七九五年までのフランスで、その金はどこにあったのだろうか？　金はいつでもあった。ただ姿を隠していただけなのだ。一九一九年、共産主義を恐怖した時代のドイツやオーストリアで見られたのとまさに同じように、金持ちたちは、突然没落したようなふりをして、ぼろぼろの着物を着て嘆いたのだ。なぜなら、ロベスピエールの支配下にあっては、ほんのちょっとした贅沢をわが身に許しただけで、いや贅沢めかすだけで、（フーシェの言にしたがえば）「不正な金持ち」とみなされ、疑われたからだ。

金持ちだと思われることは居心地の良くないことだったのだ。いまはふたたび、富めるものだけが重んじられる世になった。そしてありがたいことに、いまや金をもうけるにはまことに良き時代（混沌の時代はいつもそうだが）が訪れている。それというのも、資産の再分配ができるからだ。財産が売られると、これでもうかる。亡命者の所有地が競売されると、これでもうかる。処罰を受けた人々から財産が没収されると、これでもうかる。アッシニア紙幣の相場は日ごとに落ちて、ひどいインフレの熱病が国中を揺り動かしているから、これでまたもうかる。要領のよいあつかましい手段を持っていて、政府につながりのある人なら、どんなことをしてももうけられるのだった。しかし、何にもましてすばらしいことは、とりわけ戦争という源泉から金がよどみなく流れでていることだ。すでに一七九一年、開戦とともに少数の人々は（一九一四年の少数の人々とまったく同じように）次のような発見をしていた。つまり、人を殺し物を破壊する戦争が、金もうけをもたらすものでもありうる、という発見だった。しかし当時は、ロベスピエールやサン＝ジュストのような潔癖家が、そのような「強欲漢」の喉笛に激しく飛びかかったものだ。だがいまは、ありがたいことに、こうしたカトーたちもかたづけられてしまったあとだし、ギロチンは倉庫のなかで錆びついているから、闇商人や軍需商人たちは、黄金時代を身をもって感じている。いまや粗悪な靴も安心して高値で供給できるし、前貸し金や物の徴発でたっぷりふところをみたすこともできる。もちろんそれには、供給を割りあててもらうことが前提である。そのため常に、こういうちょっとした仕事でも適切な仲介人、よく信用できて目先のきく先導者が必要になる。投機家たちのために、馬小屋の戸をうしろからあけ、国家と戦争のありあまる飼《かい》葉《ば》桶《おけ》へと案内する先導者が。

こういう汚い仕事には、ジョゼフ・フーシェはいまや理想的な男だ。貧乏な生活が彼の共和主義的良心をすっかり洗い落としてしまい、かつての金銭への憎しみの気持ちは順調に消えてなくなり、この飢えかけた男を安く買収できるようになっているのだ。いっぽうこの男は、またとない「縁故」を持っている。彼は総裁政府の首領であるバラスの控え室に（スパイとして）出入りしているのだから。こうして何がなんでもあの「平等パン」を焼かせようとしていた一七九三年の急進共産主義者は、一夜のうちに、できたての共和制を支持する銀行家たちの親友となり、相当な報酬を受けながら、あらゆる彼らの希望や仕事の世話をすることになった。たとえば、共和国第一のあつかましい、良心のとがめを感じない利殖家のひとり、アンゲルローという闇商人（ナポレオンは彼をひどく憎んだ）は、ある面倒な告訴にぶつかっていた。少々あつかましすぎる闇商売をやり、納入のときにあまりに甘い汁を吸ったからで、多額の罰金と命取りにまでなりかねない裁判に、彼はおびえていたのだ。こういう事態にあって、（昔もいまも）人はどうするものであるか？　誰か「上のほう」に有力なつながりのある人、政治的ないし個人的に影響力を持っていて、いまいましい事件を「裁く」ことのできる人に頼みこむことだ。だから、バラスの情報係であるフーシェのもとに泣きつくと、彼は即座に仕度して最高権力者のところへ走った（そのときの手紙がバラスの回想録に載っている）。そして実際、この不正な事件はひそかに、何のおとがめもないまま、もみ消されてしまった。その代償にアンゲルローは、フーシェを軍需品納入や証券取引の仲間にして、まさに「欲望に限りはない」ことになったのだ。フーシェは一七九七年になると、黄金は一七九三年の血よりもはるかに良い匂いがすることを発見し、一方では新しい財閥に、他方では腐敗した政府に、新しい「縁故」を得たおかげで、シェレール将軍の軍隊に納品する新会社を設立する。この勇敢な将軍の兵士たちは、粗悪な長靴をはき、薄い外套にふるえながら、イタリアの平原で打ち負かされてしまうだろう。だがもっとも重要なことは、フーシェ＝アンゲルロー会社と、おそらくバラス自身もまた、しっかり利益を得たことなのだ。ウルトラ・ジャコバン派でスーパー共産主義者であったフーシェが、まだほんの三年前に雄弁に公言したあの、「軽蔑すべき腐敗した金属」にたいする嫌悪は消えさり、「不正な金持ち」にたいする憎しみの爆発は忘れられ、「よき共和国民はパンと鉄と一日四〇エキューで十分である」という言葉も忘れられてしまった。それがいまや、どうにかして自分もいつか金持ちになりたいということなのだ。それというのも、流謫の時期にフーシェは金の力を思い知らされ、あらゆる権力にたいするのと同じように、この金の力にも仕えるようになっていたからだ。あまりにも長い間、あまりにもつらい思いをして、彼はどん底に、さげすみと貧困の汚物にまみれたぞっとするようなどん底の生活に苦しんできたのだ——いまこそ彼は、全力をふりしぼって上へはいあがろう、金で権力を買い、権力からまた金をつくりだすあの世界へ出ていこうとした。あらゆる鉱山のなかでもっとも産出高の多いこの山に、最初の横坑が掘られたのだ。六階の屋根裏部屋から公爵領への、無一文から二〇〇〇万フランという財産への、夢のような道を行く第一歩は踏みだされた。

　さてフーシェは、革命の諸原理という不愉快なお荷物をすっかり肩からおろしてしまったので、身も心も軽くなった。と思うと、もう次の鐙《あぶみ》に足をかけているのだった。友人のバラスは、うしろ暗い大きな取り引きのみならず、政治上の不明朗な取り引きもおこなっていた。公爵の肩書と巨額の金とを引きかえに極秘のうちに共和国をルイ十八世（ルイ十六世の弟。革命により長い亡命生活の後、帰国して王政復古）に売り渡そうとしていたのである。その際に障害になるのが、ただひとつ、カルノのように折り目正しく共和主義を信奉する同僚たちの存在だった。彼らはいまなお共和政体を信じ、理想などというものはそれを看板にしてもうけるために掲げるものにすぎないということを、理解しようともしない。実り月《フリュクティドール》十八日のバラスのクーデターは、これらの面倒な見張り人どもを一掃してしまったのであるが、その際、疑いもなくフーシェは、地雷工作によって彼の取り引き仲間たちを大いに助けてやっていたのだ。というのは、彼の保護者バラスが、五人の合議制からなる内閣、すなわち改造された総裁政府の専制的な長となるやいなや、人目を避けていたフーシェが急におどり出て、報酬を要求したからである。バラスは彼に地位を与えねばならなかった。政界なり軍隊なり、ともかくふところがすこぶる豊かになって、長い間の不如意な生活を埋め合わせられるような地位、何かの任務を与えなければならない。この男を必要としていたバラスは、自分のうしろ暗い仕事を助けてくれた男に、いやとは言えない立場にあった。だが「リヨンの虐殺者」とよばれたフーシェの名前は、まだ流血の悪臭を強く放っていたので、いくら世をあげての反動時代でも、パリで公然と和解してみせるわけにはいかなかった。そこで彼はバラスによって、まずイタリアの軍隊に、ついでオランダのバタヴィア共和国（一七九五年にフランス革命軍の支援でオランダの愛国者派が建設した共和国）に、秘密の取り引きのために政府の代表として送られることになった。彼が潜行的な策略にかけては名人であることを、バラスはその経験から十分知っていたからである。だがそのことは、バラス自身が、もっと身につまされて思い知らされるときがまもなくやってくるのである。

　こうしてフーシェは、一七九八年にはフランス共和国の公使となった。彼はふたたび鐙に足をかけたのだ。かつての凄惨な任務のときとまったく同じように、今度の外交上の任務においても、彼は相変わらず冷たいエネルギーを発揮した。とくにオランダでは、あっというまに成果をあげた。悲劇的な経験を重ねて年をとり、波瀾の時代に成熟し、貧乏というつらい鍛冶場で鍛えられたフーシェは、かつてのあの実行力が、新たに慎重さを兼ねそなえたことを証明してみせた。上に立つ新しい支配者たちもまもなく、こいつは使いものになる男だ、と認めるようになった。風向きによって動き、金によって飛びまわり、上には愛想よく、下には情け容赦もない、これは動乱激しい時代にふさわしい器用な船乗りであると。折から政府の船はいよいよ危険に動揺し、いつ難破するかと思うような不安な航海におののいていたので、総裁政府は一七九九年熱月《テルミドール》三日、思いがけない決定をくだしたのだった。つまり、秘密の使命でオランダに送られていたジョゼフ・フーシェは、突然一夜のうちにフランス共和国の警察大臣に任命されたのである。

ジョゼフ・フーシェが大臣に！　大砲にでも撃たれたかのように、パリ中が飛びあがった。リヨンの虐殺者、聖餅をけがした教会略奪者、アナーキストであるバブーフの友人、こんな狂犬を鎖から放したのだ。もう一度あのテロが始まるのだろうか？――まっぴらだ！――またぞろコロー＝デルボワやビヨーをギアナの熱病の島から呼び戻し、ふたたび共和国広場にギロチンを持ちだそうというのか？　あげくのはてにまた「平等パン」を焼き、金持ちたちから金をまきあげる博愛委員会を導入することになるのか？　一五〇〇軒のダンス酒場や色とりどりの商店、それに金ぴか青年隊をかかえながらしばらく安定していたパリは、驚いてしまった――金持ちと市民たちは、ふたたび往時の一七九二年のようにふるえあがった。ただ最後の共和派であるジャコバン派の人たちだけが、満足げであった。恐るべき迫害の後に、ついに彼らのひとりが、しかももっとも大胆でもっとも急進的でもっとも不屈な男が、ふたたび権力の座についたのだ。いまこそ反動勢力は王手をかけられ、共和国から王党派や共謀者たちが一掃されるだろう！　しかし不思議なことに、それから二、三日もたつかたたないかのうちに、革命派と反動派の双方から疑問の声がおこった。今度の警察大臣は本当にジョゼフ・フーシェなのかね？　そしてふたたびミラボーの至言――大臣となったジャコバン派はもはやジャコバン派の大臣ではない（今日でも社会主義者にあてはまる）――が確証された。なぜなら、見るがいい、かつては血にぬれていた唇が、今は贖罪の言葉の油にぬれている。秩序、平穏、安全、こうした美辞麗句が、前テロリストの警察大臣の告示にたえずくりかえされ、無政府状態をなくすことが彼の第一目標だった。出版の自由は制限されなければならず、きりのないアジ演説もおしまいにしなければならない。口を開けば秩序、秩序、そして平穏だ、安全だ、とくる――メッテルニヒ、ゼルトニッキーなどオーストリア帝国のどんな極端な反動主義者にも、「リヨンの虐殺者」ジョゼフ・フーシェ以上に保守的な命令をくだした者はいなかった。

市民たちはほっとした。あのむごいサウロがなんと優しいパウロになったことだろう！　だが本物の共和派の人たちは、彼らのクラブの広間で怒りを爆発させていた。彼らは数年来の情勢の推移からほとんど学んでいなかった。相変わらず憤懣やるかたない演説、演説、また演説と続け、プルタルコス（英語名プルターク。ギリシアの哲学者）の引用句を使っては総裁政府と大臣と憲法を威嚇した。彼らの行動は激しかった。まるでダントンやマラーがまだ生きており、いまなお当時と同じように警鐘を鳴らせば何十万という人々が郊外の町々から群れをなしてやってくるかのようだった。だがともかく、彼らの厄介な不平不満は、ついに総裁政府を不安にさせた。これにどう対処すべきなのだろう？　閣僚たちは新任の警察大臣のもとに馳せ参じた。

「クラブを閉鎖しよう」

男は平然と答えた。ほかの人々は信じかねて彼を見つめ、何時《いっ》そういう大胆な処置をとるのかとたずねた。「明日」と、落ちつきはらってフーシェは答えたのである。

そして本当に次の晩、ジャコバン・クラブのかつての総裁フーシェは、バック街にある、その急進派のクラブへ足をはこんだ。ここでは、来る年も来る年も革命の心臓が脈打っていたのだ。ロベスピエール、ダントン、マラー、そしてフーシェ自身の熱狂的な演説がおこなわれたのは、まさにこの人たちの目の前であった。ロベスピエールが倒れ、バブーフが敗れた後も、このクラブの広間にだけは、革命の嵐の日々の思い出が息づいていたのである。

しかし、感傷はフーシェに似つかわしくない。彼は、自分の過去を忘れることぐらい、その気になれば、気味の悪いほどの早さでやってのけられた。かつてのオラトリオ会の数学教師は、いつでも現実の力の平行四辺形だけを測っている。共和主義派の思想もいまは色あせてしまい、もっともすぐれた指導者や活動家は地下に眠っているし、このクラブのすべては、とっくにただ歓談するだけの陋屋《ろうおく》に成りさがっており、そこでは口先できまり文句をやりとりしているにすぎないということを、彼は知っているのだ。一七九九年には、プルタルコスからの引用句も愛国的な言葉もアッシニア紙幣とともに相場が下落してしまった。あまりに多くの決まり文句をまき散らし、あまりに多くの紙幣を印刷したためである（世論を監視する警察大臣以上によく知る者はないはずだが！）。フランスは、弁護士や演説家や改革者に飽き、命令や法律に飽き、ただ休息と秩序と平和と明朗な財政とだけを望んでいた。二、三年続いた戦争のあとと同じように、二、三年続いた革命のあとにも、何であれ全体的な興奮が続いたあとにはいつでも、個々人の、そして家族のおさえがたいエゴイズムがふたたびのさばりだすものなのだ。

　こともあろうに、とっくに御用ずみの共和主義派のひとりが激烈な演説をぶっているところへ、ドアが開けられ警察大臣の制服を着たフーシェが、警官たちを従えてあらわれたのである。驚いてとびあがった一同を冷たく一瞥すると、彼は思った。なんとみすぼらしい敵どもよ！　革命の行為に身をささげた人々、その精神的支柱になった人々、革命の英雄と過激分子は、とっくにこの世を去っていた。いま残っているのは口の軽い奴らだけだ。こういう口先だけの奴らには、断固たる態度を示すだけで十分だ。ためらいもせず彼は壇上にのぼった。ジャコバン派の人たちは、ようやく六年ぶりにふたたび、彼の氷のような冷静な声を聞くのである。だが以前のように自由を求め専制君主どもにたいする憎しみをかきたてるためではなく、このやせた男はもの静かに、はっきり簡潔にクラブを閉鎖する旨を告げた。あまりの唐突《とうとつ》さに、誰も反抗するすべを知らなかった。彼らは大騒ぎもせず、いつも誓っていたように、短剣を手に、自由の破壊者へ突撃するようなこともしなかった。ただぶつぶつ文句をいい、忍び足で納得のいかぬ様子で、部屋を出ていった。フーシェの目算ははずれていなかった。れっきとした男性にたいしては闘わなければならないが、ただのおしゃべり男はほんのゼスチュアだけで打ち負かすことができるのだ。広間が空《から》になると、彼はやおら戸口に歩みより、鍵をかけ、その鍵をポケットに入れた。そして厳密に言えばフランス革命は、この鍵をまわしたときをもって終わりを告げたのであった。

官職というものはいつでも、使う人しだいでどのようにでもなるものである。ジョゼフ・フーシェが警察大臣の職についたとき、彼はまったく下級の職務、内務大臣の一種の下役を引き受けたのである。彼は監視の目をくばり、情報を提供し、情報を運ぶ荷馬車の御者として国の内外の政治のために材料を調達する役目にあたった。そしてあとは総裁政府の閣僚たちが、国王のように、それらを組み立てるのである。ところが、フーシェが権力を握ってものの三カ月もたたぬうちに、彼の恩人たちは、驚き、あきれ、なすすべを知らぬような目にあっていた。つまりフーシェは、ただ下の方を監視するだけでなく、上の方をも監視していた。この警察大臣は、自分以外の大臣たちを、総裁政府を、将軍たちを、全政治を見張っていたのである。彼の網の目は、すべての官職、すべての責務に張りめぐらされ、彼の手にはあらゆる情報が流れこみ、彼は併行してさまざまな政治を動かし、併行してさまざまな戦争をおこない、自分の職権範囲を越えてまでもあらゆる方面に手を出した。そして、ついに怒りだしたタレーランは、警察大臣の陣地を改めて定めなおさなければならなかった。

「警察大臣はまず第一にその職に関係ある問題すべてに力を尽くすこと、これをはたした後に、関係のないすべての問題にも力を尽くすこと」

このこみいった機構、全国に監視の目をいきわたらせるこの道具だては、大仕掛けなものだった。何千もの情報が、毎日ヴォルテール河岸の建物に流れてきた。というのは、この大臣は、数カ月のあいだにスパイや秘密諜報者や密告者を全国に配置しておいたからだ。だが、こういう彼の密偵たちを、ただ家の管理人とかワイン酒場、娼家や教会などで日常会話を盗み聞きさせる、普通の見えすいた小市民的な探偵とのみ思い描いてはならない。フーシェの諜報員は、金モールのついた軍服や外交官の服ややわらかなレースの服をまとい、フォーブール・サン＝ジェルマン（貴族の邸宅の建ちならぶ高級住宅街）のサロンでおしゃべりをしているかと思うと、またいつのまにか愛国者を装って、ジャコバン派の秘密集会に忍びこんでいたりするのだった。フーシェの雇い人リストには、フランス中に名をとどろかせた侯爵や侯爵夫人たちが載っていた。そればかりか、彼が誇りとしていいことには（夢みたいな事実だが！）、この国のファーストレディ、後の皇后ジョゼフィーヌ・ボナパルトを彼は雇っていた。後に彼の主君となり皇帝となった人の執務室では秘書が、イギリスのハートウェルでは国王ルイ十八世の料理人が、彼に買収されていた（ルイ十八世は亡命中、一時ハートウェルに滞在）。どんなおしゃべりも報告され、手紙という手紙は封を切られた。軍隊、商人仲間、代議士、酒場、集会、どこにでも警察大臣は、目に見えない姿で同席していた。そして、これらすべての何千という報告が、毎日彼の事務机に向かって飛ぶように集まってくる。一部は正確で重要だが一部は単なるおしゃべりにすぎない密告が、ここで調べられ、ふるいにかけられ、比較され、その結果、何千という暗号からはっきりした情報が生みだされるのである。なぜならば、情報というものこそすべてだからである。戦争においても平和においても、政治においても財政においても。もはやテロではなく、情勢をよく知ることが、一七九九年のフランスでは力となった。あの哀れなテルミドール派の一人ひとりを袋のネズミにし、高い地位の者たちを操れるようにするため、彼らがどのくらいの収入を得ているか、誰から買収されているか、そしていくらで買収できるかを知ること。また、弾圧したり奨励したりして、政治をいよいよ右傾化させるため、陰謀についても知ることだ。好意的な財界人を取引所でいろいろ操作し、最終的に自分もひと財産をものにするためには、戦争の現場や、和平交渉についても、先に先にとニュースをつかんでおくことが必要だ。こうしてこの情報提供の機構は、フーシェの手に絶えまなく金を送りこむことになる。そして金は、さらにこの機構をとどこおりなく運転させる潤滑油の役をはたすのである。賭博場や娼家、銀行から内々の税金が何百万という額で彼の手に流れこみ、ここで賄賂《わいろ》となって、その賄賂がふたたび情報を運んでくる。こうして、ひとりの男が数カ月で、その恐るべき活動力と心理的天才によって無から生みだした、この巨大な精巧な警察機構は、決して停滞したり機能停止に陥ることはなかった。

　しかし、この比類ないフーシェの機構のもっとも天才的な点は、この機構がひとつの、ただひとつの手で操作されていることだ。この機構のどこかに、もし抜かれたらうねりをあげている運転がただちにとまってしまうネジが組み入れられていて、そのネジをひとつの手がおさえているのである。フーシェは最初から、失脚してしまった場合の対策を考えていた。もし免職ということになったら、ちょっと手をふれるだけで彼のつくった機構はすぐ動かなくなることを、彼は知っている。なぜなら、この権力欲の強い男が仕事をしたのは、国家のためでも、総裁政府のためでも、ナポレオンのためでもなく、ひとえに自分自身のためだったからだ。彼は、自分の試験管のなかで化学的に得られたあらゆる情報の蒸溜液を、義務づけられたとおりに上司に渡そうとはまったく考えていなかった。手渡してもいいと思うものだけを、ためらいもなく利己的に手渡した。何のために総裁政府の馬鹿な連中を賢くし、彼らに自分の持ち札を見せてやる必要があるだろう？　もっぱら自分に役だつもの、自分自身の利益にどうしても必要なものだけを、彼は実験室から持ちだし、ほかのすべての矢や毒薬は、個人的復讐や政治的暗殺をするときに備えて、慎重に自分の兵器庫に保管しておいた。総裁政府はフーシェが情報通だと知っていたが、それ以上に多くのことを、フーシェは、つねに知っていた。そのため彼は、誰にとっても危険ではあるが、同時に欠くことのできない存在となった。彼は、バラスが王党派と取り引きしていることも、ボナパルトが帝位をうかがっていることも、ジャコバン派の動きも、反動派の動きも、知っていた。しかしそれらの秘密を知っても、すぐに暴露することは決してせず、それをすれば自分の利益になると思われる瞬間を選んで初めて暴露するのが常だった。あるときは陰謀を奨励し、あるときは妨げ、あるときは巧妙にそそのかし、あるときは大騒ぎして摘発する（しかも同時に、陰謀者たちに、頃合《ころあい》をみて身を隠せと警告したりする）。彼はつねに二股も、三股も、四股も賭け、あらゆる方面で、あらゆるテーブルでたぶらかし、こけにしたが、しだいにそれは彼の情熱となっていった。そのためには、もちろん十分な労力と時間が必要である。十時間労働者のフーシェは、惜しみなく時間をさいた。誰か他人に治安上の秘密をのぞかせてやるよりは、朝から晩まで事務室に坐って全部の書類に自分で目を通し、その一つひとつを処理していくほうがよかった。重要な参考人を訊問する場合は、彼の個室のドアを閉ざし、一対一でおこなった。重要事項の詳細を自分だけで知り、部下たちには決して知らせないようにするためであった。こうして彼は、しだいに全国にわたる任命されざる聴罪司祭となり、多くの人々の秘密を握ることになった。かつてのリヨンにおいてと同様に、ふたたび彼は、テロによる支配をおこなったのである。ただそれがもはや野蛮な首切り斧ではなく、不安、罪悪感、尾行されている感じ、発覚したという意識など、いわば心理的毒薬になったというだけだった。これによって彼は、何千人もの人々の息の根をとめたのである。国家にたいするあらゆる抵抗を制圧するために発案された一七九二年のギロチンという機械も、一七九九年のジョゼフ・フーシェの警察機構、精巧な、天才的頭脳から組み立てられたこの機構にくらべれば、お粗末な一個の道具であった。

フーシェは、彼自身の手によってつくられたこの楽器を、完璧な芸術家として演奏した。彼は権力のもっとも重要な秘密を知っていた。それはひそかに楽しむもの、すこしずつ惜しみながら利用するものなのだ。いきりたった革命の精鋭部隊が最高権力者の部屋に向かうのを、銃剣をふりかざして防いだ、リヨンの時代はすぎさった。いまでは彼の控え室にはフォーブール・サン＝ジェルマンの貴婦人たちがつめかけ、快く大臣にお目どおりを許される。彼女たちの請願の内容は彼にはわかっている。ある者は親類のひとりを流謫者リストから削除することを嘆願し、ある者は自分の従兄によい仕事の地位を紹介してほしいと頼み、ある者は刑事訴訟をとり下げてもらいたいと願い出る。フーシェは誰に対しても同じように愛想よく応じた。一夜明ければどの党派が政権を握るかがわからないからには、ジャコバン派であれ王党派であれ、中間派であれボナパルト派であれ、どの党派においても不評を買う必要がどうしてあるだろう？　こうして、かつては人を縮みあがらせたテロリストが、いまや魅力ある寛容な人として振る舞っていた。公に演説したり声明を発したりする場合は、なるほど王党派やアナーキストに向かって激しい怒声をもってどなりつけたが、ひそかにその裏で彼らに警告したり買収したりしていたのだ。彼は、声を大にして告訴することや、むごい死刑判決をくだすことなどは避けていた。彼にとっては実際の暴力のかわりに暴力のゼスチュアを示すだけで十分だったのだ。バラスや彼の同僚たちが羽根帽子につけている、何の意味もない飾りのかわりに、目にこそ見えないが現実の国家の権力を握ることだけが、彼を満足させた。

こうして数カ月もたたぬうちに、悪魔フーシェは、あらゆる人々の人気者になっていたのである。それもそのはず、いかなる時代、どこの国を通じても、みずから話し相手になってくれ、金もうけや猟官運動を見のがしたり助けたりしてくれ、政治に深入りしないかぎり、また彼のたてた計画を妨げないかぎりは誰にでも寛容で、きびしい監視の目をやわらげてくれる、これ以上に人気のある高官や政治家が存在するだろうか？　大砲を撃ちあげるかわりに、人々からその信念を買いとったりまきあげたりするほうが良いではないか？　神経をびくびくさせている連中には、秘密の小部屋に呼び入れて、引出しのなかに用意された、彼らの死刑宣告書を見せてやるだけで、実際の執行はしなくとも十分だ。もちろん、実際に反乱騒ぎがおこりかければ、昔からの残虐な手が、無慈悲に入ることになる。しかし、じっとして無駄な抵抗などしない者には、かつてのテロリストも、それ以前の聖職者時代の忍耐力を発揮する。フーシェは、金や、贅沢や、ちょっとした不徳や、人にいえない快楽に向かったときの人間の弱さを知っていた。それも結構！　ただ、黙っておやり！　共和制のもとで、これまでありとあらゆるイヌどもに追いたてられてきた大銀行家たちは、いまや心を安んじて不正の利益を得、金をもうけることができた。フーシェは彼らに情報をもたらし、彼らはそれにたいして利益の配当を与えた。マラーやデムーランのもとでは血に飢えてかみつきがちな番犬だった新聞も、ありがたいとばかり喜んで、彼の足もとに尾をふって媚《こ》びる。彼らにしても鞭より砂糖菓子のほうが好ましいのだ。わがもの顔に振る舞う愛国者たちの騒動も、まったく短時間で、舌打ちしながらの静けさにおさまった。それというのも彼らの一人ひとりに、フーシェが餌を投げてやったり、手強い一撃を二、三回くらわせて隅に追いやったりしたからである。こうしてもう彼の同僚たちにも、国内のすべての党派の連中にも、フーシェを友人に持つことは楽しく有利であることと、同時に、このネコっかぶりが怒って爪をむきだすと恐ろしいこともわかったのである。そこで、かつては誰よりも激しく軽蔑されたこの男は、たちまち数えきれない友人を持つことになった。それというのも、この男はなんでも知っており、そしてどんなことも他人にしゃべらないという約束を守ってくれるからだった。ローヌ河畔の爆破された都市がまだ復興されていないのに、リヨンの虐殺者のことは、はやくも忘れられていた。フーシェはすでに人気者であった。

国内に起こるすべてのことについて、フーシェの入手する情報がいちばん速く、かついちばん貴重なものであった。彼のように、何千という頭脳、何千という耳を働かせて国内の動静のあらゆる襞《ひだ》まで見抜く正確さは、誰も持ちあわせていない。この沈着で打算的な観察者は、政治の揺れを最大洩らさずキャッチする自動記録器で、政見や個人のプラスとマイナスを知りつくしていたが、彼以上に知っている者はいなかった。

こうしてほんの数週間か数カ月しかたたないうちに、ジョゼフ・フーシェには、総裁政府が落ち目にあることが、はっきりわかってきた。五人の総裁は、たがいに非協力的であった。それぞれがほかの連中の裏をかこうとし、相手を失脚させる瞬間ばかり待ち望んでいる。軍隊は痛手をこうむり、財政はでたらめになり、国内は不穏となった——これではもう長くはもつまい。フーシェは、まもなく起こるであろう風向きの変化を予感していた。彼の密偵たちが情報をもたらしていた。バラスは、公爵の称号と引きかえに共和国をブルボン王朝に大安売りしようと、すでにこっそりルイ十八世と取り引きしているというのだ。

いっぽう彼の同僚たちは、オルレアン公に取り入ろうとしたり、国民公会の再開を夢みたりしている。しかし、誰もがわかっているのは、この状態が長くは続かないということだった。なぜならば、国民は内乱におののき、アッシニア紙幣は価値のない紙くずにまで相場が下落し、兵隊たちはもう服従を拒んでいる。このてんでんばらばらの力を、ある新しい力がひとつにまとめあげるのでなければ、共和国は崩壊してしまうだろう。

この状態を救いうるのは、ひとりの独裁者だけだ。そのひとりを見つけだそうとしても、空《むな》しかった。「われわれはひとつの頭と一本のサーベルを必要としている」と、バラスはフーシェに語ったが、ひそかにその頭は自分自身であると定め、適当なサーベルを探しているところだった。しかし、無敵将軍オッシュとジュベールは、出世のチャンスを目前にして惜しいところで戦死してしまったし、ベルナドットはまだあまりにもジャコバン派的に振る舞うし、そして誰が見てもサーベルと頭の両役をひとりで兼ねていると思われるただひとりの男、アルコーレとリヴォリ（ともに北イタリアの戦場名）の英雄ボナパルトは、恐れられてやっかい払いをされ、いまはエジプトの砂漠をあてもなくさまよっているのであった。はるか遠く国を離れた彼のことは計算に入れるにはおよぶまい、そう人々は考えた。

すべての大臣のなかでフーシェだけが、当時すでに、まだピラミッドの陰にいるとばかり思われていたこの将軍ボナパルトが、実際にはさほど遠くにいるわけでなく、近くフランスに上陸するだろう、と知っていた。あまりに名誉欲が強く、あまりに人気があり、何かというと人の上に立ちたがるこの男を、大臣たちは、パリから数千マイルも離れたところに追いやっておいたのだ。彼らは、ネルソン提督がアブキール湾でフランス艦隊を全滅させたとき、内心ではおそらく胸をなでおろしただろう。なぜならば陰謀家や政治家たちにとっては、ひとりの競争相手さえ排除されれば、何千人もの死者を出すことぐらい、問題ではないのだから。彼らはいまや枕を高くして眠り、あのボナパルトは軍隊にしばりつけられていると思い、ただ彼の召還だけを十分警戒していた。ボナパルトがその指揮権を独断で他の将軍に委任し、彼らの眠りを妨げる大胆さを持ちえようとは、彼らは一瞬たりとも想像だにしなかった。あらゆる可能性を計算に入れていた彼らも、ボナパルトのことだけはそこに入れていなかった。

　しかしフーシェは、もっと多くのことを、しかももっとも信頼すべき筋から聞き知っていた。それもそのはず、彼にすべてを明かす人、どんな手紙も、どんな方策も彼にもたらす人、彼の数多いスパイたちのうちでもっとも優秀で、もっともよく情報を提供し、もっとも忠実なスパイこそ——ボナパルト自身の妻ジョゼフィーヌ・ボーアルネーにほかならなかった。植民地育ちのこの軽薄な女を買収することは、たいして骨の折れることではなかった。というのは、常軌を逸した浪費家の彼女は、たえず金の欲しい状態にあったので、どんなにナポレオンが気前よく、何十万もの金を国庫からあてがったところで、一年に三〇〇の帽子、七〇〇の洋服をこしらえ、金も自分のからだも名誉も惜しむことを知らず、それに目下のところ特に幸福とも感じていない女にあっては、こうした大金もざるの目から水が洩れるようになくなってしまう。彼女は、自分を退屈なイスラム教の国へどうしても同行させたがった小男の熱血将軍が前線に出ている間に、なんと、かわいい美少年シャルルと寝てしまった。おそらくこんな相手はほかにも二、三人いたにちがいないし、昔の恋人バラスとさえ、きっとまたよりを戻していただろう。このことを、陰謀家ナポレオンの愚かな兄弟ジョゼフとルシアンが知って怒り、癇癪持ちでトルコ人のように嫉妬深い彼女の夫に興奮して告げたのである。そこで彼女は、誰か、自分を助けてこのスパイ兄弟をひそかに見張り、すべての通信類を監視してくれる人を必要とした。そういうわけで、未来の皇帝夫人は、それもいくらかの金貨までもらって――フーシェ自身、回想録のなかで一〇〇〇ルイ金貨だったと率直に述べている――フーシェにあらゆる秘密を送り、なかでもボナパルトが近いうちに帰国するという、もっとも重大で危険このうえない秘密をうちあけていたのである。

フーシェは、情報を受けるだけで十分であった。それをまた上司に報告しようなどと、この市民階級の警察大臣が思わないのは自明のことだ。当面はこの帝位をうかがっている男の夫人と友情を深めるだけにしておいて、黙って情報を利用し、いつものように準備万端怠りなく、いまやそう長く待つことはないとわかっている決定を期待していた。

一七九九年十月十一日、総裁政府は、とり急ぎフーシェを呼び寄せた。信じられないような報告を電信機がもたらしたのだ。帰国を命じられたわけでもないのに、ボナパルトが勝手にエジプトから戻り、フレジュスに上陸したのだ。さてどうすべきか？　命令もなく脱走兵として自分の軍を離脱した将軍を、ただちに逮捕するか、それとも丁重に歓迎するか？　フーシェは、ほかの連中が本当に驚いている以上に、まったく不意を打たれたような表情をして見せたが、寛大な措置をとるほうがよい、と進言した。待つことだ！　しばらく待つことだ！　なぜなら彼は、ボナパルトの味方になるか敵になるか、まだ内心決しかねていたからだ。まずはこの出来事をなりゆきまかせにしておこう、と思っていたのだ。しかし脱走という罪を犯したにもかかわらず、このボナパルトを大目に見てやるべきか、それとも逮捕すべきか、うろたえた五つの頭が総裁政府でなお熱心に議論しているとき、国民の声はもはや語りつくされていた。アヴィニョン、リヨン、パリは、彼を凱旋将軍として歓迎し、どの都市も彼の通る道すじにイルミネーションを輝かせ、劇場の舞台からはニュースが伝えられ、聴衆に歓呼の叫びをあげさせていた。それは、ひとりの臣下が帰ってきたのではなく、ひとりの主君、ひとりの大権力者の帰還であることを意味していた。彼がパリのシャントレーヌ街（まもなくそこは彼に敬意を表して凱旋街と呼ばれるようになる）の住居にはいるやいなや、あらゆる友人たちが押し寄せてくるし、できるだけ早く友だちになるほうが得だと思う人々も、ぞくぞくと押しかけた。将軍、代議士、大臣、タレーランでさえも、この軍人に従順な敬意を表し、そうこうするうちにやがて警察大臣も、まさに自分から足をはこんできたのである。彼はシャントレーヌ街に馬車を走らせると、ボナパルト家で案内を請うた。だがボナパルトには、こんなフーシェ氏なぞまるでどうでもよく、何ら重要性もない訪問者だと思えた。そこで彼をうるさい請願者と同じように、たっぷり一時間も控え室に待たせておいた。フーシェ、この名前はボナパルトの耳にべつに大きくは響かなかった。個人的に知っているわけでなく、ただもしかすると、この名前の男が恐怖政治のころにリヨンでかなり悲惨な役割を演じたということぐらいは思い出したかもしれない。また、ひょっとしたら自分も、あの友人バラスの控え室で、みすぼらしい、落ちぶれた警察の間諜に遭遇したことがあったかもしれない、と。いずれにせよ、たいした男ではない。つまらない役所にこそこそ通っている、何てこともない商売人ではないか。こういう男は控え室で待たせておけばよい。実際ジョゼフ・フーシェは、将軍邸の控え室でじっと一時間も待っていた。いやおそらくは、まだ二時間でも三時間でも、召使が彼に同情して勧めてくれた椅子の上で、待つつもりだったろう。たまたまレアルという、後にクーデターの際にボナパルトと共謀するひとりになる男が、パリ中の人々が争って謁見したがるこの絶大な有力者の、こんなみじめな状態に気づいてくれたからよかったものの、これは不幸な手違いだと驚いた彼は将軍の部屋に走り、興奮して、あの男をあんな無礼なやり方で待たせるなんて、恐るべき失態であると説明した。彼こそは、どんな悪だくみでもちょっと手を出すだけで爆弾のようにぶっ飛ばすことができるのだ、と。それを耳にするがはやいか、ボナパルトはいそいで出ていき、非常に丁寧に、そしてまた心から待ち望んでいたかのようにフーシェを招き入れ、待たせたことをあやまって、第三者をまじえずに彼とふたりで二時間のあいだ語りあったのである。

　初めてふたりは向かいあった。たがいに、この相手は自分のひそかな野心にとって有益であるかどうか、注意深く吟味し、評価した。傑物たちというものは、つねにひと目でわかりあえるものだ。フーシェはすぐさま、この英雄の未曽有の力を感じて、そのおさえきれない支配への天才を見抜いたし、ボナパルトはまた、一瞬のうちに鋭くつきさす猛獣のような目で、フーシェのうちに、どんなことにも用だてられ、どんなことをもすばやくのみこんでエネルギッシュにこれを実行に移す、使い甲斐《がい》のある助手を発見したのだ。この初対面の二時間の会話でフーシェが説明してくれたほどに——と後にボナパルトはセントヘレナ島で語っている——簡単だが要点を洩らさずフランスと総裁政府の全状況を描きだしてみせた者は、当時ほかにはいなかった。すべて率直にうちあけるという徳をいつもは見せないフーシェが、この帝位をうかがっている男にすぐさま真実を告げているという事実は、彼のほうでも、ボナパルトの意のままに尽くすと決心をしていたことを示している。この最初の二時間で役割は振り当てられた。主人と召使、世界の創造主と当代の政治家である。いよいよ、ふたりの共演の開始である。

フーシェはこの初対面のとき、いつもの彼らしくなく、自分からすぐに心をうちあけている。だがしかし、相手に身をまかせたわけではない。総裁政府を倒してボナパルトを専制君主にという謀略の共謀者には公然とはならなかった。そういうことにたいしては慎重すぎるくらいの彼である。勝敗の決しないかぎりは、自分のとる道を最終的に決するものではない。この自分の生活原則に、彼はあまりにもきびしく、あまりにも忠実に固執していた。ただ、なにか不思議なことがおこった——その後の数週間、ふだんはあれほど耳がよく聞こえ、あれほど目の鋭いフランス警察大臣を、気の毒な障害が襲ったのである。つまり彼は、突然目と耳が不自由になったのだ。さしせまったクーデターについて、市中でささやかれるあらゆる噂について、彼はなにも聞いていないし、ひそかに手渡される手紙のなかからも、何も読みとれていないようなのだ。いつもは非の打ちどころなく信用できる彼の報告も、すべて魔法にかけられたように何事も語らず、いっぽうで総裁政府の五人のうちふたりはすでに謀議に加わり、三人目もなかば加わりかけているというのに、警察大臣は、まもなくおこりそうな軍隊の陰謀について、ほんの少しもかぎつけていない——いや実際は、何もかぎつけていないように装っていたのである。彼が毎日総裁政府に提出する報告書では、ボナパルト将軍や、すでに待ちきれずにサーベルをがちゃつかせている徒党のことには一行もふれていなかった。しかしもちろん、もういっぽうのボナパルトにたいしても、一行一語たりとも書いたものは手渡さなかった。ただ沈黙することによって彼は総裁政府を裏切り、ただ沈黙することによってボナパルトに恩を着せたのである。そして、待って待って待ちぬいた。こうした決定直前の緊張の数瞬間に、彼の両棲類的本性は、またとないいい気持ちを味わうのであった。二つの党派から恐れられ、二つの党派から求められながら、自分の手のなかで天秤の針がふるえているのを感じている。これこそが、この熱狂的な陰謀家にとってはつねに悦楽中の悦楽なのである。あらゆるゲームのなかでもっとも素晴らしいゲーム。机上のゲームや恋のゲームとは比べものにならない緊張感。世界を股にかけたゲームが、いまこの短い時間に決着をみようとしている！　この刹《せつ》那《な》的な時間に、ことを促進させるも妨害するも、自分にはできるのだ、と自覚し、しかも、まさにそう自覚するがゆえに、ちょっかいの手をうずうずさせながらも何もせず、ぞくぞくしながら味わう、まさしくふしだらな心理学者の好奇心をもって傍観するだけで、それ以外には何もしない――この悦楽のみが、この冷たい精神を燃え上がらせ、この濁って薄い、ほとんど水のような血を沸かせるのだ。心理的に倒錯し精神的にみだらなこの種の悦楽のみが、即物的で無神経なジョゼフ・フーシェという男を陶酔させることができる。そして決定的な砲撃の前のこの鋭く緊張した刹那にはいつも、ふだんの気難しいまじめさに、一種の冷酷でシニックな陽気さが加わるのである。なぜならば、精神的悦楽というものは、なによりも陽気さのなかで、すなわち良くも悪くも、戯《たわむ》れる歓びのなかにしか生まれないのだから。こうしてフーシェは、他人がもっともきわどい危険に直面しているまさにその瞬間に、戯れるのである。ちょうど「ラスコーリニコフ」（『罪と罰』の主人公）の予審判事のように、罪を犯したが背筋をおののかせているその瞬間に、いかにも気のきいた悪魔のような方法で戯れるのだ。まさにこのような瞬間に人をたぶらかすことを、彼は愛した。だからこの場合でも、まさしくもっとも危険な瞬間に、手のこんだ喜劇を演じさせるよう準備したのである。その喜劇の舞台は、いわば火薬樽の上に置かれていたものだが。クーデターの突発する数日前（彼がその期日を知っていたのはもちろんである）、彼はちょっとしたパーティを開いた。ボナパルト、レアル、そのほか陰謀に加わっている連中が、この親睦の集いに招かれた。そして彼らはテーブルにつくや、自分たちの仲間が全員そろっていることに、急に気づいた。すなわち、総裁政府の警察大臣は、政府に陰謀をくわだてている奸臣《かんしん》たち全員をそろって自宅に招待したのである。これは何を意味するのか？　ボナパルトとその手下どもは、不安そうに顔を見あわせた。すでに戸口に何人かの警官が立っていて、クーデターの巣窟を一網打尽にするつもりなのではないか？　おそらく彼らのひとりかふたりは、ピョートル大帝が近衛兵を招き、デザートとして刑吏が彼らの首をサービスした、あの不幸な結果を招く晩餐を世界史から思い出しただろう。しかしそういう恐ろしいことは、フーシェ家ではおこらなかった――その反対に、共謀者たちの全員があっけにとられたことに、最後にもうひとりの客がはいってきたのである。しかも（このいたずらはまことに邪悪に仕組まれていた！）、その客はまさしく、彼らの陰謀の矛先である総裁政府の五人の総裁のひとり、ゴイエその人であって、彼らはそこで驚くべき会話を聞かされたのである。総裁が警察大臣に最近の情勢についてたずねたのだ。めんどうくさそうにまぶたを上にあげ、誰か特定の顔を見るでもなく、フーシェは答えた。

「まあ、相変わらずですね。相も変わらずの陰謀の噂でして。けれども、私は自分のとるべき処置をよく承知しております。もしそんなことが実際にあるようなら、すぐにも革命広場で証拠をあげてみせましょう」

ギロチンを意味するこの遠まわしの言葉は、驚いている陰謀者たちの背筋を、冷たい刃のように走った。彼らには見当がつかないのだ。フーシェが自分たちをからかっているのか、それともあの人をからかっているのか？　自分たちをこけにしているのか、それとも総裁政府の総裁をこけにしているのか？　彼らもわからないが、おそらくフーシェ自身にもわからなかっただろう。なぜならば、彼がこの地上で楽しむものは、つねにただひとつ、二股膏薬の悦楽、二重の駆け引きの燃えるような刺激とひりひり痛むような危険な感覚なのだから。

この堂々としたいたずらのあとで、警察大臣は、またまたクーデター突発のそのときまで、例の奇妙な嗜眠《しみん》にとりつかれ、すでに元老院議員のなかばが買収され軍隊も寝返らせていたのに、相変わらず目と耳が不自由のままであった。そしてまた不思議な話ではないか――ふだん早起きで、出勤一番乗りとして知られるジョゼフ・フーシェが、霧月《ブリュメール》十八日、すなわちナポレオンのクーデターの日にかぎって、あきれるばかりよく眠り、ぐっすり朝寝をしていたのだ。できることなら一日中眠っていたかったのだが、総裁政府の二人の使者が彼をベッドから揺り起こし、なんのことかと驚く彼に、元老院の不可解な出来事や、軍隊が集合していること、すでにクーデターであることが明白な件について報告した。ジョゼフ・フーシェは、目をこすり、儀礼的にびっくり仰天して見せた（その前の晩、ボナパルトと長々と協議していたくせに）。だが残念ながら、もはや眠っているわけにも、眠ったふりをしているわけにもいかない。警察大臣は、身じたくをして、総裁政府に出かけなければならなかった。そこではゴイエ総裁が、無愛想に彼を迎えた。総裁は、フーシェが驚いたふりをする喜劇を、これ以上演じさせておかなかった。彼は頭ごなしにどなりつけた。

「お前さんにはこういう陰謀の情報を報告する義務があったんだ。お前さんの警察はこのことをかぎつけていたに決まっている」

フーシェは、この乱暴な言葉を黙って受けとめ、いかにも忠実な下僕であるかのように、命令を仰いだ。しかしゴイエは、容赦なくこれを拒んだ。総裁政府から命令することがあれば、信頼に値する人に命じるというのだ。フーシェは、内心せせら笑った。このまぬけは、自分の総裁政府はとっくに命令もできなくなっているのに、まだ気がつかないのだな、五人のうちふたりがすでに裏切り、三人目が買収されていることも！　しかし、どうしてまぬけに教えてやることがあろう？　彼は、冷ややかに頭を下げると、自分の職務に戻った。

　ところで、その職務がいったいどうなるのか、フーシェ自身まだはっきりとはわからなかった。旧政府の警察大臣か新政府の警察大臣か、それは新旧いずれが勝つかによって決まるのだから。総裁政府かボナパルトかは、今後の二十四時間が初めて決定するだろう。第一日目の出だしは、たしかにボナパルト側に見こみがあった。元老院（二院制の上院にあたる）はきびしく約束をせかされ、さらに金までつかまされて、ボナパルトの希望をすべて承諾し、彼を軍隊の総司令官に任命し、下院の五百人議会を西の郊外のサン＝クルーに移した。そこには労働者の大軍もなく、世論もなければ「民衆」もない。ただひとつ、きれいな公園があるだけだったから、歩兵の二個中隊もあれば完璧に封鎖できるような地区だ。しかし、これでもまだ味方の勝利が確定したわけではない。というのは、この五〇〇人の議員のなかには、まだ買収も脅迫も受けつけないやっかいな連中が数十人いて、しかもそのなかには、帝位をうかがう者に短刀かピストルを向けて共和国を死守しようとする者さえ、いなくはないからである。つまりは、平静を保つということだ。共感してとか、忠誠の誓いなどというつまらぬことでいっぽうの側へ肩入れしたりせずに、じっと腰をすえ、勝負が決定的になるまでは要心して待っているということだ。

そしてフーシェは平静を保っていた。ボナパルトが彼の騎兵隊の先頭に立ってサン＝クルーに出動し、陰謀の立役者タレーラン、シエイエスほか数十人がそのあとを追って馬車を走らせるやいなや、パリの市門のかんぬきは、警察大臣の命令によって、突然音をたてておろされてしまった。警察大臣の使者のほかには、誰もパリ市を出ることも入ることも許されないのだ。八〇万市民のうち、ひとりこの断固たる男をのぞいては、誰もこの大胆な企てが成功なのか失敗なのか知ることができない。三十分ごとに使者が、このクーデターの経過を彼に報告してくる。しかし相変わらず彼は、なんの決断もしない。ボナパルトの要求が通れば、もちろんフーシェは今夜から彼の大臣になり忠実な下僕になる。しかしもし通らなければ、彼は総裁政府の忠実な下僕にとどまり、喜んで冷静に「暴徒ども」を逮捕することになる。彼の耳にはいってくる情報は、まあまあ期待のもてるものだった。それで、フーシェはりっぱに平静を保っていたのだが、彼より偉大なはずのボナパルトは、まったく取り乱してしまった。この霧月《ブリュメール》十八日は、ボナパルトがヨーロッパの独裁統治権を与えられた日であるが、皮肉にも、この偉大な男の個人的生涯で、おそらくもっとも弱々しくなってしまった日だといえるだろう。ボナパルトは、大砲には決然と対峙するのに、弁舌で人々を説得しなければならないとなると、いつもおろおろしてしまうのだ。これまで何年も軍隊を指揮することに慣れてきた彼は、自分をアピールすることができなくなっていた。軍旗を掲げ、歩兵部隊の先頭に立って馬を走らせ、敵軍を粉砕することはできる。しかし演壇に立って、ほんの数人の共和派の議員をおどすとなると、この鋼鉄のごとき軍人にもうまくいかないのである。このときの場面はしばしば描かれている。無敵の最高軍司令官が、議員たちの浴びせかける激しい抗弁にいらいらして、「戦いの神は我とともにある……」などという空虚な決まり文句をもぞもぞならべていたが、その口ごもりかたがあまりにもみじめなので、友人たちがボナパルトをあわてて演壇から連れさらなければならなかった。部下の兵士たちの銃剣のみが、アルコーレとリヴォリの英雄を、騒ぎたてる数名の議員による不名誉な敗北から救ったのであった。ふたたび馬上の人となり、主君、独裁官として部下の兵士たちに向かい、ただちに議場の人々を追い払ってしまえと命令したときにようやく、サーベルの柄《つか》からふたたび力が湧きおこり、彼の動揺した気持ちを静めたのである。

夜七時にすべてが決定し、ボナパルトはフランスの統領、独裁者となった。もし彼が敗北したり、多数決で否決されたりしたら――、フーシェはただちに「恥ずべき陰謀の仮面がはがれた」などという大げさな布告を、パリ中のあらゆる壁に貼りださせただろう。しかしながら、ボナパルトが勝ったので、フーシェは即座にこの勝利を自分のものにしたのである。翌日パリ市民が、共和制の実質的終焉とナポレオンによる独裁政治の開始とを知らされたのは、ボナパルトの口からではなく、警察大臣フーシェによってであった。

「警察大臣から市民のみなさんにご報告」と、このいつわりの文書はよびかけている。

「共和国の重大事業を論じるために、サン＝クルーで議会が開かれていましたが、折しも革命にかかわる陰謀をあばくために五百人議会のもとにあらわれたボナパルト将軍は、危うく一刺客の犠牲になるところでした。しかし共和国の守り神は将軍を救いました。共和国のすべての国民はご安心ください……みなさんの希望はいまやみたされるからです……力のない人たちもご安心ください。みなさんは力ある人々とともにあるのです……恐れるべきは、社会不安を引き起こし、世論を混乱させ、秩序を紊乱《ぶんらん》させる者たちです。そんな連中は取りしまるべく、あらゆる処置がとられています」

またしてもフーシェは、風向きにしたがって外套を羽織るという、このうえなく巧妙なわざをやってのけたのである。彼が勝利者の側へ移ったその寝返りぶりは、あまりにも厚顔で、あまりにもあからさまに白日のもとでおこなわれたものだから、広い世間の人々も、しだいにフーシェの人柄を知るようになった。数週間後にパリの場末の劇場で、「サン＝クルーの風向計」という愉快な喜劇が上演されたが、それは誰にでもわかり、拍手すべきものだった。この喜劇ではちょっと名前を変えてあったが、彼の日和見《ひよりみ》的な、それでいて要心深い態度が、じつにおもしろくパロディー化されていたのである。もちろんフーシェは検閲官として、そのような彼の人格のパロディーを禁止することもできたのだが、幸いにも彼は、そんなつまらぬことはしないだけの才知を持っていた。彼は自分の性格をまったく隠さなかった。いやむしろ、自分が無性格であることを隠さなかったというほうがいい。逆に彼は、自己の無定見や移り気を、それが自分に特別な光彩を添えるものとして、見せびらかしさえした。笑いたければ笑えばいいさ。おれに服従し、おれを恐れているかぎりは、ね。

ボナパルトはこの日の勝利者、フーシェはひそかな共犯者、変節者であり——実質上の犠牲者は、総裁政府の統治者バラスであった。この日はまさに、世界史的な忘恩の教訓を彼に与えた日なのである。というのは、結束してバラスをたおし、まるで厄介な物乞いにたいするように数百万の酒手で彼を追い払ったこのふたりこそ、二年前に彼がどん底から救いあげてやった男たちで、ふたりはまさにバラスに大恩をこうむっている腰巾着だったのだ。バラスは、誰にでも喜んで分け前を与えてやる享楽的なお人好しであったから、気前よく、軽はずみにもこのナポレオン・ボナパルトを、小柄でオリーヴ色の顔をし、みなから遠ざけられて追放同然だった砲兵隊士官のボナパルトを、まったく文字どおり路傍から拾いあげてやったのである。まだ勘定も払っていないのにつぎはぎだらけになった外套の上に、将校の金モールをつけてやり、他のすべての連中を尻目に一夜にしてパリの司令官にしてやり、自分の愛人を譲り、ポケットに金をいっぱい詰めてやり、イタリア派遣軍の最高指揮権を与え、その名が永遠不滅のものとなるための橋渡しをしてやったのだ。同じようにバラスはフーシェを、うす汚い六階の屋根裏部屋から連れだし、その頭をギロチンから救い、誰もが彼に背を向けていた時期にただひとり彼を飢えから救ってやり、ついに鞍に乗せて世間に出し、同時にあらゆるポケットを金でどっしり重くしてやったのだ。そしてこのふたり、バラスを一生の恩人とするはずのこのふたりが、二年後には共謀して、自分たちが救いだしてもらったその同じ泥土のなかに、彼を投げこんだのである――実際、世界史は道徳教育の手本では決してないものの、霧月《ブリュメール》十八日のバラスにたいするナポレオンとフーシェの態度ほど、完全な忘恩の極端な例は、ほとんど類がない。

しかし、ナポレオンの後援者にたいする忘恩の態度のほうが、すくなくとも天才であるがゆえに正当化できるといえる。彼の営みが彼に特別の権利を与えるのだ。なぜならば、星を目ざす天才の道は、必要とあらば、人間を踏みこえていくことも許され、歴史のより深い意味、それとわからぬ歴史の要請を充足するために、些細な一時的現象を乱用することも許されるからである。これにたいしてフーシェの忘恩は、まったく単純に自分とその利害しか念頭にない絶対的な不道徳者にいくらでも見られる、あの忘恩以外のなにものでもない。フーシェは、自分のあらゆる過去を忘れようと思えば、ものすごく速い、唖然とするやり方で、忘れることができた。この独特の名人芸については、これ以降の彼の経歴が、ますます驚嘆すべき見本を示すだろう。二週間後に彼は、自分をあの冷ややかなギロチンから守り流謫から救ってくれたバラスにあてて、自分で流謫命令書を作成し、バラスからあらゆる書類を没収したが、おそらくそのなかには、自分自身がかつて送った嘆願書や密告書もふくまれていたことだろう。

バラスは徹底的に傷つき、歯ぎしりしてくやしがった。彼がボナパルトとフーシェの名を口にするときの歯ぎしりの音は、今日でもその回想記から聞こえてくる。ただひとつ、ボナパルトがフーシェを配下にしたということだけが、バラスを慰めた。どちらかひとりがもう片方を倒すことになるだろう、友情はそう長くは保たれないだろう、と予言者のように彼は感じたのである。

もちろんさしあたりは、ふたりがいっしょに活動した最初の数ヵ月間は、一市民としての警察大臣は一市民としての統領に、献身的に仕えていた。当時は相変わらず公文書には「市民」と書いていたし、ひとつの共和国の第一の市民であることに、まだボナパルトの野心は満足していた。彼以外の誰にも乗りこえられないような大きな課題に直面して、彼はあの数年間に自分の若々しい天才を完全にまた多方面に発揮したのである。あの新しい秩序の時代におけるほど、ボナパルトの姿が偉大で創造的でヒューマニスティックに見えたことはない。革命を法文化し、その成果を保持しながら、同時にその行きすぎをやわらげ、戦争を勝利のうちに終わらせ、力と名誉のある平和をもたらすことによってこの勝利に真の意義を与えること——これこそが、物事を鋭く見通す先見の明と、精力的な十時間労働者のねばり強い勤勉なエネルギーをあわせ持つ新しき英雄が、その身をささげんとする高邁な理念であった。あの時代は、つねに伝説によって讃えられているが、その伝説はいつも騎兵隊の突撃をりっぱな行為とし、領土の侵略を成果としているので、アウステルリッツやアイラウやバラドリッド（いずれもナポレオンが勝利した戦役）がナポレオン・ボナパルトの超人的偉業を意味しているわけではない。そうではなく、乱れきった国、いくつもの党派によって分裂したフランスがふたたび生命力ある国家に形成され、価値を失ったアッシニア紙幣が正常な貨幣制度に道を譲り、新たに制定されたナポレオン法典が法と道義を厳格ながら人間的な形式にはめこんだ、すなわちこの偉大な天才的政治家があらゆる政治分野で同様の完全さで国家を健全にし、ヨーロッパを平和にした時代こそが、彼の超人的偉業を意味するのである。軍人としての時代ではなく、この時代こそが、彼の本当に創造的な時代なのであり、この時代ほど彼に仕える大臣たちが、公正に熱心に忠実に彼の手足となって尽くしたことはなかった。フーシェもまた、彼の完全なる下僕であった。この男は、暴力や刑罰によってではなく、話し合いと寛容によって内乱を終わらせようとする信条において、彼とまったく一致していた。数カ月のうちにフーシェは、国内をすっかり平和にし、テロリストや王党派の最後の残党を一掃し、街頭から不穏な空気をぬぐいさってしまった。そしてこまかい個々のことまで厳密に処理する彼の官僚的なエネルギーは、ボナパルトの政治家的な大計画に喜んでささげられた。偉大にして有益な事業は、つねに人々を結びつける。こうして下僕はその主人を、主人はそのよき下僕を見出したのである。

フーシェにたいするボナパルトの最初の疑いがいつ芽ばえたかについては、奇しくもその日付と時刻まではっきり確定することができる。ただこのエピソードは、あの騒動続きだった数年間の山ほどの諸事件に埋もれて、ほとんど知られないままだった。それをかのバルザックの、目につかないもののなかに本質的なものを認め、「こまかいディテール」のなかにやがて大きな意味を持つ原因を探りあてる、心理学者のように鋭い目が、明るみに出したのだ（もちろんいくらか文学的に粉飾しているが）。この小さな場面は、オーストリアとフランスのあいだの勝敗を決するイタリア出兵の際に演じられた。一八〇〇年一月二十日、パリでは大臣や重臣たちがただならぬ空気のなかで集まっていた。マレンゴの戦線からの使者が、よくないニュースを持ってきたのだ。使者は報告した。ボナパルトが大敗し、フランス軍は総退却を続けていると。集まった人々の誰もが、すぐに心のなかで同じことを考えた、敗けた将軍を第一統領にさせておくわけにはいかない、と。そして全員がその場で後任者のことを考えた。そんなことの必要性を、一人ひとりがどれだけはっきり口に出して言ったかは、決して知れわたらなかったが、ナポレオンがたおされたときの準備が、小声で相談されたのは確かだった。そしてナポレオンの兄弟たちがこの事実に気づいた。もっとも極端な意見を出したのは、おそらくカルノだった。彼はかつての保安委員会をいそいで復活しようと述べた。フーシェはといえば、少なくともその性格からして、おそらく、敗けたといわれる統領を忠実に支持するようなことはしないで、やむをえなければ元の主人に、場合によっては新しい主人につけるよう、慎重に黙って見ていたことだろう。ところが翌日はやくも第二の使者が着いて、真逆の、つまりマレンゴで大勝したという知らせをもたらした。最後の一時間というときにドゥゼ将軍が天才的な軍事的直観によって、ナポレオンを援助するために到着し、敗戦を勝利へと一変させたのである。出発のときよりもはるかに強大となり、いまやその権力をまったく確かなものとしたボナパルト第一統領は、数日後帰国した。そして、自分の一度の敗北の知らせですぐに大臣や腹心たちがみな自分を見捨てた事実を、ただちに彼が耳に入れたことは疑いえない。そこであまりに極端な主張をしたカルノが、第一の罪人として罰せられた。すなわち大臣を辞めさせられたのである。ほかの者たちは、フーシェもだったが、現職にとどまった。この慎重すぎる慎重居士には裏切りの証拠が見出せなかったからであるが、もちろん、だからといって忠誠であった証拠もありはしないのだ。謀議には加わらなかったが、身のあかしをたてたわけでもなく、ただいつもの本性をふたたび見せただけだった。うまくいくときは信頼できるが、うまくいかなくなれば信用していられないのがフーシェの本性だ。ボナパルトは彼を職から追いもせず、責めも罰しもしなかったが、この日以来もはや彼を信頼しなくなったのである。

当時の歴史でほとんどまったく顧みられていないこの小さなエピソードは、まだほかにも心理的な結果をもたらしている。というのは、この話はじつに明らかに次のことを思いおこさせるからだ。サーベルと戦勝にのみ基づいた政権は、一度でも敗戦にあえばかならずたおれ、血統と祖先という自然の正統を持たない支配者は誰でも、適当なときに新しい正統をつくらざるをえないものだ、ということである。ボナパルト自身は、自分の力を意識しており、発展途上にある天才がつねに抱くあのたゆまぬ楽天主義にみたされていたから、この小事件によるかすかな警告など忘れてしまうこともできただろうが、彼の兄弟たちは違った。なぜならば――あらゆる書物はこのことをあまりにしばしば見すごしている――ナポレオンはひとりでフランスにきたのではなく、食物に飢え野心の強い家族一党に取り巻かれていたのだ。初めのうちは母親や職のない四人兄弟たちも、自分たちのリーダー格のナポレオンが、金持ちの工場主の娘を嫁にもらって、妹たちに着物のいくつかもつくってくれるようになる程度で満足しただろう。しかし、じつに思いがけなく高い権力を握ってしまったいま、彼らはただちに彼にしがみついて、自分たち一族の栄達をはかろうとした。彼らもまた高い地位にのぼりたいと欲し、全フランスを、やがては全世界をボナパルト家の世襲財産にしたいと考えた。そして彼らの不純な、飽くことを知らぬ、天才ではまったくない泥棒根性が、兄たるナポレオンを激しくせっついた。民衆の人気に左右されてしまう彼の権力を、自律した永続的な権力に変え、世襲君主制に変えるため、あらゆる手段をとれ、というのである。彼らは、ナポレオンが自分たち全員のために権力の座につき、国王か皇帝になるよう要求した。またジョゼフィーヌとは別れて、バーデン（フランス東部に接していた小国）の王女と結婚することを望んだりした――ロシア皇帝の妹やハプスブルク家の皇女を考えるほどの大胆さは、まだ誰にもなかったのだ！　こうして彼らはしじゅう策略をめぐらし、ナポレオンをしだいに昔の仲間とかつての理念から引き離していき、共和制から反動へ、自由から専制政治へと追いやったのである。

　たえずナポレオンを煽りたてて飽くことを知らぬ、同情心のないこの一族にたいして、ただひとりまったく心細い思いをしていたのは、統領の妻ジョゼフィーヌであった。彼女は、ボナパルトが上へ上へとのぼり、独裁への一歩一歩を進むにつれて、彼が自分から離れていくことを知っていた。それというのも彼女は、国王または皇帝に、王朝という考えが第一にして唯一のものとして要求する贈りもの、すなわち世継ぎとそれによる支配の永続性を与えることができないからなのだ。ボナパルトの側近で彼女の味方になってくれるものは、ほんの数えるほどだった（なぜなら彼女にはばらまく金がなく、つねに借金で苦しんでいたから）。そして当時彼女にもっとも忠実なのがフーシェだった。彼はすでにかなり前から疑いの目で見ていた。思いがけない成功にあって、ボナパルトの野心もいかに思いがけない成果に向かっていたか、また、確固たる共和主義者たちがアナーキストかテロリストとしてあっさり始末され、迫害されるのを、いかに彼が執拗に望んでいたか、それをフーシェは見ていたのだ。ヴィクトル・ユーゴーの言葉を借りれば、「すでにナポレオンがボナパルトのもとにあらわれてきている」のを、皇帝が将軍の背後に、独裁者が市民の背後に危険にもあらわれてきているのを、フーシェは鋭い疑いの目で見ていたのである。しかし彼自身は、国王に反対票を投じたことで、どっちにしても共和制に結びつけられており、共和制と共和主義的国家形態の存続に大きな関心を持っていた。だから彼はあらゆる君主制的なものを恐れ、ひそかにかつ公然とジョゼフィーヌの味方となって闘ったのである。

ボナパルト一族はこれを許しておかなかった。そしてコルシカ人らしい憎しみの心をもって、彼らはフーシェの一挙一動を探り、自分たちの仕事を邪魔するこの不愉快な男を、ひとたび失策をしでかすことがあれば即座に墓穴へ投げ入れようと、じっとうかがっていたのである。

彼らは長い間、辛抱づよく待っていた。突然、フーシェを失脚させられる機会が訪れた。一八〇〇年十二月二十四日、ボナパルトはハイドン作曲「天地創造」のパリ初演に出席しようとオペラ座に向かっていた。するとニケーズ街の狭い道にさしかかったとき、彼の馬車のすぐうしろで、爆発の破片と火薬の砕かれた弾丸からなる噴水がおそろしい力で噴きだし、爆発の威力で破片は家という家にまき散らされた。暗殺だ、悪評高い時限爆弾だ。酔っていたという馭者が狂暴なまでにスピードをあげていたため、第一統領は助かったのだったが、四〇人の人々は五体をこなごなにされて血まみれで通りにころがっていた。馬車は爆風におしあげられ、弾丸が命中した動物のように、棒立ちになっている。ボナパルトは、熱狂的な群衆に自分の冷静さを示すため、真っ青な大理石のような顔をしたまま、ふたたびオペラ座への道をいそいだ。かたわらのジョゼフィーヌは神経のたかぶりにわななき、涙を隠すこともできずにいたが、彼のほうは無感動に硬い表情をして、ハイドンのやわらかいメロディに聴きいり、どよめく歓呼の声に平静な見せかけで会釈をするのだった。

しかしこの平静な身振りがじつは演じられた舞台袖の一幕であったことは、彼がオペラ座から帰るとすぐに、テュイルリー宮の大臣や枢密顧問官たちにも気づかれたのである。誰よりもフーシェにたいして、ボナパルトの怒りは爆発した。怒り狂って彼は、青ざめてじっとしている男に突っかかっていった。警察大臣であるフーシェは、こんな陰謀をとっくにかぎつけていたにちがいないのに、自分の友人でありかつての共謀者でもあるジャコバン派の人々を、犯罪的な寛大さで見のがしていたのだと。フーシェは落ちつきはらって反対意見を述べた。これまでのところ、この暗殺計画がジャコバン派の陰謀であることを証拠だてるものはなにもなく、自分個人の考えでは、王党派の一味とイギリスの金が中心の役割をはたしていると確信する、と。しかしこの口答えがあまりに落ちついているので、第一統領はますます腹をたてた。

「ジャコバン派の奴らだ、テロリストめ。あのごろつきどもは、いつまでたっても集団になって、政府という政府に反逆するのだ。余を暗殺するためには何千人もの犠牲者の命を奪うこともためらわない、あの同じ悪漢どもがやったのだ。しかし余は世間への見せしめに、奴らにしかるべき処置をとってくれる」

フーシェは、あえてもう一度自分の疑いを述べた。すると血気さかんなこのコルシカ人は、ほとんど殴りかからんばかりに警察大臣のほうに向かったので、ジョゼフィーヌが間に入り、なだめながら夫の腕をつかんでいなければならなかった。しかしボナパルトは身をもぎはなし、フーシェにたいしてとうとうとまくしたてた。パリの十二月事件、ナントの溺死刑、ヴェルサイユの囚人虐殺などの、ジャコバン派によってなされたあらゆる殺人や犯罪を数えあげたのだ――これは「リヨンの虐殺者」に、自分の過去をも胸に手をあてて思いだせ、とはっきり暗示するものだった。しかし、ボナパルトがどなればどなるほど、フーシェはかたくなに黙りこんでいった。非難の声をまともに浴びせられ、ナポレオンの兄弟や廷臣たちがとうとう化けの皮をはがされた警察大臣に、さげすみの目をちらちら向けているのに、彼の鉄の仮面は筋ひとつ動かさないのだ。フーシェは石のように冷たくあらゆる中傷を退け、石のように冷たくテュイルリー宮を去った。

彼の失脚は避けられないように見えた。なぜなら、ジョゼフィーヌがいくらフーシェのためにとりなしても、ナポレオンは受けつけないからだ。彼は憤慨して叫んだ。

「あいつ自身、奴らのリーダーのひとりだったではないか？　あいつがリヨンやロワール河畔でやったことを、余が知らぬとでもいうのか？　リヨンとロワールのことだけでもフーシェの態度は説明がつく」

はやくも後任の警察大臣に誰がなるかという当て推量がはじまり、はやくも廷臣たちは不興を買った男によそよそしく肩をすくめはじめた。そして、はやくもジョゼフ・フーシェは（これまでにもしばしばあったように）完全に失脚したように思われた。


数日たっても情勢は好転しなかった。ボナパルトは、ジャコバン派がこの暗殺を計画したのだという意見を曲げず、処分を、それも厳重な処罰を要求した。そしてフーシェが、彼やほかの人々に、自分はほかの犯跡を探っているとほのめかしても、あざけりと軽蔑をもってあしらわれるだけだった。ぼんくらたちはみな、これほど明らかな事件を摘発しようとしない警察大臣を、愚かだと笑い、あざけった。フーシェが自分の誤った考えに頑固に固執していると言いたて、彼の敵はみな勝ちほこっていた。フーシェは誰にも答えなかった。彼は争いもせず、黙っていた。彼はこの二週間を黙ってすごした。ギアナつまり「乾いたギロチン」に送られることに決まった、一三〇人の急進派とかつてのジャコバン派のリストをつくるよう命令されたときも、黙ってこれに服従した。最後の「モンターニュ派」すなわち最後の「山岳派」であり、彼の友人バブーフの信奉者であるトピノとアレーナを告訴するという命令書をも、彼はまつげ一本動かさずに作成した。このふたりはべつに何の罪もなく、ただナポレオンがイタリアで数百万の金を略奪し、それで独裁権を買いとろうとしたと公言しただけだった。自分の確信に反してフーシェは、ある人が追放され、ある人が処刑されるさまを傍観していた。無実の者の処刑をも、告解の守秘義務にしばられ唇を閉じて見送る司祭のように、彼は黙っていたのだ。それというのも、すでにもうかなり前からフーシェは事件の真相をかぎつけていたからだ。ほかの人たちが彼をあざけり、ボナパルト自身も毎日フーシェの愚かな頑固さを皮肉に非難している間に、他人の立ち入りできない彼の小部屋には、思ったとおり暗殺は王党派のふくろう党《シュアン》（ブルターニュ地方の農民を中心とした反革命集団。ゲリラ的に抵抗）によって計画されたという、動かしようもない決定的な証拠が集まっていたのだ。そしてフーシェは、閣議やテュイルリーの控え室では、あらゆる非難にたいして平気でどうでもよいような無関心さを示していたが、自分の秘密部屋に戻ると、すぐれた部下たちとともに熱に浮かされたように働いていた。賞金として山ほどの金がかけられ、フランス中のスパイや密告者が動員され、パリ全市の住民が証人として呼び出された。時限爆弾につながれた、こっぱみじんになった牝馬も、すでに識別され、以前の持ち主がわかり、それを買いとった人々もくわしく調査され、あの巧妙につくられた『ふくろう党列伝』（フーシェのつくりあげた事典で、国外亡命者や王党派、「ふくろう党」全員の個人記録が記されてある）によって、暗殺をはかった者たちの名前はすでにはっきりしていた――それでも依然としてフーシェは黙っていた。相変わらず彼はヒロイックな気持ちで、人々があざけるまま、敵が勝ちほこるままにさせておいた。最後の糸がしだいに早く編みあげられ、一個のほどけぬ網になっていく。あと二、三日、そうすれば毒グモはこの網に捕らえられるだろう。ほんとにもうあと二、三日！　フーシェは、野心に燃え、昂《たか》ぶる自尊心をおさえながら、ボナパルトをはじめ彼の無知無能を責めた人々にたいし、小さな中途半端な勝利は望んでいなかった――彼もまたマレンゴの勝利のような、徹底的に叩きのめす勝利を望んでいたのだ。

二週間たち、彼は突然、敵に打撃を与えた。陰謀があますところなく暴露《ばくろ》され、犯行のすべてが明るみに出た。まさにフーシェの予言したとおり、全ふくろう党のうちでももっとも恐れられていたカドゥーダルが首謀者であり、イギリスに買収された王党派の一味がその手先であった。このニュースはフーシェの敵にとって、まさに青天の霹靂《へきれき》だった。それというのも、自分たちが一三〇人もの人たちをいたずらに不当な処罰をしてしまい、この本心が読みとれない男をあつかましく嘲笑していたことに気づいたからだ。これまでよりもさらに強く、尊敬され、恐れられて、この過失を犯さない警察大臣は、公衆の前に立っていた。ボナパルトはというと、腹だちと驚嘆とのいりまじった感情で、この鉄のような計算家、冷静な計算がまたもや正しかった男を眺めるのだった。彼は意に反して認めなければならなかった。

「フーシェは他の多くの者たちよりすぐれた判断をした。彼は正しかった。帰国してきた国外亡命者にたいし、ふくろう党とその一味全員にたいし、警戒の目を強めるべきである」

しかしフーシェとしては、この一件によってボナパルトの評価が高くなっただけで、寵愛を得たわけではない。なぜなら独裁者というものは、自分の欠点や誤りを注意してくれた人にたいし、決して感謝などしないものなのだ。そして、戦場で殺されかけた王を救った兵士が、賢者の与えたすぐに逃げるようにという正しい忠告にしたがわず、王の感謝を期待して待っていたために首を切られてしまった、というプルタルコスの話は、永遠に真実なのである。王というものは、自分の弱さを瞬間的に見てしまった人間を愛しはしないのだ。そして専制的な人々というものは、助言者たちが一度でも自分より賢明であることを示したなら、それだけで彼らを愛さなくなるのである。

さてフーシェは、警察という狭い世界で考えられる最大の勝利をおさめたわけである。しかしその勝利も、統領政府の最後の二年間におけるボナパルトの勝利にくらべれば、なんと小さなものだろう！　この独裁者は、一連の勝利の結末をもっとも美しい勝利、すなわちイギリスとの最終的な和平と、ローマ教会との宗教協約《コンコルダート》の締結によって飾ったのである。この世界最強の二大支配力も、ボナパルトの実行力と計画的で独創的な優秀さのおかげで、もはやフランスの敵ではなくなっていた。国土は平和で、財政は健全となり、党派の分立も終わり、さまざまな対立関係もなくなった。ふたたび富が花咲き始め、工業は新たな発展を開始し、芸術が活動を始め、アウグストスの時代が幕を開けたのである。そしてアウグストスがシーザーと自称してもいい時代も、もう遠くはない。フーシェは、ボナパルトの神経の動きと考えをこまかく知りつくしていたので、このコルシカ人の野心がどこに向かって進んでいくのか、精確に読みとっていた。もはやボナパルトは、第一統領という役割では満足できず、この自分が救った国を、自分とその家族の財産として、終生、そして永久に所有することを望んでいるのである。公にはもちろん、彼は共和国の統領であったから、こんな非共和主義者的な野心を口にすることはなかった。しかし自分の腹心たちにたいしてはひそかに、元老院がなにか特別な信任行為によって、すなわち「輝かしき証言《テモワニアージュ・エクラタン》」をもって自分に感謝の意をあらわしてもいいはずだ、とほのめかしていた。彼は内心では、マルクス・アントニウスのような、自分にかわって皇帝の冠を要求してくれるような、信頼のおける忠実な下僕を欲していた。それがフーシェなら、策略家で御しやすいこの男なら、永遠にその恩を忘れないであろう。

しかし、フーシェはこの役を拒んだ——というか、公然とは拒まなかった。そしてうわべは好意的に、陰ではボナパルトの意図を妨げようとした。彼はボナパルトの兄弟や一族には敵対し、ジョゼフィーヌの側についていた。彼女は、夫が君主制への最後の一歩を進めることに不安と恐れを抱きながらおののいていた。そうなれば、もはや妻として長くとどまるわけにいかなくなることを彼女は知っていた。フーシェは彼女に、おもてだって反抗はしないようにと戒めた。彼は彼女に言った。

「じっとしていらっしゃい。ご主人の行く手をふさごうとなさってもむだでしょう。あなたのご心配はご主人を退屈させるだけでしょうし、私の忠告なんぞもお気を悪くなさるだけでしょう」

そこで彼はいつものやりかたに忠実に、ひそかにボナパルトの野心にみちた望みをくじこうとした。そしてボナパルトが相変わらず見せかけだけの謙虚さで何も口に出して言わないものの、元老院が例の「輝かしき証言」を提案しようというはこびになると、フーシェは元老院の議員たちにこんなことをささやいて歩くひとりになっていた。つまり、あの偉大な男が望んでいるのは、忠実な共和主義者として第一統領の任期を十年に延長したいことにほかならない、と。元老院の議員たちは、これがボナパルトに敬意を払い喜ばせることなのだと信じこみ、ぎょうぎょうしくその決議をおこなった。しかしボナパルトは、この悪質な茶番を見抜き、その黒幕についてもよくわかっていたから、こんな欲しくも何ともないガラクタを持ってこられて、憤激して荒れ狂った。そして使者をつっけんどんに追いかえしてしまった。皇帝の冠がすでにきらきらとこめかみに冷たく触れているように感じているときに、わずか十年の任期延長など、からっぽのクルミのように軽く踏みつぶしてよいものなのだった。

こうなったいま、ボナパルトは謙譲の仮面を脱ぎすて、自分の意志をはっきり人々の前に知らせた。終身統領だ！　そしてこの言葉のうすいヴェールの下に、すでに未来の皇帝の冠がかすかに見えていることは、判断力があれば誰にでもはっきりわかるのであった。そして当時すでにボナパルトは非常に強力な存在になっていたので、国民は数百万の賛成票で彼の希望を法律化し、（国民の多数および彼自身が望んだように）彼を終身支配者に選んだのである。共和制は終わり、君主制が始まったのだ。

待ちきれぬ思いで皇帝になりたがっていた男の決定的な願望に、ジョゼフ・フーシェがこのようなわなを仕掛けたことを、ボナパルトの一家眷属《いっかけんぞく》は忘れていなかった。コルシカ人の一族郎党は忘れなかった。そこで彼らは我慢できずに、ボナパルトに迫った。彼がこんなにも確固たる地位にあるいま、どうしてあのやっかいな馬丁を保護してやることがあろう？　国をあげて終身制の統領に賛成し、さまざまな反対や確執も、幸いにも消えうせてしまったというのに、やたらと熱心なあの監視人、国のだけでなく、自分たち自身の怪しげな策略をも見張っているあの男を、どうして用いる必要があろう？　あいつを追放し、解雇してしまえ！　この永遠の策士、いつも人を手こずらせる男をかたづけてしまえ！

彼らはまだ決心のつきかねているボナパルトに、絶えまなく、じりじりしながら、しつこく、強硬にけしかけていた。

　ボナパルトも根本においては彼らと同じ意見であった。彼にとっても、あのいろいろ知りすぎている男、そしてなおもさらに多くを知りたがっている男、自分を欺いてこそこそやっている灰色の陰謀家は、わずらわしい存在であった。だからといって、とくに功績のすぐれた、国中でかぎりない尊敬を勝ちえているこの大臣をやめさせるには、なにか口実が必要である。さらにこの男は、ボナパルトとともに勢力を強めている。だから彼を公然と敵にまわしたりしないほうがよいのだ。彼はあらゆる秘密に手を伸ばしていて、コルシカ人の一族のあまりよからぬ内輪のことまで、なぞめいた方法で知りつくしているのだから、その彼をあまりすげなく侮辱するわけにはいかない。そこで巧妙な温情ある打開策がうちだされ、フーシェの解任はボナパルトの不興を買ったせいではないと世間に思わせるように仕組んだ。つまり大臣ジョゼフ・フーシェを追放するのではなくて、彼がじつに完全にりっぱにその職務を遂行してきたため、いまや市民を監視する役所である警察省は、まったく不要になった、と説明したのである。大臣をやめさせたのではなく、警察省という彼の役所を廃止し、それによって目だたないように彼自身をも追放したわけである。

　解雇されるという激しいショックを、この勘の鋭い男に与えないようにするため、この解任は注意深く綿にくるまれた。彼は、それまでの地位を失ったかわりに元老院に議席を与えられた。そしてボナパルトがこの解任された男の昇進を知らせる手紙には、まさに次のような言葉がならべられてあった。

「もっとも多事多難な情勢のもとで警察大臣をつとめた市民フーシェは、その才能と実行力により、また政府への忠誠によってつねに事態が要求するあらゆることに応じてきた。政府は彼に元老院の議席を与えるにあたって、将来ふたたび警察大臣を必要とするときがくるならば、彼をおいて政府の信頼に値する者はいないことを知るのである」

かてて加えてボナパルトは、かつての共産主義者が往時の敵だった金と完全に和解していることに気づいていたので、彼の退役生活のために豪華な黄金の橋をかけてやった。警察大臣が役所の財産を清算したあとで、残額として二四〇万フランを提出したとき、ボナパルトはその半額、つまり一二〇万フランをためらわず彼に贈ったのだ。のみならず、十年前にはまだ「軽蔑すべき腐敗的金属」を狂犬のごとくののしっていた、この金銭蔑視から転向した男は、元老院議員の肩書にくわえてエクスの元老院議員領地をも得たのである。それはマルセイユからトゥーロンにいたる小さな侯爵領地で、その価格は一〇〇〇万フランと見積もられていた。ボナパルトはフーシェを知っていた。その手は休むことがない。たえずゲームを求めている陰謀家の手である。その手を縛ることができないのならば、むしろ黄金の重石で動きがとれないようにする方がいい、とボナパルトは考えたのである。かくいう次第で、歴史上ジョゼフ・フーシェ以上に名誉を山と与えられ、きわめて慎重にその職を免ぜられた大臣は、ほとんど存在しないであろう。

第五章　皇帝の大臣　一八〇四―一八一一年

一八〇二年、ジョゼフ・フーシェは引退した――いいや、元老院議員ジョゼフ・フーシェ閣下は、ボナパルトの穏やかだが断固とした希望によって、十年前に出世の旅に出たときと同じ私人としての生活に戻ったのである。信じられないような十年間ではあった。残念で、運命は予測しがたく、情勢はめまぐるしく変化し、生命は危険にさらされていた――しかしジョゼフ・フーシェは、このような時代をうまく利用するすべを知っていた。一七九四年の場合とは異なり、暖房もないみすぼらしい屋根裏部屋に逃げこんだのではなく、セルッティ街にある一軒の美しい豪壮な邸宅を買い入れた。昔は「さもしい貴族」か「卑劣なブルジョア」のものだったにちがいない家である。彼はまた、後にロスチャイルド家の居住地となったフェリエールに目のさめるような別荘を建てた。プロヴァンスの侯爵領地であるエクスの元老院議員領地は、彼の手もとにかかさず収入をもたらした。ほかにもまた彼は、あらゆるものを金に変える高貴な錬金術を、名人芸のように模範的に駆使していた。証券取引所で彼が目をかけた人々は、自分の取り引きの利益を彼に配分し、彼はさらにもうけて自分の所有地を広げていく――もう二、三年もたてば、最初の共産主義の宣言文《マニュフェスト》を書いたこの男は、フランス第二の富裕なブルジョア、国内有数の大地主になることだろう。リヨンの虎は、おとなしい山ネズミに、利巧でむだづかいをしない資本家にして投資家になった。政界で成り上がって、夢のような富を得たこの男は、しかし生まれつきの、そして修道院のきびしいしつけでさらに徹底的に鍛えられた倹約の習慣を変えることはなかった。一五〇〇万フランをつかんだからといって、フーシェの個人生活は、あの屋根裏部屋で骨折りながら一日一五スウをかき集めていたころとほとんど変わっていない。タバコも酒も、賭け事もしない、女性とか見栄のために金を使うこともしない。子どもたちといっしょに――栄養失調でふたり死んだあとにまた三人生まれていた――自分の牧場をなごやかに散歩している姿は、まったくお人好しな田舎地主といったところだった。ときにはささやかな茶会を開いて、友人たちが彼の妻に聞かせてくれる音楽に耳を傾け、本を読み、才気のある会話に興じたりした。このきまじめなやせた一市民の心の奥底に、政治という賭博、世界を股にかけた緊張と危険への悪魔的な誘惑がひそんでいるのである。隣人たちはそういう面にまるで気がつかず、ただお人好しな地主、申し分のない一家の父親、優しい夫だとばかり思っていた。役人時代からの彼を知らない人たちには、この陽気ながら少ない口数の陰に、ふたたび現場に出てかきまわしてやろうという、ますますうごめいている情熱がひそんでいるとは、とても予測できないことだった。

なぜならば、権力とはメドゥーサの眼だからだ！　ひとたびその顔を見てしまった者は、もはやそこから目をそらすことができず、いつまでも魅せられ呪縛されるのだ。ひとたび支配し命令する陶酔感を味わってしまった者には、とても断念できるものではない。世界史のページをめくり、自分から権力の座を捨てた例を探してみればよい。何千何万という歴史上の人物のうちで、何百万もの人の運命をもてあそぶ、ほとんど乱暴なまでの悦楽を、満足して明るい気持ちで捨てた者は、スラ（古代ローマの将軍・政治家。突然独裁官の職を辞した）とカール五世（スペイン王、神聖ローマ帝国の皇帝。広大な領地を支配したが、帝位を弟に、王位を子に譲って退位）のほかにはほとんど一ダースにも満たないくらいだ。賭博者は賭け事が、酒飲みは酒が、密猟者は狩りがやめられないのとまったく同じように、ジョゼフ・フーシェは政治をあきらめることができなかった。彼はじっとしているのが苦しかった。うわべは陽気にこだわりのない表情で、鍬《くわ》を手に自然を友としたキンキンナトウス（古代ローマの道徳的典型とされる政治家）の真似をしていたが、はやくもふたたび政治のカードをつかみたいと、指は燃え神経はふるえていた。官職からは引いていたが、彼は自分から好んで警察の仕事を続けていた。ものを書く練習のためと、ほかのいろいろなことを忘れてしまわないためにも、毎週、秘密の情報を第一統領に送っていた。この仕事は義務としてではなく自発的になされたのであるが、彼の陰謀家的精神を楽しませ活気づけた。それにしてもまことの満足は得られるものでなく、見かけの傍観者的な態度は、いつかまた手綱を握って人々を支配し、世界の運命を左右する権力を感じたいという、熱病のような待機の姿勢にほかならなかった。とにかく権力なのだ！

ボナパルトは、フーシェのいろいろな気配から、その欲望があらわになってきていることに気づいてはいたが、ただ見て見ぬふりをしていた。彼は、この恐ろしいほど利巧で仕事好きな男を、遠ざけておけるかぎり、闇にほうっておくことだろう。この表に出ようとしない男に強情な力が秘められていることがわかり始めて以来、誰もよくよくのことがなければ、それも非常に危険な仕事に必要な場合でなければ、フーシェを使わなくなった。統領は彼にいろいろな好意を示し、さまざまな仕事をまわし、よい情報を送ってくれると礼をいい、たまには御前会議にもよび、とりわけ彼がじっとしていられるように金もうけをさせ、裕福にしてやった。しかしあるひとつのことだけは、ふたたび彼を起用して警察省を復活するということにかぎっては、断固として受けつけなかった。ボナパルトが強力で、フーシェが何のまちがいもおこさないかぎり、こんなに危険な利巧すぎる下僕は不要というわけだった。しかし、フーシェにとって幸いだったことに、ボナパルトが失策をしたのである。それも世界史的な許すべからざる失策だった。すなわち彼はもはやボナパルトであることに満足せず、自分だけの身分保証や自分一代だけの大成功にとどまらず、血筋の正統性という黄金《こがね》色の輝きや華麗な称号を切に望むようになったのである。その実力と、たぐいまれな力強さのある人格とによって、誰をも恐れる必要のないこの男が、それでも恐れていたものは過去の影、追放されたブルボン王家をとりまく、力のない栄光であった。そして彼はタレーランにそそのかされ、近衛騎兵を使って国際法を破り、中立国からアンガン公（ブルボン家のルイ四世の子、ルイ・アントワーヌのこと。バーデンから連れだされた）を連れだし、銃殺させた——それはフーシェをしてかの有名な言葉を吐かせた行為である。

「それは犯罪以上だった。それは失策であった」

この処刑はボナパルトのまわりに、恐怖と驚き、憤りと憎しみの、真空の隙間をつくった。こうしてまもなく彼は、ふたたび千の目を持つアルゴス（ギリシア神話中の監視人）の守りのもと、警察の保護のもとに身をゆだねるほうが賢明だと考えるようになった。

それから、何よりも大事なことだが、一八〇四年、統領ボナパルトは最高の地位にのぼるため、いま一度、良心のとがめを感じずにうまくさばける助手を必要とした。またもや踏み台になる男を必要としたのだ。二年前にはまだ野心の最高の実現と思われていた終身統領も、成功の翼にうちあげられた男にとっては、はやくもまた不十分なものと思われてきた。もはや単なる市民中の第一市民というだけではなく、主君に、臣民に君臨する支配者に、なりたいのだ。彼は、この熱っぽい額を皇帝の冠の黄金の環で冷やしたい思いに、じりじりとかられていた。しかし、シーザーになりたいと思う者は、アントニウスを必要とする。そしてフーシェは、長い間ブルータスの役を（以前には陰謀家カティリナの役さえも）演じてはいたが、二年間の政治的断食で彼は飢えてしまい、堕落した元老院からこの皇帝の冠を釣り上げるつもりがあることを、まったく自発的に示したのである。この釣針の餌は、金とうまい約束であり、こうして世界はじつに珍しい芝居を目のあたりにすることになる。かつてのジャコバン・クラブ総裁、目下の元老院議員閣下が、元老院の廊下でなにやらあやしい握手を次々に交わしては、身をよせてこそこそささやいているうちに、いつしか人のいい数人のお追従者が、「統領の死後もこの政体の永続を保証することにより、陰謀家たちの望みを永久に断ってしまうような組織をつくる」旨の動議を提出したのだ。この修飾された文句を切開してみれば、中身は、終身統領ボナパルトを世襲皇帝ナポレオンに変えようという意図であることに気づく。そしてボナパルトに、「統領の事業を不滅の形にすることにより、これを完成する」よう要求した、あのイヌのように卑屈な元老院の請願書は、おそらくフーシェの手（血ででも油ででも同じように書ける）で書かれたものだろう。共和制を埋葬する墓を掘るにあたって、ナントのジョゼフ・フーシェ、かつての国民公会議員、ジャコバン・クラブ総裁、「リヨンの虐殺者」、専制君主の打倒者、そして以前は全共和主義派中もっとも共和主義的であったこの男ほど、献身的に働いた者はいなかった。

報酬はとどこおりなく出された。かつて市民フーシェが市民ボナパルト統領によって任命されたように、いまや一八〇四年、輝かしき二ヵ年の引退生活の後に元老院議員フーシェ閣下は、皇帝陛下ナポレオンによってまたもや大臣に任命されたのである。ジョゼフ・

フーシェは五回目の忠誠を誓った——最初は当時まだ王政下にあった政府に、二回目は共和政府に、三回目は総裁政府に、四回目は統領政府に誓ったのであった。しかしフーシェは、やっと四十五歳になったところだ。これから、いつまた新たな誓いをたて、いつまた新しい忠誠と不信をくりかえすことになるやら！　こうして彼は、引退期間に養っておいた鋭気をもって、ふたたび昔なつかしい風と波との逆まくなかへおどり出た。新しい皇帝への忠誠を誓って、いや自分自身の波瀾を求める悦楽に忠実であることを求めて。

さてこれからの十年間、世界史の舞台に——というよりむしろ舞台裏に——ナポレオンとフーシェの二大人物は、相対して立つことになる。ふたりともたがいに相手の抵抗を見抜きながら、ただ宿命的に結びつけられていたのだ。ナポレオンはフーシェを愛さず、フーシェもまたしかりであった——心のなかではたがいに相手を嫌いでたまらないのだが、ただ対立する極の引き合いによって、ふたりは利用しあっていた。フーシェはナポレオンの巨大で危険な悪魔性をよく知っている。ここ数十年間にこれほど主君とするに値するすぐれた天才を、世界はふたたび生みだすことはないだろうと思っている。ナポレオンのほうでもまたわかっていた。自分の意中をこれほど電光石火のごとく読みとってくれる男は、ほかにいない。この冷ややかな、透明な、よく映る鏡のような目、そしてまたスパイのような目を持った男、仕事好きで、どんな善にでも悪にでも、あらゆる仕事にふりむけられる政治的天才の持ち主であるこの男以外には。まったく申し分ない下僕といいたいのだが、ただひとつ欠点がある。それは無条件の献身、忠誠という点においてである。これらすべてのことを、ナポレオンはよく知っているのであった。

それというのもフーシェは、いつだって誰の下僕にもならず、ましてや馬丁のような役は演じない男なのだ。彼はわが身に関係のない事柄で、自己の精神の独立や自分本位の気持ちを完全に犠牲にしてしまうようなことはしない。それどころか、かつての共和派が新しい貴族となり、皇帝の後光を受けて堕落し、忠告者からご機嫌とりや追従者へと身を落していくにつれ、フーシェはいっそう毅然として背をぴんと立てるのだ。もちろん、独善的でますます独裁的になってきた皇帝にたいしては、もはや公然と逆らったり、はっきり反対意見を述べたりするわけにはいかない。なぜなら、しばらく前からテュイルリー宮殿では、もはや率直な友情、市民対市民としての話し合いなどはできなくなっていたからだ。皇帝ナポレオンは、かつての戦友にも、自分の肉親の兄弟たちにさえも（彼らは苦笑せざるをえなかったろう！）「陛下」とよばせ、妻以外の人間の誰にももはや親しい呼び名をいわせなかった。だから大臣たちに知恵を借りようなどという考えは、もはやなくなっていたのである。以前のように、カラーをつけないくつろいだ襟もとで、べつにあらたまった足どりでもなく、市民の大臣フーシェが市民の統領ボナパルトのもとに歩みよるといったことはいまはなく、金色に刺繍したカラーを首のまわりにぴんと高く立て、きらびやかな宮廷服に身を包み、黒い絹の靴下と鏡のように光る靴をはき、勲章をつけ、帽子を手に持って、大臣ジョゼフ・フーシェは謁見を許されるのである。フーシェ「氏」は、かつての共謀者であり友人であった男に、まずうやうやしく頭を下げ、それから「陛下」とよびかけるわけである。はいってくるときも出ていくときも、彼は腰をかがめなければならない。親しく相談にあずかるのではなく、無愛想にくだされる命令を黙って受けとらなければならない。あらゆる強情者のなかでももっとも気性の激しいこの男の意見にたいしては、反対するなどありえないことだった。

すくなくとも公には誰も反対しないのだ。フーシェはナポレオンをよく知りぬいていたので、いろいろと我の強い意見を言われても、それにたいして自分の意見を押しつけようとはしなかった。帝政時代のおとなしい大臣たちや、その他いろいろな追従者と同じように、フーシェも黙って命令されていた。ただちょっとした違いがある。つまり彼はそれらの命令にかならずしも従わなかったということだ。気の進まない逮捕を命じられれば、指名されている者にあらかじめこっそり警告し、どうしても処罰しなければならない場合には、これはどこまでも皇帝の命令によるものであって、自分の意思によってなされるのではない、といたるところで強調した。いっぽう、人々の気に入る、思いやりのあることとなると、決まって自分の親切心からと見せかけるのだった。ナポレオンが威圧的な態度を示せば示すほど——実際、もともと支配欲の盛んな彼の気性が、権力の増すにつれ、いよいよ驚くほど目にあまる独裁的なものになっていったが――フーシェはさらに好意的に、さらに愛想よく振る舞った。こうして皇帝にはひと言も逆らわないが、ただちょっとした目くばせや、微笑や、沈黙を用いるだけで、彼はひとりで、新しい王権神授説にたいする反対派を、存在は明らかだが具体的には把握できない反対派を形成していた。皇帝にありのままのことを強いて知らせようとする危険な骨折りを、とっくに彼はやめていた。彼にはわかっていた。たとえかつてはボナパルトと呼ばれていたにせよ、皇帝や国王にたいしては、むだな尽力であることを。ただときどき彼はこっそりと、毎日の報告書のなかに公にはできないことだといって、意地悪くもありのままの事実を書き入れておくことがあった。「私の意見では」とか「私はこう考えます」とか書くと、お前ひとりの意見や考えだとして叱られることになるので、そのかわりに、「噂によれば」とか「ある外国公使が語ったそうだ」という調子で、報告書に入れておく。こういうやりかたで彼は、ほとんどいつでも、毎日の刺激的な情報のおやつのなかに、皇帝一家に関する香辛料まで、ちょっぴり加えておいたのだ。唇を真っ青にしてナポレオンは、「悪意ある風評」として書かれた、自分の妹たちの、あらゆる醜聞や恥さらしな事柄を読まなければならなかった。さらに自分自身についてのじつに辛辣な悪評、そしてフーシェの巧妙な手でわざと報告書に添えられた、鋭いとんでもないメモまでも読まねばならなかった。自分では一言もしゃべることなく、このやっかいな下僕はときとして、不機嫌そうな主人に喜ばれもしない真相を提供し、それを読んでいるかたわらに、うやうやしく、素知らぬ顔で立ち、この強情な主人がむかつくのを眺めている。こうしてフーシェはボナパルト中尉にささやかな復讐をしていた。皇帝になってこのかたそのボナパルトは、かつての忠告者たちが、腰をかがめ、ふるえながら自分の前にひれ伏すのを見たいと望んでいた。

こうしてみるとわかることだが、このふたりの間には、友好的な空気などほんのすこしもありはしなかった。フーシェがナポレオンにとって愉快な下僕ではないように、ナポレオンはフーシェにとって気持ちのいい主君ではない。ナポレオンがフーシェの警察報告書を、無頓着に信頼しきって机に置かせたことは、ただの一度もない。鷹のような鋭い目で一行一行を追い、ちょっとでも符合しない点や手違いがないか調べるのだった。もしそういうことがあると、彼は雷のようにどなりだし、コルシカ人らしい無遠慮な気性を完全に爆発させて、大臣を学童のように叱りつける。戸口に立っている番人たちや、鍵穴からのぞいていた連中、同僚の大臣たちなどは、口をそろえてこう語っている。フーシェの反抗のしかたときたら、まさに皇帝とは対照的に、冷静沈着そのものであったため、それがさらに皇帝をいきりたたせた、と。しかしたとえ彼らの証言がなくても（というのは当時の回想録なるものは、すべて虫眼鏡を手にして仔細に読みわける必要があるから）、判断はつく。なぜなら、強く鋭い命令の声が、手紙のなかでさえがなりたてているのが聞こえるからだ。

「警察は必要な圧力をもって新聞の監視を遂行していないと思う」

と皇帝は老練な高官に向かって教師めいた口をきく。

「警察省には字の読める者がおらぬと思われる。何事にもまるで配慮がたりない」

と、正面から叱りつけることもある。そうかと思うと、次のように書いたりする。

「わかってもらいたいのだが、貴君は自分の職務の範囲内にとどまって、そのほかの問題には関与しないことだ」

　多くの報告からわかるように、ナポレオンは他人がいるところでも、副官や枢密顧問官のいる前でも、容赦なくフーシェを叱りつけた。怒りがおさまらなくなると、彼はためらいもなくリヨンのこと、テロリスト時代のことまでフーシェに思いださせ、国王殺しとか裏切り者とか呼び始めるのであった。しかしガラスのように冷たい観察者フーシェは、十年もそばにいるうちに、こういう怒りの発作の調子をすっかり心得てしまい、この激しやすい男がときどき本当に真っ赤になって怒りだすことも知っていたが、またときには明らかに意識的に、芝居気たっぷりに怒ったふりをすることものみこんでいた。そして彼は、その本当の怒りにあっても、芝居の怒りにあっても、皇帝が足もとに高価な陶器を投げつけたとき、ふるえあがって恐れたオーストリアの大臣コーベンツルのように、おろおろするようなことはなかった。皇帝が烈火のごとく怒ったふりをしようと、本当に激怒しようと、フーシェは決してうろたえなかった。例の血の気のない、仮面のような石灰のような顔をしたまま、目のふちをぴくりとさせるでもなく、興奮して神経をひきつらせるでもなく、彼はふりそそぐ暴言の雨のもとに、ゆうゆうと立っていた——おそらくただ部屋を出るときに、皮肉な意地悪い微笑を浮かべて、そのうすい唇をゆがめたくらいだろう。皇帝が彼に向かって、

「お前さんは裏切り者だ。本来なら銃殺に処するところだ」

と叫んでも、彼は声の調子も変えず、事務的に答えるのだ。

「私はそうは思いません、陛下」

何百回となく彼は追放とか免職とかの通告を受け、脅迫されながらも、落ちつきはらって部屋を出るのであった。明日になれば皇帝にまた呼ばれるだろう、と完全に信じこんで。そしていつでも彼の思うとおりであった。なぜならば、ナポレオンは不信と怒りとひそかな憎しみを抱きながらも、なおかつこの十年間の最後の一時間にいたるまで、フーシェを完全に排除しきれなかったからである。

ナポレオンにたいするフーシェのこういう力は、当時の人々すべてにとって謎であったが、べつに魔術的なものや催眠術的なものを備えていたわけではない。それは獲得された力なのだ。勤勉と熟練と体系的な観察によって得られた、努力の結果としての力だった。フーシェは多くのことを知っている。いやあまりにも知りすぎている。皇帝がおしゃべり

だからということにもよるが、それのみならず、皇帝の意志に反して、彼は皇帝の秘密をすべて知っていて、徹底的な、ほとんど魔術的な情報網によって、帝国全体とその主君を押さえてしまっていた。皇帝自身の妻ジョゼフィーヌを介して、もっとも内密である夫婦の寝室の詳細まで知っているかと思うと、バラスを介して、彼の昇進の階段の一歩一歩について聞いている。金融業者たちとの個人的なつながりを介して、皇帝の個人的な財政状態すべてを監視できるし、ボナパルト一家の数多い醜聞、兄弟たちの賭博事件、妹ポリーヌの恋愛遊戯など、どれもみな彼の監視の目を逃れることはできない。さらに主君自身の浮気もまた、彼の目から隠してはおけないのだ。ナポレオンが夜の十一時に、見なれぬ外套に身をつつみ、ほとんど変装してテュイルリー宮の秘密の裏門から愛人のところへ忍んでいくと、その馬車がどこへ行き、皇帝がその家に何時間いて、何時に帰ってきたかを、翌朝にはフーシェは知っている。いやそれどころか、この愛人に選ばれた女が、えりぬきの若手役者とぐるになって、ナポレオンともあろう人をだましている事実を報告し、世界の支配者に恥をかかせることさえフーシェにはできた。皇帝の執務室から出る重要書類はすべて、買収されていた秘書のひとりによって写しとられて、フーシェのところにまわってくる。また位の上下を問わず従僕たちの多くは、宮廷で聞かれるおしゃべりすべてについて信頼しうる密告をもたらし、これにたいする月々の報酬を、警察大臣の秘密の金庫から受けていた。つまり昼も夜も、机に向かってもベッドにあっても、ナポレオンはその熱心すぎる従者によって見張られていたのである。何かひとつでもフーシェに秘密にしておくことは不可能だったから、皇帝はいやおうなしに、自分からうちあけざるをえなくなった。こうして何もかもすべて知りつくしているということが、人々にたいするフーシェの独特な力を形成しているのであり、バルザックもこの力には非常に驚嘆しているのである。

しかし、皇帝のあらゆる出来事、その計画や思想、言葉などを監視しているときと同じ用意周到さをもって、フーシェは自分自身のことは洩らさぬように努めていた。フーシェは皇帝にも、そのほかの誰にも、いつも決して自分の真の意図や仕事をうちあけなかった。彼は山ほどの情報資料も慎重に取捨選択したものだけしか、他人に手渡さない。他のすべての資料は、警察大臣の机の引出しのなかにしまいこまれたきり、この最後の砦のなかは誰にものぞかせることはないのである。そうだ、彼は自分が誰からも本心を見抜かれない、不可解な、謎のような存在であるという快感、誰も代わることができないような位置にいるという快感に、彼の情熱を、唯一の情熱をかけていた。だから、ナポレオンが陰険にも彼に二、三人のスパイをつけても、むだであった——フーシェはこのスパイたちをもてあそび、また自分のほうで逆用さえした。まったくでたらめなくだらぬ報告を、だまされた主人のもとへ持ちかえらせるのである。年とともにこの敵と味方双方のスパイ合戦は、いよいよ手のこんだ忌まわしいものになっていき、彼の態度はまさにむきだしの不誠実なものになっていった。——いや本当のところは、いっぽうができるだけ主君ぶりたいのに、他方ができるだけ従者ぶりたくないというのでは、このふたりの間には、明るく澄みきった空気などまるであるはずもなかった。ナポレオンの側からいえば、自分の地位が強力になればなるほど、いっそうフーシェがやっかいな存在となってくる。またフーシェにとっては、自分の実力が増せば増すほど、それだけナポレオンが憎らしさを増してくるのであった。

気質の相違によるこの個人的な対立関係の背後には、しだいに大きく広がっていく時代全体の緊張があった。というのは、年とともにフランスの内部において、ある意志とこれに対抗するもう一個の意志とが、しだいにはっきりしてきたのだ。つまり国中がもはや最終的に平和を望んでいるのだが、ナポレオンは次から次へと戦争を欲するのである。一八〇〇年のボナパルトは、革命の相続人であり整理者であったが、まだその国土、国民、大臣たちと完全に一体であった。しかし一八〇四年のナポレオン、新たな十年の皇帝は、もはやその国土、国民のことは眼中になく、ただヨーロッパを、世界を、自己の不死を、と思うばかりである。自分にゆだねられた課題をりっぱにはたしてしまうと、まだ力のありあまっている彼は、より困難な新しい課題を自己に課したのだ。そして混沌《こんとん》に秩序をもたらしたその人が、自己の成しとげた事業、秩序を、無理やり混沌へとつき戻してしまうのである。しかしそれは、ダイヤのように澄み、ダイヤのように鋭い彼の理性が、混乱したというわけではない、決してそうではない。いかに超自然的な力にめぐまれていようと、数学的な正確さと緻密さをかね備えていたナポレオンの知性は、死に瀕《ひん》して、その最後の仕事である遺言状を、ふるえる手でしたためた最後の一秒まで、みごとに目ざめ続けていた。だがこの彼の理性も、とうの昔に地上の世界の尺度を失っていた。しかし、ありえるとも思えないことをすでに達成してしまったというのに、どうしてこうならずにすむだろう！　世界を股にかけたゲームのあらゆる規則に反し、こんな途方もないもうけを得たあとには、とめどない賭けに慣れてしまった魂を、この信じがたいことを、さらにもっと信じがたいことで凌駕《りょうが》したいという気持ちに襲われないものだろうか！　ナポレオンは、とても正気の沙汰とも思えぬ冒険のときでさえ、アレクサンドロス大王やカール十二世（スウェーデン王。十八世紀初頭にポーランド、ロシアなど転戦）やコルテス（アメリカ大陸を探検・征服したスペイン人のひとり）と同じように、精神錯乱をおこしてはいなかった。彼らと同じようにナポレオンも、未曽有の勝利に酔って、現実的な可能性の尺度を失っただけである。まさしく、明晰な理性を持ちながらも荒れ狂うさまは、澄んだ空に吹く嵐《ミストラル》のように壮麗で、人間の精神にあらわれる偉大な自然の劇的光景なのであって、それこそがあのさまざまな行為を、ひとりの人間が数十万人になした犯罪と同時に、人類の伝説を豊かにさせることにもなった、あのいろいろな行為を生んだのである。ギリシアからインドへのアレクサンドロス大王の遠征——今日でもおとぎ話のように思われるが——、コルテスの航海、ストックホルムからポルタヴァへのカール十二世の行軍、スペインからモスクワまでナポレオンが引っぱっていった六〇万人のキャラバンなど、これら勇敢であると同時に不遜《ふそん》でもある大規模な行為は、ギリシア神話におけるプロメテウスや巨神族の神々への戦いが意味している驕慢《きょうまん》と英雄的精神が、われわれの近代史にあらわれたものなのであるが、いずれにせよ、この地上で達せられる最大限の冒瀆なのだ。そしてナポレオンは、皇帝の冠をいただくや、この最大限に向かって休むまもなくつき進んだ。成功を重ねるにつれてその目的は大きくなり、勝利をくりかえすにつれてその不遜さは増し、運命を征服するたびに、いっそう大胆に挑戦する快感を強めたのである。それゆえ彼の周囲の人々が、勝利のラッパに酔ったり成功に目をくらませたりしないかぎり、タレーランやフーシェのように、抜け目がなく、かつ慎重な人が戦慄し始めるのは当然というほかない。この人たちは時代を、現在を、フランスを考えていたのだが――ナポレオンはただ後世を、伝説を、歴史を考えていたのだ。

この理性と情熱、論理的性格と超自然的性格の矛盾・対立は、歴史に永遠にくりかえされるが、フランスでは世紀が変わってまもなく、これらの人物の背後にあらわれてきた。戦争はナポレオンを強大にし、とるに足らない人を皇帝の座にまで押しあげた。それゆえ彼がますます戦争を欲し、ますます大きな強い敵を望んだことは、まったく自然なことだ。純粋に数字だけで見ても、すでに彼が賭けた金は非現実的な額に達していた。一八〇〇年のマレンゴの戦いでは、三万の兵によって勝ったが、五年後にはすでに三〇万の兵を戦場に送り、さらにその五年後には、血を流しきって戦争に飽きている国内から、一〇〇万の人を強制的に兵に引き抜いた。だから彼の軍隊についてくる運び人足にでも、どんな愚かな農夫にでも、結論はわかりきっていただろう。つまりこのような好戦狂《ゲロマニー》と権勢狂《クロマニー》（スタンダールがつくった言葉だ）は、しまいには破滅にいたるにちがいない、ということである。そしてフーシェは、モスクワ遠征の五年前に、オーストリアの宰相メッテルニヒとの対話で予言している。

「彼があなたの国を征服すれば、残るのはロシアと中国のみです」

ただひとりだけこの結論を理解しない、もしくは目を手でふさいで、理解しようとしない男がいた。ナポレオンである。アウステルリッツの勝利の瞬間を体験し、そしてマレンゴとアイラウでの勝利の瞬間を体験した者にとって、いつも二時間に凝縮される世界史を体験した者にとって、宮廷舞踏会で礼服を着た廷臣を迎えたり、はれがましく飾られたオペラ座に坐ったり、議員たちの退屈な演説を聞いたりしても、もはや緊張も満足もしないのだ――いや、とっくの昔から彼は、神経が緊張にふるえるのを感じるのは、部隊の先頭に立って、あらゆる国々を全速力でかけめぐり、敵軍をこっぱみじんにやっつけ、ちょっと指を動かすだけで国王たちを、まるで将棋の駒のように退位させ、ほかの人をその地位につかせる、そういう瞬間だけであり、アンヴァリッド館（ルイ十四世によって設けられた傷病兵看護施設）が軍旗のはためく森となり、新築された宝物館が全ヨーロッパの高価な戦利品でみたされるときだけと思っていた。彼は連隊に、軍団に、軍隊にのみ気を配り、とっくの昔からフランスを、全土を、全世界を、ただ賭け金としてしか、無限に自分に属する財産としてしか、見ていなかった（「フランスよ、そは我なり」）。しかし彼の臣下たちの二、三のものは、フランスはまず第一にフランス自身のものであり、フランスの人々、市民たちは、コルシカの一族を君主にし、全ヨーロッパをボナパルト家の世襲財産にすることに利用されるべきではない、という見解を心のうちで固守していた。彼らはますます憤りをつのらせながら、来る年も来る年も町々の門に徴募兵のリストがうちつけられ、十八、九歳の若者たちが家々から徴兵され、ポルトガルの国境やポーランドやロシアの荒野で意義もなく、あるいはもはや誰にも理解できなくなっている意義のために、たおれていくのを見ていた。こうして、いつも自分の星ばかり見あげている者と、祖国が疲れていらいらしているのを明察している人々との間には、ますます激しくなっていく対立が生まれた。そして尊大になった皇帝の独裁者的精神は、もはやもっとも近しい人たちからさえ助言を受けようとしなくなったので、彼らはひそかに、この狂ったようにまわる車輪をどうやったら止めることができるのか、免れられない奈落《ならく》への急落からどうしたら救いだせるのか、思いをめぐらし始めた。なぜなら、理性と情熱が決定的に分裂して公然と争いあう瞬間、ナポレオンとその臣下のもっとも明敏な人たちとの間にたたかいが始まる瞬間が、きっとやってくるにちがいなかったからだ。

ナポレオンの戦争への情熱と果てることのない野心にたいするこのひそかな抵抗は、側近たちのあいだでたがいにいがみあっていた敵同士でさえ、ついにはともに協力させることとなった。すなわち、フーシェとタレーランである。ナポレオンのもとでもっとも有能なこのふたりの大臣は、心理学的にその時代のもっとも興味ぶかい人たちであるが、たがいに相手のことが好きではなかった――おそらく、多くの点であまりに似すぎていたからだろう。ふたりとも冷静で現実的、頭が鋭く皮肉屋で、容赦のないマキアヴェリストである。ふたりとも教会という学校を経て、革命という熱い大学を卒業した。ふたりとも金と名誉に関することでは、同じように良心のない冷血さを備えている。ふたりとも同じように不誠実に、同じようにためらうことなく、共和国、総裁政府、統領政府、帝政、王政と仕えている。このふたりの移り気な性格俳優は――あるときは革命家、あるときは元老院議員、あるときは大臣、あるときは国王の側近に扮《ふん》して――世界史の同じ舞台でたえず出会っている。しかも彼らが同じ精神上の種族であり、同じ外交上の役割が当てられていたからこそ、ライバルとしての冷たい認識と大いなる遺恨をもって、たがいに憎みあったのだ。

　彼らはふたりとも道徳とは無関係なタイプの人間であるが、その類似点が性格からきているのと同じように、ふたりの相違点は氏育ちからきている。ペリゴール公爵、オータン（仏中東部の古い都市）の大司教として、生まれながらの古い貴族であるタレーランが、すでにフランスの一地方の教会の支配者として紫の長い衣を身につけていたころ、しがない船乗り商人の息子ジョゼフ・フーシェは、人から小馬鹿にされるしがない修道会教師として、十数人の修道会の生徒に、月五、六スーの薄給で数学とラテン語を教えこんでいた。前者がすでにロンドン駐在フランス共和国代理公使であり、三部会全体の有名なスポークスマンだったころ、後者はいくつかのクラブで、追従と勤勉を示して、ようやく議員の座をつかんだのだ。上から革命におりてきたタレーランは、うやうやしい歓乎の声とともに、君主のように豪華な四輪馬車からおりて、第三身分のところまで数段さがってきたのだが、フーシェは懸命に努力し、術策を巡らしてそこまで成り上がったのである。彼らの性質は本質的には同じだが、こういう育ちの違いから色合いが異なっていた。タレーランはおっとりかまえたところがあり、大貴族らしくなげやりな、平然とした如才なさでその任にあたっていたが、フーシェは努力家の役人らしい懸命な、抜け目のない勤勉さで奉仕していた。ふたりはたがいに似ているが、同時にまた違う点もあった。ふたりとも金が好きだけれども、タレーランは貴族の流儀《りゆうぎ》で、つまり賭け事や女に金を湯水のように使うためであり、フーシェは商人の息子だから資本をふやして利子を生ませ、倹約して貯えるためであった。タレーランにとって、権力は享楽のための一手段にすぎなかった。それはこの世のあらゆる官能的なもの、贅沢なことや女や芸術やおいしい食事などを手に入れるためにもっともよい、もっとも貴重な機会をつくってくれる。いっぽうフーシェは、百万長者になってもまだ、質素な修道会的な倹約家であった。彼らはふたりとも、決して完全にはその社会的な育ちから抜けきることができなかったのだ。あのテロがもっとも荒れ狂った時代においてすら、ペリゴール公タレーランは、決して真の民衆、真の共和主義者になれなかったし、なりたてホヤホヤのオトラント公爵に金色にきらめく礼服を着せてみても、ジョゼフ・フーシェは決して真の貴族にはなれなかった。

このふたりのうちで、より光彩があり、より人をひきつけ、またおそらくより重要だった人物は、タレーランのほうだ。昔ながらのミューズの文化につちかわれ、十八世紀のエスプリで洗練されたその精神は、外交という賭け事を、他の多くの緊張を誘う人間存在の賭け事のひとつとして好みはしたが、仕事に精をだすことは嫌っていた。手紙一本も自分で書く気にならず、このまことの好色漢、洗練された享楽家が一番得意なのは、めんどうくさい仕事はすべて誰かにやらせて、ただそのすんなりした指輪のはまった手で、結果だけを無造作につかみとってしまうことだった。彼には自分の直観だけで十分であり、鋭い目でちらりと見わたすだけで、どんなにこみいった状態をもすっかり見通してしまう。生まれつきの、そしてまた後天的にも訓練された心理学者である彼は、ナポレオンもいうように、あらゆる考えかたに適応して、とくに助言するでもないのだが、誰でも自分の抱いている考えを彼によって強められたと思うのだった。どんな危機的な瞬間においても大胆に身をかわし、すばやく案をねり、弾力ある転換をはかることが彼の特技で、こまかいことにかかずらわったり、汗水流してこつこつ働いたりすることなど、軽蔑して見向きもしない。こういう要領のよさ、物事の中心点にあわせた決断力といったものを好むところから、彼独特のまばゆいばかりの機智や警句を吐く才能も生まれてきたのである。彼は長たらしい報告書など書かず、寸鉄人を刺す言葉で、ひとつの事態、ひとりの人間を処理してしまう。これにたいしてフーシェは、すばやく世界情勢をつかむような能力にはまったく欠けている。彼は無数の小さな網の目を張りめぐらせ、ミツバチのようにせわしげにあちこち飛びまわって、何千もの観察をよせ集め、それを足したり組み合わせたりして、厳密な逆らいがたい結論を生みだすのである。彼の方法は分析的であり、タレーランのは直観的である。フーシェの才能は勤勉であり、タレーランの才能は頭の回転の速さである。なまけ者だが天才的な即興詩人タレーランと、何千もの目を見はらせている打算家フーシェ。どんな芸術家も、歴史がナポレオンの側近としたこのふたりの人物ほど対照的な組みあわせを創作することはできないだろう。しかもそのナポレオンこそは、このふたりの才能を兼ねそなえた、つまり遠くを見る目と近くを見る目、情熱と勤勉、世界的知識と世界的直観とをあわせ持った、完全なる天才なのであった。

しかし同じ種族に属しながら品種の異なる者同士ほど、激しく憎みあう者はない。それゆえタレーランとフーシェは、まったく本能的に、すっかり相手を知りつくしながら憎みあっていたのだ。このあくせくした雑務家、情報の落穂ひろい、ニュースを言いふらす男、この冷静なスパイであるフーシェのことは、大貴族には第一日目からして気に入らなかった。またフーシェの側からすれば、タレーランの軽率さ、浪費癖、つんとすましてのらくらしている、女性的なだらしなさが反感を覚えさせた。そこで彼らは、たがいに毒のついた剣先をつきつけるような言葉ばかり交わしあった。タレーランは冷笑を浮かべて言う。

「フーシェが人間をあんなに蔑視するのは、自分のことをあまりよく知りつくしているからだ」

フーシェは、タレーランが副法相《ヴィース・シャンスリエ》に任命されたとき、ふたたび皮肉った。

「この悪徳《ヴィース》だけがいままでの彼に欠けていたのだ」

ふたりはおたがい、醜聞をふれ歩くことができるとなると、もう懸命にそれに従事するし、相手を傷つける機会があると、まっ先にこれをつかもうとする。このすばしこい男と勤勉な男とが、こうしてふたりでたがいに性質を補いあっているという事実が、このふたりをナポレオンの重要な大臣たらしめたのである。そしてふたりがたがいにひどく憎みあっている実情は、ナポレオンにとってまことに好都合なことだった。というのは、この憎みあいのおかげで、一〇〇人の勤勉なスパイが動くより効果的に、ふたりはたがいにたがいを監視しあったのだから。タレーランの不正行為、新たな放蕩、怠慢な態度の、一つひとつがフーシェによって熱心に報告され、フーシェのこそこそした動きや新たな陰謀の一つひとつは、タレーランによって即座に知らされる。こうしてナポレオンは、この風変わりな一対の大臣によって、仕えられると同時に警護されていることをも感じるのだった。卓越した心理学者であるナポレオンは、このふたりの大臣間の競争意識を十二分にうまく利用して、いっぽうで彼らをけしかけ、同時にもういっぽうではそれぞれをおさえるという方法をとっていたのである。

　このふたりのライバル、フーシェとタレーランの執拗な憎みあいを、パリ中が長年の間おもしろがっていた。玉座のそばで演じられるこの喜劇の飽きもせぬ動きを、人々はモリエールの舞台であるかのように眺めていた。そして主君のふたりの臣下がくりかえし辛辣な警句を飛ばしてわたりあい、主君がオリンピアの王者のような高みから自分に好都合なこの争いを眺めているようすを見ては、人々は愉快な気分になるのだった。ところが、ナポレオンみずからと他のすべての人たちがふたりのこっけいな犬猿の仲の場面を期待している間に、突然この洗練された両役者は役割を変えて、まじめな共演を始めてしまった。主君にたいするふたりの共通の怒りが、たがいの競争意識よりも初めて強くなったのだ。まさに一八〇八年のこと、ナポレオンはまたもや戦争を始めていた。彼の始めた戦争のなかでもっとも無益な、もっとも無意味な戦争、すなわちスペイン戦役である。彼は、一八〇五年にオーストリアとロシアに勝ち、一八〇七年にプロイセンを滅ぼしてドイツとイタリアの諸邦を属国にしていた。そしてスペインと敵対関係に入るような原因はすこしも存在しなかった。しかし愚かな兄ジョゼフ（数年後にナポレオン自身も「頭の悪い奴らのためにとんだ犠牲をはらった」と白状している）が、王冠を欲しがっていて、ちょうど適当なものが見あたらなかったので、国際法を犯してスペインの王家から簡単に取り上げようと決めたのである。ふたたび太鼓の音がとどろき、ふたたび軍隊が行進し、ふたたび骨を折って集められた金が国庫から流れだし、ふたたびナポレオンは危険な勝利の快感に酔いしれた。このようなとどまることを知らぬ戦争熱は、ひどく面の皮の厚い人々にさえも、しだいにあまりにも常軌を逸していると思われるにいたった。フーシェもタレーランも、まったくいわれのない戦争を始めることには反対だった。この戦争のためにフランスはさらに七年もの間、血を流すことになるのだ。そして皇帝がふたりのどちらのいうことにも耳を貸さないため、彼らは知らぬまに接近しあっていった。彼らの手紙や進言を皇帝が怒ってまるめてかたすみにほうってしまうこと、もう長い間、政治家たちは元帥や将軍やサーベルをつけた人々にたいしてまるで対抗できなくなっていること、哀れな過去を早くミンクの毛皮で包みたがっているコルシカの一族にたいしてはとくにそうであること、などをふたりはよく知っていた。そこで彼らは、公衆の面前で抗議しようと思ったが、言論の自由は奪われていたので、政治的な無言劇を、まさにどんでんがえしを演じて締めくくることにした。つまりこれ見よがしにふたりは同盟したのである。

場面をこれほどすぐれてドラマチックなものに演出したのが、タレーランであったかフーシェであったかわからない。とにかくいまや次のようにことが運んだのである。ナポレオンがスペインで戦っている間、パリでは人々が絶えまないお祭り騒ぎやパーティーで酔いしれていた——人々はすでに、冬に雪が降り夏に雷が鳴るのと同じように、年中行事の戦争には慣れっこになっていたのだ——、そして、サン＝フロランタン街のタレーランの邸宅でも、一八〇八年十二月のある晩（ナポレオンがバラドリッドのどこかの汚い兵営で軍命令を書いているとき）、何千という蠟燭がゆらめき、音楽が流れていた。タレーランがあれほど好きな美しい女性たち、きらびやかな社交界の人々、身分の高い高官たち、それに外国の大公使たちが集まっていた。人々は快活にしゃべったり、踊ったりして楽しんでいた。突然声の低いひそひそ話が、あちこちの隅で起きた。ダンスが中断され、客たちは驚いて集まった。ひとりの男がはいってきたのである。ここへはまさか来るはずもないと思われていた男、やせたカッシウス（シーザー暗殺のさいのブルータスの相棒）、誰もが知るようにタレーランからひどく嫌われ軽蔑されて、この家に一度も足を踏み入れたことのない男、フーシェが、あらわれたのである。しかも見よ、このうえない丁重さで外務大臣は警察大臣のほうへ、片足をひきながら迎えにいき、好ましい客であり友人であるかのようににこやかに挨拶《あいさつ》し、親しみぶかくその手を取った。人目につくように公然と彼をもてなしながら広間を案内し、それからふたりは隣室にはいって、ひとつの長椅子に腰をおろし、小声で話し合った——はてしない好奇心が、そこにいたすべての人々の間に広がった。次の朝、パリ中がこの大きなセンセーションを知っていた。この突然にしてあれほど公然と示された和解について、いたるところで話がもちきりだった。その意味は誰にでもわかった。犬猿の仲のふたりがこんなに突然に結びつくことは、共通の敵に立ち向かうときにだけ可能なのだ。フーシェとタレーランの友情、それは主君ナポレオンにたいするこの両大臣の公然たる不平を示すものである。この陰謀はそもそも何をたくらむものなのか、これを探ろうとして、あらゆるスパイたちは活動を開始した。すべての公使館で、親展の報告書をペンがいそがしく走った。メッテルニヒは至急便でウィーンに知らせた、「この和解は疲れきった国民の願望に応じるものであろう」と。しかしナポレオンの兄弟姉妹たちもまた警鐘を打ち鳴らし、彼らの側からも急使をたてて、猛りたった報告書を皇帝に送ったのである。

　急使によって情報はスペインに飛び、そしてナポレオンは急使よりも速く、まるで鞭《むち》に打たれたようにパリに帰ってきた。手紙を受けとるやいなや、彼は腹心の部下さえ部屋によばなかった。くやしがり、唇をかみしめて、ただちに帰国の準備をととのえた。タレーランとフーシェの接近は、ナポレオンにとって一度の敗戦よりも恐ろしいものだった。帰国のテンポはまさにとてつもないもので、十七日にバラドリッドをたつと、十八日にビュルゴに着き、十九日にはバイヨンヌ着。どこでも息つぐ暇もなく、鞭打たれて疲れた馬をかたっぱしからいそぎ乗りかえ、二十二日には疾風《しっぷう》のごとくテュイルリー宮に飛びこんだのである。そしてはやくも二十三日には、タレーランのエスプリある喜劇にたいして、同じようなドラマチックな場面で応じたのだ。金モールをつけた廷臣の群れや大臣や将軍たちがエキストラとして入念に配列されていた。そして、皇帝は自分の意志にちょっとでも逆らうものがあれば鉄拳で叩きつけるつもりであることを、人々は眼前に見せつけられることになったのである。フーシェはその前日すでに呼びつけられ、閉めきった部屋で大目玉をくらっていたが、彼はこうして叱られることに慣れており、びくともしないでうまい言葉であやまると、よい潮時に逃げだしてしまった。こういう卑屈な人間にはちょっと軽く蹴《け》とばすだけで十分だ、そう皇帝は思っていた。しかしタレーランのほうは、もっと強いし、権力も大きいから、人々の前で勘定を払わせる必要がある。この場面はしばしば記述されており、歴史の演出法もこれ以上のものをほとんど知らない。初めのうち皇帝は不機嫌に一般化した言いかたで、自分の留守中に二、三の者がうしろ暗いことをやったと話していたが、やがてその張本人が素知らぬ顔で平然としているのに腹をたて、だらしないかっこうでマントルピースに腕をつき、じっと大理石の煖炉に寄りかかっていたタレーランのほうに突然向きなおった。ナポレオンがさっきまでもくろんでいた喜劇的な見せしめも、いまや全廷臣たちの目の前で突然、本当の怒りに変わってしまっていた。皇帝は年長者であるこの老練な男にたいして、きわめて卑しい悪口雑言を浴びせた。泥棒だ、裏切り者だ、不忠者だ、金のために肉親の父親でも売るような人間だ、と言い、アンガン公を殺したのもスペイン戦役を起こしたのも彼に責任がある、と非難した。洗濯女が井戸ばたで隣の女を悪くいうときでさえ、ナポレオンがペリゴール公、つまり革命の古兵《ふるつわもの》、フランス第一の外交屋に浴びせた以上に遠慮会釈なくやれるものではない。

聞いている人々は身をこわばらせた。誰もが気まずい思いをしていた。彼らは、皇帝もこの期に及んでみっともない、と感じた。が、タレーランだけは、攻撃にたいする平静さを、いつでも水牛の皮みたいにじっと保っているようだった。あるとき自分を弾劾したパンフレットを読みながら眠りこんだという話があるくらいで、今も眉ひとつ動かさなかった。こういう品の悪い雑言を侮辱と感じるには、あまりにも気位が高かったのだ。鳴りたいだけ雷が鳴り終わると、何も言わずにつるつるの床の上を片足をひいて、彼はたちさった。それから控え室で、あの寸鉄人を刺すような一言を吐いたのである。それはどんな鉄拳をあらあらしく振りまわすよりも、もっと致命的に相手を傷つけるものであった。彼は従者にマントをはおらせながら、冷静な面持ちで言ったのだ。

「あんなに偉い人がこれほど無教養だったとは、なんとも残念なことさ」

その晩、タレーランは侍従職を免ぜられた。これに続く数日の間、フーシェをねたむ連中は、政府の告示のなかにフーシェ免職の記事も出ているのではないかと、熱心に「官報」を広げてみた。しかし、彼らのあては外れていた。フーシェは生き残っている。いつものように、彼は突撃を受けると、避雷針の役をしてくれる誰か強いもののうしろに隠れたのだ。リヨンの大虐殺の共犯者、コローは熱帯の島に追放されたが、フーシェは残った。反総裁政府闘争の同志バブーフは銃殺刑にされたが、フーシェは生き残った。彼の後援者バラスは国外逃亡せねばならなかったが、フーシェは残った。これらのことは人々の記憶に新しい。そして今度もまた、先行者タレーランだけが倒れ、フーシェは残ったのである。政府が、政体が、考え方が、人間が、移り変わり、この世紀転換期の騒がしい旋風のなかで、すべてがこわれて消えた。ただひとり、変わらぬ地位にあってすべてに仕え、すべての主義に従ってきたのが、ジョゼフ・フーシェなのである。

　フーシェは権力の座にとどまっていた。いやとどまるどころか、その権力をますます強めてさえいた。ほかでもない、ナポレオンの助言者たちのなかでもっとも賢明で、如才なく、独立心もある男タレーランが、うまく因果を含められ、その後任にはまったくのイエスマンが置かれたが、まさしくこのことがフーシェの勢力を強める結果となった。しかしもっと重要なことに——競争相手のタレーランのほかに、面倒な主君もまたしばらく留守をすることになったのだ。というのも、ときあたかも一八〇九年、ナポレオンはまたもや年中行事ともいうべき新たな戦争を、今度はオーストリアを敵として始めたのである。

　ナポレオンがパリに不在で、さまざまな業務を留守にするということは、いつでもフーシェにとって最上のチャンスがあるということだった。行く先が遠ければ遠いほどありがたく、また期間が長ければ長いほど好都合だった――オーストリアにでもスペインにでも、ポーランドにでも行ってほしい、いやもう一度エジプトあたりまで行ってくれれば、願ってもないことなのだが。というのは、あまりに強すぎるナポレオンの光は、他の周囲のすべての人を影にしてしまい、傑出し独創的な彼という存在は、輝くばかりに卓越していて、他のすべての人々から意欲を奪ってしまうからだ。しかし彼が一〇〇マイルの遠方にあって、戦いを指揮し戦術を考えているときには、フーシェは国もとにいて、ときどき自分ですこしばかり主君ぶったり、運命をもてあそんでみることもできる。その間だけは、この容易ならぬ主君のエネルギッシュな手の、操り人形という限界にとどまる必要がなくなるのだ。

そういうわけで、フーシェにチャンスが与えられた。ようやく、そして、初めて！　一八〇九年はナポレオンにとって運命の年だった。じつに明白な表面上の成功にもかかわらず、彼の軍事的地位がこのときほど危険にさらされていたことは、これまでなかった。敗戦国プロイセン、辛うじておさまっているドイツ国内には、要所要所に何万かのフランス軍がほとんど無防備なままで、何十万ものドイツ軍を見張るべく配置されていたが、このドイツ軍は、命令一下武器をとるべく待機している状態にあったのだ。もしオーストリア軍がアスペルン（ウィーン近郊、ナポレオン最初の敗戦地）の会戦のときのような勝利をふたたび得ることがあれば、エルベ河からローヌ河にいたるまで、反乱が、全ドイツ国民の暴動が、おこるにちがいない。イタリアでも事態はそれほど安心できるものではなかった。教皇にたいする手荒な扱いがイタリア全土を緊張させているのは、ちょうどプロイセンの征服が全ドイツを緊張させたのに似ていた。それにまたフランス自身も飽き飽きし、疲れてきていた。エブロ河からヴァイクセル河まで、ヨーロッパ中に分割して配置されているこの皇帝軍にたいし、いま一度新たな攻撃をかけることが成功すれば、その一撃は激しく揺れた堅固な巨像を倒してしまわないとは誰が保証できるだろう。そして攻撃を立案したのは、ナポレオンの不《ふ》倶戴天《ぐたいてん》の敵イギリス軍である。彼らはこう決めていた。皇帝の軍隊がアスペルンとローマとリスボンとに分散されている間に、直接フランスの心臓部へ突進し、まずダンケルクの港を占領し、アントワープを征服してから、ベルギー人の反乱をおこさせるのだ。ナポレオンは軍備の整った軍隊と元帥と大砲を伴って、遠く国を離れている。つまり、国内は無防備のまま目前にある、と彼らは計算したわけであった。

しかし、そこにはフーシェがいた。一七九三年に国民公会のもと、数週間で数万の新兵を召集した経験のある、その同じフーシェがいたのだ。彼の実行力はあれからすこしも衰えていない。ただ、いままでは闇のなかでしかその実行力を発揮できず、小さな策略や陰謀にしかこれを消費できないというだけだった。いまこそ彼は国民と全世界を前にして、ジョゼフ・フーシェは単なるナポレオンの傀儡《かいらい》ではない、緊急の場合には皇帝自身と同じように断固として目的に向かって行動しうることを示す任務に、熱情的にうちこんだのである。結局いつかは——まさに天から降ってきた絶好のチャンスだ！——人々の前に、軍事的にも道徳的にも運命のすべてがあの唯一の男ナポレオンにのみ結びつくものではないことをはっきり証明しなければならなかった。彼は挑発的な大胆さで、布告のなかでナポレオンは存在しなくともいいのだと力説している。

「ナポレオンの天才がフランスに光輝を与えるものだとしても、彼の存在はかならずしも敵を倒すために必要なわけではないことを、われわれはヨーロッパに示そうではないか」

彼はこのように各市長たちに書き送り、この大胆で独断的な言葉を行為によって実証した。というのは、八月三十一日に、イギリス軍がワルヘレン島に上陸したとの知らせを聞くやいなや、彼は警察大臣ならびに内務大臣（この役には臨時についていた）として、国民軍の召集を要求したからである。その国民軍とは、革命の日以来ふるさとの村々にあって、仕立屋や錠前屋や靴屋や農民として、平和に家業にいそしんでいた人々であった。ほかの大臣たちは戦慄した。皇帝の許可もなくまったくの一存で、どうしてこれほど広範囲な処置を命じるのか？　とくに陸軍大臣は、職権外にある一文官が自分の神聖な職務に入りこんできたので、ひどく感情を害して、力のかぎりこれに反対した。まずシェーンブルン（ウィーンの宮殿。一八〇九年、ナポレオンは半年滞在。オーストリアとの講和条約を結ぶ）に連絡して動員の許可を乞《こ》うべきだ、皇帝から命じられてくることを待つべきであって、それまで国内を不安にさせてはならない、と。しかし皇帝は例によって、問いあわせたり答えたりする連絡には二週間もかかるような遠方にいた。そしてフーシェは、国内を騒がせることを恐れていなかった。ナポレオンだってこういうときは同じ措置をとるのではないか？　内心ではフーシェは、不穏な状態を欲していた。反乱を欲していた。だから彼は、決然としてすべての責任を引き受けた。皇帝の名において、鼓手と命令が、敵に脅かされている地方のすべての男子にただちに防衛に立つよう呼びかけた。そういう措置については何ひとつ知らない皇帝の名において。しかも第二の大胆さを見るがいい。フーシェはこの即席の北方軍総司令官に、数多い将軍たちのなかからあのベルナドットを任命したのだ。それはナポレオンの兄ジョゼフにとって義弟に当たる男だが、ナポレオンからはもっともひどく嫌われ、法による取締りを受けて追放されていたのだった。その彼をフーシェは、皇帝や大臣たちやその政敵などの意を無視して追放から呼び戻したのだ。皇帝がその処置を可とするかどうか、そんなことはどうでもいい。重要なことは、ほかのすべての連中にたいして、彼のとった処置が正しいという結果になりさえすればよいのだ。

　決定的瞬間におけるこうした大胆な言動は、フーシェにいくらか真の偉大さを与えた。この神経質で仕事好きな男は、じっとしていられずに大きな課題を求めて憔悴していたが、いつでも遊びながら処理できるような小さな課題しか与えられなかった。だからそのありあまる力が、意地の悪い、そしてほとんど無意味な陰謀に吐け口と自由な行動を求めたのは、当然のことでしかなかった。しかし——かつてのリヨン時代や後のナポレオン失脚後のパリ時代と同じように――真に世界史的な、その力にふさわしい課題に立ち向かう瞬間においては、彼はその課題をもののみごとに解決するのであった。ナポレオン自身がその手紙のなかで難攻不落だと記していたフリシンゲン市（ワルヘレン島の港市）は、いみじくもフーシェが予言したとおり、わずか数日後にイギリス軍の手に落ちた。しかしフーシェによって皇帝の許可なく新たに編制された軍隊は、その間にアントワープを奪回する時を得たわけで、こうして、このイギリス軍の侵入は、犠牲の多い完敗をもって終わったのである。ナポレオンが政権をとって以来初めて、国内をあずかる一大臣が、自主的に旗を掲げ帆を張って、自身の道を進むことをあえてしたのだ。そしてほかならぬこうした自主性こそが、運命の瞬間にフランスを救ったのである。この日以来フーシェは、新たな権威と新たな自信とを身につけたのだった。

その間にシェーンブルンでは、宰相と陸軍大臣の告訴状が届いており、不平につぐ不平が持ちこまれていた。この文官はなんと大胆な越権を犯したことか、彼は国民軍を召集し、国内を戦時の状態においたのだ！　彼らはみな、ナポレオンがこういう不遜な行動を罰し、フーシェを解任することを望んでいた。ところが驚くなかれ、フーシェの処置が堂々と成功したことをまだ耳にしないうちに、皇帝は彼の決然たる処置、あらゆる反対に抗して敏速に動いた行動力を正しいものと評価したのだ。宰相はきびしい叱責を受けた。

「このような非常事態のもとで、汝がその全権をほとんど行使しなかったという事実は、遺憾《いかん》にたえない。汝は最初の情報を得たとき、即座に二万、四万、あるいは五万の国民軍を召集すべきであったのだ」

陸軍大臣には、文字どおり次のように書き送った。

「なしうることをなした人、危険で不名誉な状態にありながら手をこまぬいてばかりいるのは適当でないと感じた人、それはフーシェ氏以外に見られない」

臆病でやたら慎重で無能な同僚たちは、フーシェにだしぬかれたばかりでなく、ナポレオンの是認によってもおびやかされたのである。こうしてフーシェは、タレーランや宰相を出しぬいて、いまやフランスのトップに立った。命令に従うばかりでなく命令を発することもできる唯一の人であることを、彼は示したのである。

くりかえし何度でもフーシェについて見てとることができるのは、彼が危機一髪という瞬間にりっぱに行動しうる男だということだ。非常に困難な事態に彼を直面させてみるがいい、彼は果敢にして明晰《めいせき》な実行力でこれを克服してしまうだろう。非常にこみいった結び目を彼に与えてみるがいい、彼はそれを解きほぐしてしまうだろう。だが、つかまえることにかけてはこれほど見事に心得ていながら――残念なことに彼はそれに近い芸をまったく心得ていない。すなわちつかんだものを時を見て手放すという、あらゆる政治芸のなかの粋というべき芸を知らないのだ。一たび手をつっこんだら、彼は二度とその手をぬきだすことができない。しかも一つ結び目を解いたかと思うと、ふたたび新たに技巧を弄してもつれさせようという、悪魔的な遊戯衝動にかりたてられる。このときも同じことだった。彼の敏速な行動、即座に兵を集めて討ちでていったその力のおかげで、不意をねらった側面攻撃はくじかれてしまった。人的にも物的にも恐るべき損害を受け、それよりもさらに大きい威信への損害を受けて、イギリス軍は兵をふたたび船に乗せ、帰国していった。いまは安心して休戦ラッパを吹き、召集された国民軍には感謝と勲章を与え、彼らを家に帰らせることができる。ところがフーシェの野心は、今や一度味をしめてしまったのだ。皇帝役というものを演じ、三州に太鼓の音をとどろかせ、命令を発し、布告を作成し、演説をおこない、弱気な同僚たちの鼻をあかしてやることは、あまりにもすばらしいことだった。それなのに、もうこのすばらしい時代は終わらなければならないのか？　自分の実行力が日ごとに、いや一時間ごとに伸びていくのに、それがおもしろくてたまらないと感じている今だというのに、もう終わりなのか？　いやフーシェは、終わりだなどとは思わない。自分で敵をでっちあげてでもいいから、戦争と防衛のゲームを続けていたかった。ただ、もっと太鼓を鳴らし、国内をかきまわし、騒乱を、嵐のような動乱を、引き起こしたかった。こうして彼は、イギリス軍が近くマルセイユに上陸するという情報があるとして、ふたたび動員を命じたのである。ピエモン州全域とプロヴァンスで、さらにパリにおいてまでも国民軍が召集されて、人々を驚かせた。だが陸にも海岸にも、どこを見ても敵の姿は見えなかった。こんなことになったのも、フーシェが有頂天になって、ひさしぶりの組織や動員という悦楽にとらわれてしまっていたからなのだ。長い間彼のなかでおさえられ、せきとめられていた実行力が、世界支配者の不在という機会に、好きなだけあばれまわることができたからだった。

しかし、この軍隊は、いったい誰と戦うためのものなのか？　国中の人たちは、しだいにわからなくなって、問題視しはじめた。イギリス人の姿など見えないではないか。フーシェの同僚で好意的だった人たちさえも、しだいにあやしむようになった。この腹の底の知れない男は、いったいこんな無茶な動員で何をたくらもうというのだろう？　フーシェがただその実行力にまかせて、ひそかな賭博的な快感に酔っているだけなのだ、ということを彼らは理解しなかった。そしてどこを見わたしても銃剣の先ひとつ見えず、敵軍ひとり見えない、それなのにただやたらと大勢の徴募兵ばかり日ごとに増していくさまを見ると、彼らはなんとなく、フーシェが大それた計画をたくらんでいるのではないかと思うようになった。ある者はフーシェが反乱の準備をしていると考え、またある者は、万一皇帝が第二のアスペルンの敗北をこうむるとか、フリードリヒ・シュタプス（ナポレオン暗殺に失敗したドイツ人）のような男が運よく暗殺でもしでかす事態になったとき、フーシェはただちに昔の共和制を宣言するつもりなのだろう、と考えた。こうしていまや、フーシェは正気を失ったか、さもなければ反逆者になったのだという手紙が次から次へとシェーンブルンの司令部に飛んだ。好意を持っていたナポレオンも、とうとう怒ってしまった。フーシェはあまりにも増長しているから、また鼻先をくじいてやらねばならぬ、と彼は思った。手紙の風向きは悪いものに変わった。彼はフーシェを非難し、「風車と戦うドン・キホーテ」とよび、以前のきびしい調子に戻って書いている。

「余が受け取ったすべての情報は、ピエモン、ラングドック、プロヴァンス、ドフィネの地方において国民軍が召集されていることを報告してきている。何の必要性もないのに、これらの国民軍で何をしようというのか、こんなことを余の命令なくおこなうものではない！」

だからフーシェは、内心いやいやではあったけれども、この主君役を楽しめるお芝居を中止し、内務大臣の職も辞さなければならなかった。そして――箒《ほうき》よ、箒、お前はやっぱり箒だった（ゲーテの詩『魔法使いの弟子』で「もとの姿に帰れ」という師匠の句）――ふたたび隅に引っこんで、その名声赫々《かっかく》として凱旋した主君、彼にとってはあまりに早く帰国してきた主君の、警察大臣としての役に戻らなければならなかった。

ところでフーシェは、その行動に行きすぎがあったとしても、祖国が危機に瀕した瞬間、他の大臣たちがおろおろと恐れるいっぽうで、ともかくタイムリーに適切な処置をとったただひとりの人間であった。だからナポレオンは、これまで他の多くの人々に与えてきた名誉を、これ以上彼に拒むわけにいかなかった。血で肥やされたフランスの国土に、新しい貴族が繁殖し、すべての将軍、大臣、下働きの役人にまで貴族の名前が与えられるありさまであったから、かつての貴族の敵フーシェも、自身が貴族になる順番となったのである。

伯爵の称号は、すでに以前からひそかに彼につけられていた。しかし、かつてのジャコバン派も、この名目だけで目に見えぬはしごを、もっと高くのぼらねばならない。一八〇九年八月十五日、神聖ローマ皇帝にしてオーストリア皇帝の宮殿、シェーンブルンの壮麗な部屋で、かつてのコルシカの小柄な中尉は、かつての共産主義者であり還俗した修道会教師であった男のために、好意的な一枚のロバ革の文書に署名し、捺印《なついん》した。この文書によって、ジョゼフ・フーシェは今後——敬礼！——オトラント公爵と名のることを許されたのだ。彼はオトラントで戦ったことも、この南イタリアの地方を目で見たことさえもなかったが、このもったいぶった、聞きなれない貴族の称号こそ、かつての急進共和派に仮面をかぶせるにはまことにふさわしいものであった。というのは、この名前を声高に調子をつけてよぶと、人はこの公爵の背後に、リヨンの死刑執行人、平等パンと私有財産徴発で知られたかつてのフーシェが隠れていることを、忘れることができるからだった。そのうえ、自分をまさに騎士であると感じるために、彼は公爵をかたどった真新しい紋章までもらったのである。

だが奇妙だ。この危険な、相手の性格に合った当てつけは、ナポレオン自身がたくらんだのか、それとも宮仕えの紋章学者が、個人的に心理学的な軽い冗談をかましたのだろうか？　いずれにせよ、オトラント公爵の紋章には中心に一本の黄金の柱がついていた――この情熱的な守銭奴にはよくもまあお似合いのことだ。そしてこの黄金の柱のまわりには、一匹のヘビがまきついている――これはおそらく、新公爵の駆け引き外交屋としての自在な変身ぶりをやんわり暗示するものだろう。ナポレオンはまことに賢い紋章学者を配下においていたにちがいない。なぜならば、ジョゼフ・フーシェのような人の性格をこれ以上よくあらわす紋章は、とても考案できないだろうから。

第六章　皇帝にたいするたたかい　一八一〇年

偉大な実例というものは、いつでもひとつの世代全体をだめにしてしまうか、高める作用をするか、そのどちらかである。ナポレオン・ボナパルトのような男がその時代にあらわれると、彼のまわりの人々はみな、彼の前で小さくなってその偉大さの前に跡かたもなく消えうせてしまうか、それとも彼の実例を真似て自分の力を際限なく伸ばすか、どちらかの選択を迫られるのである。ナポレオンのまわりの人々は、彼の奴隷となるか、さもなければ競争相手となるしかない。このようなぬきんでた存在というものは、結局は中間的な尺度を許さなくなるのだ。

フーシェは、ナポレオンのために心の平静を奪われた人のひとりだった。ナポレオンは、満足することを知らないという危険な実例と、たえず人より優位に立ちたいという悪魔的な圧力とによって、フーシェの魂を毒していた。そのためフーシェもまた、主君と同じように、その力の限界をたえず広げ伸ばそうとした。彼もまた、じっと黙って耐え忍んだり、気安く満足したりすることはできなくなっていた。だから、ナポレオンが凱旋将軍としてシェーンブルンからふたたび帰還し、政治の手綱を自身で手にとった日は、なんという幻滅の日であったことか！　自分の自由な判断でなんでも処理し、太鼓を鳴らして軍隊を召集し、宣言を発し、おろおろする同僚を出しぬいて大胆な措置をとり、ついには国中の支配者となり、世界の運命を左右する大きな賭博台に向かっていられた、あの数ヵ月間は、何とすばらしかったことだろう！　だがいまやふたたびジョゼフ・フーシェは、警察大臣以外の何ものでもなかった。不満をつぶやく連中や新聞のおしゃべりを監視し、スパイのもたらす情報から毎日退屈な報告書をつくりあげ、たとえばタレーランがどんな女性と関係しているとか、昨日証券取引所で株価が下がったのは誰のせいであるとかいうくだらないことに、心をわずらわせなければならないのだ。いや、自分の手で世界の情勢を動かし、大がかりな政治の舵《かじ》をとった味が忘れられない以上、こんなことは、彼の休むことを知らない事件好きな精神にとって、ほんのつまらぬこと、軽蔑すべき切り紙遊びにすぎないのだ。一度でもあのような巨額な賭け金をかけたことがあれば、もはやこんな些細なことで気がすむものではない。できることならもう一度、ナポレオンのそばにいても活動の余地があることを示したい――この考えはもはや頭から離れがたくなっていた。

　しかして、すべてを成しとげた人のかたわらで、まだなすべきことといったら何が残っているだろうか？　ロシアを征服し、ドイツ、オーストリア、スペイン、イタリアを征服した人、ヨーロッパ最古の家系を誇るハプスブルク家の皇帝がその皇女を奥方として与えた人（ナポレオンはジョゼフィーヌと離婚し皇女マリー＝ルイーズと再婚）、教皇とローマの数千年にわたる支配的地位をくつがえし、パリから全ヨーロッパにかけて世界帝国を築きあげた人のかたわらに、何が残っているだろうか？　フーシェの野心はいらだち、熱に浮かされて、身をこがしながら、新しい課題を求めて四方をうかがっていた。するとじじつ、課題はあったのだ。世界支配という建築には、最後のそして最高の城壁だけが欠けていた。つまりイギリスとの和平であって、これがなされて初めて、この事業は完成されるわけだ。そしてこのヨーロッパ的事業の最高のものを、ジョゼフ・フーシェは単独で、ナポレオンとかかわりなく、いやナポレオンの意にそむいて、成就しようと考えた。

イギリスは——一七九五年とまったく同じように一八〇九年でも——フランスの不倶戴天の敵であり、もっとも危険な敵対者だった。アッコンの城門の前でも、リスボンの塁壁の前でも、世界のすみずみにおいて、ナポレオンの意志は、アングロサクソンの冷徹で慎重で系統だった力と衝突していた。そして、彼がヨーロッパのすべての国を征服している間に、彼らは世界の他の半分である海を、彼から奪い取っていた。彼は彼らを捕らえることができず、彼らも彼を捕らえることができない。この両者はほとんど二十年もの間、たがいに相手をかたづけてしまおうと、たえず新たな骨折りをくりかえしていたのである。この理に合わない争いを通じて、ともに恐ろしく力を消耗し、ともに白状こそしなかったが、すでにいくらか疲れてきていた。フランス、アントワープ、ハンブルクの銀行は、イギリス人に商売の息をとめられて、破産していた。これにたいしてテームズ河では、売れない品物を積んだ船が停滞していた。フランスの株の相場もイギリスの株の相場も下がっていくいっぽうだったから、両国の商人、銀行家、心ある人々は、意思の疎通をはかろうとし、びくびくしながらもこっそり取り引きをしていた。しかしナポレオンにとってはそれよりも、頭の足りない兄のジョゼフがスペインの王冠を、妹のカロリーヌがナポリの王冠を手に入れることのほうが、重要に思われたので、苦労して始めたオランダに関する和平交渉を打ちきり、同盟国にたいして、イギリスの船を閉めだし、その貨物を海に沈めよ、ときびしく申し渡したのである。そして同様に、大陸封鎖令に従うように脅迫した手紙が、すでにロシアにまで飛んでいた。またもや情熱が理性の息をとめようとしたのである。最後の瞬間に和平論者が勇気をふるいたたせて行動をおこさなければ、永遠に戦争の続く脅威が迫っていた。

はやくも破棄されてしまったこのイギリスとの交渉には、フーシェもひと役買っていた。彼は皇帝とオランダ王に仲介者を立てるようとりはからったのだ。その人はフランスの金融業者であったが、オランダの金融業者に仲介してくれて、この人がまたイギリスの金融業者に仲介した。確実な黄金の橋を渡って――どんな戦争のときも、どんな時代であってもそうであるように――政府から政府へとひそかな妥協工作が試みられていたのである。

ところがいま、皇帝は交渉を中止せよと、にべもなく命令した。フーシェにはこれが気に入らなかった。どうしてもっと交渉を続けないのか？　交渉したり、売買したり、約束したり、相手を愚弄《ぐろう》したりすることは、彼のもっとも好む情熱の対象だ。そこで彼は、ある向こうみずな計画をたてた。自分一個の力で交渉を継続することに決めたのだ。もっとも表面上は皇帝から委託されたように見せかける。自分の代理人やイギリス当局には、皇帝が彼らによって和平を結ぼうと努めているのだとすっかり信じこませ、実際はオトラント公爵がひとりきりで糸を引くわけである。これは狂気の沙汰と呼ぶべきものだ。皇帝の名前と彼自身の大臣の職権とのあつかましい濫用である。世界史上にも例のない厚顔ぶりである。だがこのような秘密、このようなあいまいでしかも錯綜したいたずら、一度にひとりではなく三人も四人もの相手をもてあそぶこと、これこそ生まれながらに誓いをたてた策略家フーシェの、独特の情熱だった。悪童が教師の肩のうしろで顔をしかめることを好むように、彼は皇帝の背後で自分勝手な行動をすることが好きで、大胆ないたずらっ子のように、あつかましいことをやってのけたり、他人をだましたりすることがただもううれしくて、鞭打たれたり懲戒されたりする危険まで好んでおかすのである。すでにしばしば見られたことだが、彼はこういう政治的な横紙破りを楽しむ性質なのだ——しかし、おもて向きは皇帝の名において、実際には皇帝の意に反して、イギリス外務省を相手にイギリス・フランス両国間の和平交渉をおこなった今回ほど、大胆で勝手で危険な行動をみずからに許したことはなかった。

天才的な計画が用意されていた。フーシェはこの目的のために、うさんくさい金融業者のひとりを起用した。それは銀行家のウーヴラールで、すでに何度か刑務所に出入りしたこともある男だ。ナポレオンはこの不快な男を評判が悪いので忌み嫌っていたが、証券取引所で彼と協力して仕事しているフーシェには、そんなことは妨げにならなかった。この男がそばにいれば安心していられるのだ。なぜなら彼はこの男を何度も泥沼から助けだしてやったし、またしっかり首ねっこを押さえてもあるからだった。ところで彼はこのウーヴラールを、オランダの指導者的な銀行家のド・ラブーシェールのところに行かせた。するとこの男もまったく信用して、舅にあたるロンドンの銀行家ベアリングにまわし、ベアリングがさらにド・ラブーシェールをイギリスの関係閣僚にさしむけた。こうして狂った独楽《こま》まわしは始まったのだ。ウーヴラールは、フーシェが皇帝の委任で動いているのは自明のことだと信じこみ、その伝言を公式のものとしてオランダ政府に通達した。この保証は、イギリス人にとっても交渉をまったくまじめにおこなうに十分なものだった。だからイギリスとしては、ナポレオンと交渉しているのだと思っていたが、じつはフーシェと交渉しているにすぎなかったのだ。フーシェはもちろん、皇帝にこの秘密の交渉の進捗を知られないよう、慎重に隠していた。彼はまずこれを見事に完成させ、いろいろな困難を除きさってから、突然、デウス・エクス・マキナ（古代悲劇の最後に登場するとっときの救いの神）として皇帝とフランス国民との前に登場し、誇らかに言いたいのだ。

「イギリスとの和平成る！　すべての人が欲し、熱望していたこと、君たち外交官の誰にも成しとげられなかったことを、私、このオトラント公爵がただひとりで、身を粉にして成就したのだ」

だが残念！　ある些細な馬鹿げた偶然が、この見事に白熱したチェスの勝負の邪魔をしてしまった。ナポレオンは若妻のマリー＝ルイーズとともに、弟のルイ・ボナパルトをたずねるべくオランダに到着した。盛大に歓迎されて、彼は政治を忘れていた。ところがある日、ふとした話から弟のルイ王は、もちろん他のすべての人々と同じように、イギリスとのあの秘密交渉は皇帝の同意のもとにおこなわれているものと思いこんでいたものだから、その協約の進行状況についてたずねた。ナポレオンはとびあがった。電光石火のように、あのおぞましいウーヴラールにアントワープで会ったことが思いだされた。何が起きているというのか？　イギリスとオランダの間のこの往来は、何を意味しているのか？しかし彼は自分の驚きを顔に出さなかった。ただ平然として弟に向かい、オランダの銀行家との文通を機会があったら渡してほしい、と頼んだ。それはすぐになされたので、ナポレオンはオランダからパリへの帰途それを読むことができた。じじつ、自分が思ってもみなかった交渉がおこなわれていた。またもや他人の領地で獲物をねらい始めたオトラント公爵の密猟を、彼は猛烈に怒った。しかし彼は、ずるい男を相手にするうちに自分もずるくなっていたので、この巧妙な男に警戒心をおこさせてもみ消しをさせないために、まずはおもて向きは狡猾に丁重にして、嫌疑を隠していた。ただ憲兵司令官ロヴィゴ公サヴァリーにだけはうちあけて、銀行家ウーヴラールを至急、そして目だたぬように逮捕して、全書類を没収せよと命じた。

それからようやく、六月二日、この命令の三時間後に、彼は大臣たちをサン＝クルー宮に召集し、荒っぽく単刀直入にオトラント公爵にたずねた。公爵が銀行家ウーヴラールの旅行についてどの程度まで知っているか、そしてとどのつまりは公爵が彼をアムステルダムに送ったのではないか、と。フーシェは驚いたが、自分が落とし穴にはまったとはまるで思いもしなかったので、いつも袖をつかまれたときにやるように振る舞った。革命政府のもとでショーメットを、総裁政府のもとでバブーフを、裏切ったときとそっくりに、今度も自分の仲間たちをあっさり見捨てて、自分だけ逃げようとしたのだ。ああ、ウーヴラールですか、あいつはどんなことにも手を出したがるほんとにしつこい男で、またその事件もまったく些細な、遊び事のような、子どもだましのようなものです、と。しかしナポレオンはつかまえた手を、そうたやすくゆるめはしなかった。ナポレオンはどなった。

「これはどうでもいい陰謀などというものではない。君主の目の届かぬ陰で、君主は知らないし承認しそうもない条件で、あえて敵と交渉するとは、前代未聞の職務怠慢だ。それはまさに義務を怠ったものだ。どんなに弱い政府でも許さないだろう。ウーヴラールはただちに逮捕せねばならぬ」

こうなるとフーシェも居心地が悪くなった。ウーヴラールの逮捕だけはご免だ！　あいつは秘密をしゃべってしまうだろう！　そこで彼は、この処置を皇帝が思いとどまるように、いろいろ苦労して言いのがれをしてみた。しかし皇帝は、この時刻には、すでに腹心の警官が銀行家を捕らえ監獄に入れている頃だとわかっているので、化けの皮のはがされた男の言い草を、ただあざけるように聞くだけだった。この向こうみずな陰謀の仕掛人はもうわかったのだ。そしてウーヴラールのところで没収された書類は、まもなくフーシェの芝居の全貌を明るみに出すだろう。

長らく集積された疑惑の雲から、いよいよ稲妻がはじけて光った。それから何日かしたある日曜日のミサのあとで、ナポレオン（二、三年前には教皇さえ逮捕したものだが、今は神型ローマ皇帝の女婿として昔どおり信心深くなっている）は、すべての大臣と重鎮の廷臣を朝見に呼んだ。ひとりだけ欠けていた。すなわちオトラント公爵である。大臣でありながら彼は呼ばれなかったのだ。皇帝は顧問官たちをテーブルのまわりに坐らせて、だしぬけに質問を始めた。

「自分の地位を濫用し、主君の知らぬまに敵国と交渉するような大臣を、そなたらはどう思うかな？　自分だけで考案した原則にもとづいて交渉し、そのため国の政治をさらしものにするような人間なのだがね？　こういう背信行為に関しては、わが法典にはいかなる罰があるのかな？」

この容赦ない質問に続いて皇帝は一座を見まわしたが、疑いもなく皇帝は、すべての顧問官や提灯持ちたちが、すぐさま流謫とか、あるいはなにか屈辱的な処置を提案するだろうと期待していた。だが見るがいい、大臣たちは誰に攻撃の矢が向けられているのかをすぐに悟りながら、困りきったように黙りこんでいる。本当のところは彼らはみな、フーシェは精力的に平和のために骨折ったので、彼のことをよく思っているのだ。独裁者にたいして挑んだ大胆な行動を、生粋《きっすい》の宮仕えである人々は喜んでいるのだ。タレーランはというと（もう大臣ではなかったが高官としてこの重大問題の席に召集されていた）、心の底で人知れずほほえんだ。二年前の屈辱を思いだし、いまどちらもいけすかないナポレオンとフーシェが困惑に落ちこんでいるようすを見て、じつに愉快でたまらないのだ。とうとう宰相のカンバセレースが沈黙を破って、とりなすように言った。

「その当人が職務に熱心なあまり、そういう過失を犯したのでないとしますなら、これは疑いもなく厳罰に処せられるべき失策でございます」

「職務に熱心なあまりだと！」

ナポレオンは激怒してしまった——答えが気に入らないのだ。なぜなら、彼は弁明が聞きたいのではなく、どんな勝手な行動も厳罰に処するというきびしい見せしめを望んでいたからだ。興奮して彼はすべてのいきさつを説明し、後任を推薦するよう出席者たちに要請した。

しかし、またしても、大臣たちの誰ひとりとしてこのいまいましい事件に、いそいで口だししようとはしなかった――彼らすべてに、ナポレオンへの恐怖に次いでフーシェへの恐怖が生まれていたのだ。ついにタレーランが、いつも面倒な場合にやるように、洒落た警句でもってきりぬけた。彼は隣に坐っている同僚のほうに向き、抑えた声で言ったのだ。

「フーシェ氏が失策を犯したのはたしかだが、しかし私が後任を推さなければならないのなら、後任を推すがね、それはフーシェ氏自身以外にはいないよ」

ナポレオンは、自分が自動人形に、勇気のない奴隷みたいなものにしてしまった大臣たちに不満を抱き、会議を中止し、官房長を自分の部屋によんだ。

「まったく、あんな連中に相談するのはむだなことだ。ごらんのとおりさ。どんな役にたつ提案が期待できるものかね。だが、私が自分で決着をつける前に彼らに相談しようなど、本気で考えたとは、まさか君も思わんだろう。私の選択は決まった。ロヴィゴ公爵が警察大臣だ」

そしてロヴィゴ公爵にこういう愉快でない後任を引き受ける気があるかどうかを表明させもしないで、皇帝はその夜のうちにさっさと命令を発してしまった。

「貴下を警察大臣とする。宣誓をして職務につかれたい」

フーシェの解任はただちに世間の話題にのぼり、すべての世論はたちまち彼の味方になった。革命によってのしあがった男の際限ない専制ぶり、自由に慣れたフランス国民にとってもはや耐えられないまでになった専制ぶりにたいして、正面から反抗したこのときほど、この二枚舌の大臣に多くの同情がよせられたことはなかった。しかも、戦争マニアの意志に反してまでついにイギリスとの和平を求めた、そのことが罰せらるべき犯罪だなどと、誰ひとり認めようとしなかった。王党派だろうが共和派だろうがジャコバン派だろうが、あらゆる党派の人々、そしてまた外国の大公使たちが申しあわせたように嘆いたことは、ナポレオンのもとでの最後の公明なる大臣の失脚によって、平和思想は明らかに下火になるだろうということだった。またナポレオン自身の宮殿においてさえ、その寝室で、かつて最初の妻ジョゼフィーヌからよく聞かされたのだが、それとまったく同じように、いままた第二の妻マリー＝ルイーズによるジョゼフ・フーシェの弁護を聞かねばならなかった。彼女の父であるオーストリア皇帝が、彼女の周囲で信頼に値する唯一の男として指摘したというのに、その男が解任されたのだから、彼女はびっくりし、狼狽した。皇帝からにらまれたのにかえってその男の名声が世間で高まるという事実ほど、当時のフランスの真の空気をわかりやすく伝えるものはない。そして新警察大臣サヴァリーは、フーシェの解任がいかに人々の心を打ちひしいだかを、適切な言葉にまとめている。

「ペスト発生のようなニュースでさえ、私が警察大臣に任命されたというニュース以上には、大がかりな衝撃を与えることはできないだろうと思う」

まことにジョゼフ・フーシェは、この十年で皇帝とともに強くなっていた。

こういう反響のとばっちりは、どういうわけか、ナポレオンにまで及んだにちがいない。というのは、フーシェを職務から押しだしてしまったすぐあとに、ナポレオンは握りしめた拳《こぶし》に急いで手袋をはめたからだ。一八〇二年の最初の解任のときと同じように、遅ればせながらこの解任でも、やはり金めっきを施され、別の地位を振り当てられることで隠蔽されたからだ。オトラント公爵は、警察大臣の職を失ったかわりに、枢密顧問官の名誉ある称号が与えられ、かつ彼はローマ王国の大使に任命されたのだ。そして恐れと怒り、非難と感謝、憤怒と和解との間を揺れ動く皇帝の気持ちを、なによりもよく特徴づけているのは、解任にあたって皇帝が書き送った、断固とした親書である。

「オトラント公爵、貴下がこれまで私にどれほどの奉仕をおこなってきたか、私はよく知っている。また、貴下の私にたいする帰服の念も、私にたいする奉仕の熱心さも、私の信じて疑わないところだ。しかしながら、貴下を大臣の職にとどめることは不可能である。そういうことをすると、私はあまりに自分を卑しめることになるだろう。警察大臣たるものの地位は完全にして無限の信頼を要するものだが、そのような信頼は、貴下がある重大事件において私と国家の安全をもてあそぼうとしたとき以来、もはや存しえなくなっている。この種の行為は私の目では、たとえ賞賛すべき動機からであるにせよ、決して弁明の余地のないものなのだ。警察大臣たるものの義務についての、貴下の不思議な見解は、国家の安泰とは一致しないものだ。貴下の献身と誠実を疑うわけではないが、私は自分でも愉快にはなれないような監視を、たえずうんざりするほど貴下に加えざるをえない。私の意志、私の意図に沿うかどうかもわからないのに、貴下が勝手におこなった多くのことをみると、貴下の監視はどうしても必要なものに思われる……貴下がその行動を改めることは、私には望めない。数年来すでに私の不満がしばしば示されたにもかかわらず、貴下の行動になんの変化も見られなかったのだから。自分の意図の純粋さにもとづいて、貴下は私のいうことを聞こうとしないだろうが、人は善をなす意図でもって、かえって多くの不善をもたらすこともあるのだ。貴下の才分と貴下の忠誠にたいする私の信頼は、いささかも揺るがない。この信頼を実証し、貴下の才分と忠誠を私への奉仕のために用いることのできる機会が、一日でも早く訪れるよう希望する」

この手紙はまるで秘密の鍵のように、ナポレオンのフーシェにたいするもっとも奥深い心理的関係をときあかして見せる。どの一文一句にも、好意と嫌悪、承認と拒否、恐怖とひそかな尊敬とが交錯しているのである。どうかもう一度この短い名文を読んで、そのことを確認していただきたい。この独裁者は、奴隷を欲している。それなのにひとりの主体的な人間に出くわしたため、憤激しているのだ。彼はその人間をかたづけてしまいたい。

そのくせ敵にまわすことは恐れている。この人間を失うことを惜しみながら、同時にこの危険な人間から離れることを喜んでもいるのだ。

だがナポレオンの自負心とともに、その大臣フーシェの自負心もまた同じように巨大になっていた。そして世論の共感がジョゼフ・フーシェをますます強くそりかえらせたのだ。いや、オトラント公爵ともあろう者が、もはやそうやすやすと追いだされたりはしないのである。ジョゼフ・フーシェを追いだしたら警察省がどうなるか、ナポレオンよ見るがよい。そして自分に取ってかわろうなどと不遜なことをあえてするのなら、その男は大臣の椅子にではなくハチの巣に坐るのだということを、後任のものに思い知らせてやろう。武骨な指をして大きな口ひげのサヴァリーみたいな、あんな外交の素人のために、このすばらしく調整された機関を十年もかかって創りあげたわけではない。前任者が夜昼となく勤勉に苦労して案出したものを、能のないやつが不細工に引きついで、わがもの顔に振る舞うなど、とても我慢ができない。いや、あのふたりが考えているほどたやすくさよならは言わないぞ。ジョゼフ・フーシェともあろうものは、ほかの人たちのようにただ背中をかがめるだけではなく、歯までむきだして見せるのだということを、あのふたり、ナポレオンとサヴァリーに見せつけてやらねばならぬ。

フーシェは、うなだれたままたちさることはすまいと心に決めた。偽りの仲直りや、人の言いなりになって降伏することを彼は望まない。もちろん、あからさまに反抗するほど愚かでもないし、そんなことは彼の柄《がら》にもないことだ。ただ、ちょっとしたいたずらをしたいのだ。小さな、機智のある、痛快ないたずらをしてパリをおもしろがらせ、サヴァリーに、オトラント公爵の管区にはすてきな罠があることを思い知らせてやりたいのだ。極度に怒ったときに意地の悪い冗談を思いつき、勇気が出てくると毅然とするのではなく、奇妙にもおそろしく傲慢になってしまうという、ジョゼフ・フーシェに特徴的な悪魔的性格を、ここでまたもや思いおこす必要がある。誰かが近寄ってきても、決して彼はすげなく追い返したりしない。そうではなくいつでも、まさしくもっとも腹をたてると、愚弄という鞭をもちいて、もちろんそれで他人をなぶりものにするのだ。この感情をおさえた内向的な人間にひそむ情熱的な本能のすべてがいきりたち、こうした機会にどっとほとばしり出るのだ。そして見かけは愉しげながら腹をたてているこの瞬間は、同時に、秘められた激情が、無気味で悪魔的な彼の本性が、もっともよく露見している瞬間でもあるのだ。

よし、自分の後任者に辛辣ないたずらをしてやろう！　とくに今度の相手はお人好しのおばかさんだから、そのくらいのことはむずかしくないはずだ。こうしてオトラント公爵は、礼服を身につけ、特に丁重に、挨拶にくる後任者を迎えることにした。そして実際ロヴィゴ公爵サヴァリーがあらわれるやいなや、彼は惜しげもなく愛想をふりまいた。かしこくも皇帝のお眼鏡《めがね》にかなって警察大臣になられたことはおめでたい、と祝辞を述べたばかりでなく、自分がもう疲れてしまい、長い間肩の重荷だったこの役を引き継いでくださるとはありがたい、と感謝の言葉までのべた。この非常に骨の折れる仕事から離れて、しばらく休養できることは、ほんとになんという幸運であり、満足すべきことだろうか。それというのもこの大臣職は大変な仕事で、しかも報いられない仕事で——公爵もやがてご自分でおわかりだろうが、とくに慣れない仕事だからなおさらのことだ。それはそうと、未整理の省の仕事がすこしあり——解職がかなり突発的な話だったので——それを早いところかたづけられるとありがたいのだが。もちろん、それには二、三日かかるが、ロヴィゴ公爵さえ同意してくれれば、このフーシェが喜んですこしばかり骨を折ってさしあげよう。そうすればその間に、自分の妻、オトラント公爵夫人も、引っ越しがらくにできるわけだから。好人物のサヴァリー・ロヴィゴ公爵は、ハチミツのなかにコショウがはいっているとは感づかない。みなが意地の悪いずるいやつだと言っているこの男が、こんなにも愛想のいいことに驚き、うれしくなるばかりだった。そしてオトラント公爵にたいし、その格別な好意を丁重に感謝しさえした。もちろんご都合によっていつまでもいてほしいと腰をかがめ、このりっぱな、しかしあまりに誤解されることの多いフーシェの手を、感動して握りしめたのである。

だまされた後任者の出ていった後ろからドアを閉めた瞬間、ジョゼフ・フーシェがどんな顔をしたか、見ることも、ここに描写することもできないのは、まことに残念だ。愚かな奴だ、お前のために仕事の整理までしてやり、十年間苦心して調べあげた最後の秘密を、お前のようなまぬけ野郎のために、一目瞭然に整理して鞄に入れ、手渡してやるなどと本気で信じているのか？　この機械に油までさし、きれいに掃除しておいてやるなどと？　もののみごとにできていて、音一つたてないのに、歯車と歯車、車輪と車輪がかみあって、目に見えぬ仕掛けで帝国中から情報を吸いこんでは細工するこの機械は、我が奇蹟の発明品なのだ。おばかさん、いまに目をむくだろうよ！

時を移さず、狂ったように機械が動きはじめた。ひとりの親友がフーシェの手伝いを頼まれた。彼の部屋のドアは注意深く鍵をかけられ、すべての重要な秘密書類は、ファイルのなかから急いで抜き取られた。いつかは自分の武器として役だちうる書類、弾劾や暴露のために必要な書類はすべて、ジョゼフ・フーシェ個人のものとして取りだされ、ほかのものは惜しげもなく焼きすてられた。フォーブール・サン＝ジェルマンの上流社会では誰がスパイをやっているのか、軍隊では、宮廷では誰なのか、どうしてサヴァリー氏に知らせる必要があろう？　それでは彼の仕事が、あまりにらくになる。だからこの名簿は火のなかへ！　家主とか娼婦とか、べつに重要なことを聞かせてくれたこともない、まるで値打ちのないスパイや密告者の名前だけは、彼に残してやってもいい。またたくまにボール箱はからになった。国外にいる王党派や秘密通信員の名前が載っている貴重な記録はなくなり、どこもかしこも念入りにかきまわされ、記録はでたらめになり、文書には偽りの番号がつけられ、暗号は変えられ、同時に次の大臣の重要な部下がスパイとして秘密裏に雇われ、前の主人であり事実上の主人であるフーシェに情報を送り続けることになった。フーシェはこの巨大な機械からねじというねじをゆるめて抜き取ってしまい、歯車はかみあわないようにし、なにも知らぬ後任者の手では回転がすっかりとまってしまうようにしたのである。ロシア人がナポレオンの目の前で彼らの神聖な都モスクワを焼き払い、彼に快適な宿舎を残さなかったように、フーシェは自己の愛する作品を粉砕し埋葬してしまったのである。四日四晩煖炉では火がくすぶり、四日四晩この悪魔の仕事は続いた。そしてまわりの誰にも気づかれることなく、帝国の秘密は手でつかむことのできない物質となって煙突から風になびいて散っていくか、フェリエールの邸宅の棚へ移されたのである。

さて残っているのは、なにも感づいていない後任の男に、特別にていねいな、特別に愛想のいい挨拶をすることだけだ。さあ、どうぞお坐りください、と！　握手をする、そして返されたお礼の言葉を、心のなかでほくそ笑みながら受けてやろう。本来ならオトラント公爵は、いますぐいそいでローマの大使職におもむくべきであったが、しかし彼はさしあたってフェリエールの自分の城に行くことにした。そしてそこで、内心じりじりするほどの興味をもって待っていた。だまされた後任者が、ジョゼフ・フーシェのたくらんだいたずらに気がついた瞬間、どんな怒号を発することかと。

この芝居は、じつに見事な思いつきで、なかなかうまく演じられ、最後まで大胆にはこばれたと言えないだろうか？ ただ残念なのは、この勇敢なまやかしをたくらむにあたり、ジョゼフ・フーシェがちょっとした考え違いをしていたことだ。すなわち彼は、経験のない生まれたて公爵、この赤ちゃん大臣にいたずらをしたと考えていた。そしてこの一時的な代理人が、冗談を許さぬ主人に任命されたことを忘れていた。そうでなくてもナポレオンは、以前から疑惑の目でフーシェの態度を観察していたのだ。仕事の引き継ぎがいやに長々と手間どって、ローマへの赴任をいつまでも遅らせているのが気に入らない。それにフーシェの手先のウーヴラールを調べたら、フーシェがすでに以前にもほかの仲介者にイギリスの内閣あてのメモを渡したことがあるという、意外な事実まで判明していた。ナポレオンにいたずらを働くことは、これまで誰がやってもろくな結果にならなかった。突然六月十七日、一通の辛辣な手紙が鞭を鳴らすような勢いでフェリエールに飛んできた。

「オトラント公爵、貴君がウェルズリー卿の意向を探るべくファガン氏なる男に与えた手紙を、私に送ってくださるよう求める。ファガン氏は貴君に卿の返信をもたらしたというが、そのことを私は一度も知らされていない」

これほどきびしい突撃ラッパのような調子は、死者の目をもさますほどのものだろう。しかし自尊心と傲慢に酔ったフーシェは、あわてて返事を出すような真似はしない。その間にテュイルリー宮では、火に油をそそいだような始末になっていた。サヴァリーが警察省が略奪されていることを発見し、いそいで皇帝に報告したのだ。ただちに第二、第三の手紙が飛んできて、「警察省の全書類」を至急引き渡すよう求めた。内閣書記官長が自分の判断で命令をくだし、不法に奪われた書類をオトラント公爵から即刻取りあげるよう指示した。いたずらは終わり、闘争が始まったのだ。

いたずらは終わった。たしかにそうだ。フーシェもいまはそれを理解すべきだ。しかし悪魔が乗り移ったように、世界最強の男ナポレオンと本気で競おうとしたのである。というのは、彼は使者に平然と嘘をつき、なんとも申しわけないが、手紙は一通もない、みな焼いてしまった、と答えたからだ。もちろんフーシェのこんな言葉を信じる者はいない。ナポレオンはなおのことだ。彼はもう一度、前よりきびしく徹底的な命令を出した。ナポレオンが短気なことはよく知られている。しかしいまや、無思慮は反抗となり、反抗は厚顔となり、厚顔は挑戦となった。というのは、フーシェはまたもや、自分のところに書類は一枚もないとくりかえし、しかも皇帝の機密書類を焼いてしまったと称する理由を、まるでおどすような調子で述べたからだ。彼はあざけるように言った。皇帝陛下は自分を非常に信頼してくださって、ご兄弟の誰かが陛下の不興を買うようなことをなさると、その方をご自身の責務に連れ戻すよう委任されたものだ。ところでご兄弟のほうでもそれぞれ不平を訴えてこられたので、そういう手紙は残しておかぬほうが自分の義務だと思った。

陛下の妹君もかならずしも誹謗中傷から守られているわけでなく、皇帝みずからその種の風評をいろいろ自分に伝えられて、どんな愚かなことが風評の原因なのか調べてくれと依頼されることもあった、と。ということは、明白すぎるくらい明白なのである。フーシェは皇帝にたいし、自分は多くのことを知っているのだし、下男のようにあしらわれたくはない、とほのめかしているのだ。使者は恐喝的なおどし言葉を悟りはしたが、これほど不敵な返事を主君に伝えるにあたって、いくらかうまいぐあいに言いかえようと骨を折ったことだろう。さて、皇帝の怒りは爆発した。あまりの荒々しさに、マッサ公爵がなだめにかからなければならないほどだった。公爵は腹立たしい件をかたづけるため、自分が強情者のところに行って隠匿書類を引き渡すよう催促してこよう、とまで言った。第二の催促が新警察大臣ロヴィゴ公爵から発せられた。しかしフーシェは、どの催促にたいしても同じ丁重さと決然たる態度で答えるばかりだった。残念です、残念です、残念です、ただ秘密を守りたいと強く考えるあまり、書類は焼いてしまいました、と。初めてフランスでひとりの男が、公然と皇帝に反抗したのである。

これはあまりのことではあった。ナポレオンが十年間フーシェを過小評価していたように、皇帝の個人的秘密を二、三暴露すればそれでおどしがきくと考えたとしたら、フーシェもやはりナポレオンを見くびっていたことになる。すべての大臣の前で、彼に反抗するとは！　その彼には、ロシア皇帝アレクサンドルもオーストリア皇帝もザクセン王も、みなその娘を妃にと申し出たし、ドイツやイタリアの国王たちも、その彼に面と向かうと子どものようにふるえあがったというのに！　ヨーロッパの全軍隊も手向かうことのできなかったこの彼に、ミイラのごとく生気のない、公爵のマントを着てまだ日も浅い、このやせこけた陰謀家が服従することを拒もうとするのか？　いや、その相手がナポレオンであるからには、こういういたずらを許すことはない。ただちに彼は私設警察の長デュボアを呼び出し、その目の前で「あさましい、卑劣漢フーシェ」にたいする猛烈な怒りを爆発させた。足でがんがん床を叩きつけながら、彼は怒ったまま室内を歩きまわり、そして不意にこう叫んだのである。

「いやはや、あいつがこれまで神に、国民公会に、総裁政府にしでかしてきたこと、卑劣にもそれらを裏切っては売ってきた、その同じことを私にしようたって、そうはさせないぞ。私はバラスより鋭い目を持っている。私はあんなにやすやすとさせはしない。しかし、私はあいつに気をつけろと忠告してやる。あいつが私のメモや指令書を持っていることはわかっている。それを私に返せと言ってやる。もしそれを聞かなかったら、ただちに一〇人の憲兵に引き渡して刑務所に入れてしまおう。どんなに早く判決がおりるものか、神に誓ってあいつに思い知らせてやろう」

いまや事態は発火せんばかりとなった。フーシェのような男にさえ、焦げくさい臭いがしてきた。デュボアがあらわれた今、かつての警察大臣オトラント公爵がかつての部下によって全書類が封印されるのをじっと我慢して見ていなければならなかった。当然のことだが、この慎重な男がとうの昔に本当に重要な書類を始末しておかなかったなら、危険なことになっていただろう。しかしいずれにせよ、自分がひどい無理をしてつっ走っていたのだということは、彼にもぼんやりわかり始めた。いまや彼は、飛ぶような速さで手紙また手紙と書きついだ。一通は皇帝に、あとは一人ひとりの大臣に。そのなかで彼は、もっとも公明正大な、もっとも正直な、もっとも節操のある、もっとも献身的な大臣である自分に不信の念をよせられることを嘆き、とくにある一通では次のような興味ある一文を書いて、読む者を愉快にさせている。

「私の性格には変節などというものはない」(この言葉がカメレオン的性格のフーシェ自身の手によって書かれたことは、打ち消しがたい事実である)

そして、ちょうど十五年前にロベスピエールにたいしてしたのと同じように、すばやく和解して災難から逃れようとした。皇帝に親しく会って釈明するため、というよりも謝罪するために、彼は馬上の人となり、パリへ向かった。

しかし、すでに時は遅すぎた。彼はあまりに長い間いたずらをし、冗談をしすぎたので、いまさら和解や妥協の道はなかったのだ。公然とナポレオンに挑戦した者は、公然と屈辱を受けなければならない。一通の手紙が彼のところに届いたが、それはナポレオンがかつてどんな大臣にも書いたことのないくらい辛辣で手きびしいものだった。この手紙は非常に短く、足でひと蹴《け》りするようなものだった。

「オトラント公爵よ、貴君がこれ以上私に仕えることを希望しない。貴君は二十四時間以内に貴君の領地へ向けて出発されたい」

ローマ駐在大使に任命するなどということについてはもはや一言も書いていない。裸のまま、容赦もなく解任されたうえに、追放ときたのだ。そして同時に新警察大臣は、この勅令がただちに実行されるかどうかを監視するように、との命令を受けとった。

これまでの緊張があまりに大きすぎ、いたずらが大胆すぎたのだが、いまや思いがけないことがおきた。フーシェが完全に腰をぬかしたのである。ちょうど夢遊病者がなにも気にかけずに屋根という屋根をよじ登っていたが、突然きびしく呼びかけられて目をさまし、自分のいる恐ろしい場所に驚いて、ひゅうと下へ落ちるようなものだ。ギロチンの二歩手前のところにいても平気で正気を保っていたその同じ男が、ナポレオンの一撃には哀れにも縮みあがってしまった。

この一八一〇年六月三日は、ジョゼフ・フーシェのワーテルローである。彼の神経は引き裂かれたようになり、外務大臣のところへ飛んでいくと、外国旅券をもらい、駅ごとに馬を乗りかえて、息つぐまもなくイタリアへかけつけた。ここでも彼は、燃えるかまどの上で激しく動きまわるネズミのように、あちらこちらへやたらと場所を変えて走りまわった。ナポレオンの手紙にあったように、自分の領地へおもむくどころか、パルマにいたかと思うと、フィレンツェにいる、やがてピサに、そしていつのまにかリヴォルノにいる、という調子だった。しかし、恐怖は彼をあまりにひどくふるわせた。とにかくナポレオンの圏外へ、この恐ろしい手の届かぬところへ逃げていきたい！　イタリアでさえも、彼には十分安全だとは思われなかった。ここはやはりヨーロッパだ。そして全ヨーロッパがこの恐ろしい男に服従しているのだ。そこで彼はリヴォルノで船を借り、安全な国、自由の国アメリカへ渡ろうと思ったが、嵐と船酔いとイギリス巡洋艦が怖いために、あきらめた。そして正気を失いかけたこの男は、いまやふたたび馬車に乗って、港から港へ、町から町へとジグザグに飛びまわり、ナポレオンの妹たちや諸侯や友人たちに救いを求めては姿を消し、またひょいとあらわれたりする。だから彼の足跡を見つけてはいつもふたたび見失う警官たちは、困ってしまうのだ。要するに、彼は完全に常軌を逸した行動をしているのであって、恐怖のあまりすっかり我を失い、あの図太い神経の彼が、ここで初めて完全な精神錯乱の臨床的実例を示すこととなったのである。ナポレオンとしても、たったひとつのゼスチュア、ちょっと拳固をふるっただけで、相手をすっかり打ちのめしてしまうようなことは、彼の臣下でもっとも大胆な、もっとも冷血な男にたいしておこなった今度の場合ほど、見事にはまったことはない。こうして姿を隠してはまたあらわれ、熱病にかかったようにあちらこちらと往き来する状態が、何日も何週も続いた。このとき彼が何をするつもりだったか、どこへ行くつもりだったか、誰にもはっきりいいあてることはできない(彼のすぐれた伝記を書いたマドランにもわかっていないし、おそらくフーシェ自身もわかっていなかったろう)。ただ馬車で走りまわってさえいれば、ナポレオンの抱いていると思われる復讐心を、避けていられるような気がしたのだろう。ナポレオンはもちろん、この無礼な部下の首を本気でしめることなど、とうに考えなくなっていた。ナポレオンはただ自分の意志を主張し、書類を取り戻すことだけを望んでいたのであり、それを実際に貫徹したのだ。なぜならば、この錯乱した男、ヒステリックになった男が、イタリア中で駅馬を乗りつぶしている間に、パリでは彼の妻がずっと利巧に立ちまわっていたからだ。彼女は彼にかわって降伏した。オトラント公爵夫人が当時その夫を救うため、夫の隠匿した書類を要心深くナポレオンに返したことは、疑いのない事実である。なぜならば、フーシェが恐喝的にほのめかした秘密の手紙類は、一通も世間の目にさらされていないからだ。皇帝がバラスから書類を買いとったり、自分の栄達の妨げになる事情通たちからも取り上げたりしたときと同じように、フーシェの持っていた書類も、ナポレオンに関するものであるかぎり、跡かたもなく消えうせている。ナポレオン自身か、後のナポレオン三世か、どちらかが、公式のナポレオン関係記述として都合の悪い書類すべてを、完全にもみ消してしまったのである。

さてフーシェはついに、エクスの領地に帰るようにとの慈悲ぶかい許可をえた。大嵐は過ぎさったのである。稲光はちょっと神経にさわっただけで、骨髄にまでは達していなかった。九月二十五日、追いたてられていた男は、「青い顔をして疲れ、考えることもいうことも支離滅裂な点から、完全に気を動転させていると思われる状態で」その領地にたどりついた。しかし、神経を休める時間はたっぷりと与えられるだろう。なぜならば、一度ナポレオンに反抗したものは、長期にわたってすべての公職から閉めだされるからだ。野心に燃えたこの男も、その度のすぎたいたずらを償わなければならない。またもや世の波は彼を奈落の底につき落としたのだ。三年の間、ジョゼフ・フーシェは、無位無官にとどまることとなる。こうして彼の三度目の流謫時代が始まった。

第七章　気のすすまない間奏曲　一八一〇—一八一五年

ジョゼフ・フーシェの三度目の流謫時代が始まった。大臣の職を免ぜられたオトラント公爵は、壮麗なエクスの城に居をかまえ、王侯のような暮らしを始めた。齢《よわい》まさに五十二歳、彼はあらゆる緊張や策略、政治生活にともなう運命の干満を知りつくしていた。権力者の寵を受けたこともあり、流竄《りゅうざん》の身の絶望も経験ずみであった。日々のパンに心を労せねばならないほど貧窮をきわめたこともあり、はかりしれぬ富を持ったこともあった。ときには褒《ほ》めたたえられ、またさげすまれもした——そしてやっといま、黄金の海岸にたどりついたのであり、いまや彼は公爵、元老院議員、無任所大臣、閣下、枢密顧問官であって、億万長者としておのれの意志以外、何者にも服従する必要はないのである。彼は自家用の豪華な四輪馬車でゆったり散策し、権門貴族と往来した。領民からはあからさまに敬意を払われ、パリからはひそかな好感の声が聞かれる。いまや彼は不快な苦労や日々の雑務を免れ、専制的な君主から解放されたのである。その満足げな振る舞いを信用してよいものなら、オトラント公爵はいまや悠々自適の生活をしているわけだ。しかし、満足げなふりをいくら巧妙に演じてみせても、彼の本心は、その回想録のなか（の明らかに自分で書いた部分）に（ということは他の箇所はすべてうさん臭いということ）露呈しているのである。

〈原註〉私はこの本を書くにあたって、一八二四年にパリで出版されたオトラント公爵の回想録はまったくといっていいほど参照しなかった。この回想録は、権威ある資料にもとづいている部分ももちろんあるにはあるが、明らかに別人の手で成ったものである。フーシェというこのつねに表裏のある男が、草稿を書くにあたって自分で手を加えたかどうかという点だけでも、いまなお学界では無駄な論争がおこなわれている始末である。ハインリヒ・ハイネはこの回想録にふれて、「かの高名なる嘘つきフーシェは完璧な嘘を吐いた。死んだ後まで偽の回想録を出したんだから」と愉快な言葉を述べているが、これはだいたいにおいて今でも当を得ているのである。

「すべてを知っておくという習慣が私には深く浸みこんでいて、流謫の生活は申し分なく快適だったが、あまりに退屈で単調なので、私は前にもましてその習慣に深入りした」

そして、自分でも白状しているように、「流謫生活の魅力」といっても彼の場合、それはプロヴァンスの温和な風光に浸ることではなく、大都市パリからくる報告や諜報のメモを基にしたパッチワークにあった。

「私は確かな友人の助けを借り、忠実な使者に頼って、パリとの間に秘密の手紙のやり取りをした。これはパリから定期的に届く通常の報告文書の欠陥を補い、両方合わせて情報は完全なものとなった。一言でいえば、私はエクスに秘密警察を設けていたのだ」

つまり、この休むことを知らない男は、取り上げられた仕事を今度は趣味として始めたのである。大臣室にこそ立ち入り禁止だが、せめて他人の目を借りて鍵穴からのぞきこみ、他人の耳を借りて話し合いに加わることによって、彼は現代史の賭博台に身を投じる機会がないか、虎視眈々《こしたんたん》とねらっていたのである。

だが、オトラント公爵はまだまだ舞台の袖で出を待っていなければならないだろう。ナポレオンが彼を必要としていないからだ。ナポレオンはいまや権勢の絶頂に立ってヨーロッパを支配している。オーストリア皇帝の女婿であり、また——これこそ彼の熱望してやまなかったところだが——ローマ王の父でもあるのだ。

ドイツやイタリアの全諸侯は彼の前にうやうやしくしっぽを振り、かしこくも王位安泰に叡慮《えいりょ》を賜ったことに感謝感激しているし、最後の唯一の敵であるイギリスも、もはや動揺に動揺を重ねている。ナポレオンはもはや、フーシェのように器用だがおよそ信用できない男の助けなどあてにせずとも笑っていられるほど、強大になったのだ。穏やかに落ちついてよく考える時間が十分に与えられている今こそ、ようやく公爵殿には、天下一強いナポレオンと力で張りあおうという気を起こしたことが、どれほど傲慢なことだったか、認識してもらいたいものだ。皇帝陛下はそなたを憎むなどという慈悲はお持ちにならないのだ。運命のままにのぼりつめた途方もない高みにあって、もはやナポレオンは、フーシェというこのちっぽけなくせにすぐかみつく虫けらには目もくれていなかった。この虫けらはかつてはナポレオンのマントに巣食っていたが、たったの一揺りで振り落とされてしまったのである。彼はもはや、フーシェがどれだけ出しゃばろうと、いなくなろうと、たいして気にもとめない。この男はすでに終わってしまったのだ。ナポレオンは、フーシェを無視し、すこしも恐れていなかったが、その何よりの証拠に、彼がパリからわずか二時間で行けるフェリエールの城に帰り住むことを許可した。むろん皇帝は、あえて自分にそむこうとした男がそれ以上近寄ることを許さず、フーシェはパリとテュイルリー宮へ立ち入ることはできないままだった。

この空虚な流謫の二年間にフーシェが一度だけ宮中へ呼び出されたことがあった。当時ナポレオンはロシア遠征の準備中だったが、人々がみな思いとどまるよう諫《いさ》めるので、今度はフーシェも意見を申し述べるよう命じられたのであった。彼の言うことを信じるなら、そのとき彼は皇帝を諫め、回想録にもある例の覚書（もしあとで偽造したものでなければの話だが）も上覧を請うたのであった。しかしナポレオンはもうずっと以前から自分の主張に同調する意見ばかり聞きたがり、ただ自分の言葉への無批判な賛同をのみ要求するようになっていた。ロシア戦役を思いとどまるよう諫めたりする人間は、皇帝の偉大さを疑っている者と見えるのだった。こうして、フーシェは氷のように冷たくあしらわれ、ふたたびフェリエールの城と無為な流謫生活に帰ってきたのである。その間に皇帝は六〇万の軍勢を引き連れ、あまりに放胆で無謀な進攻に乗りだし、モスクワ目ざして進撃していった。

ジョゼフ・フーシェの一生は奇妙で波瀾に富んだものだが、不思議なリズムが働いている。のぼり坂にあるときは、やることなすことみなうまくいくが、いったん落ち目になると、運命が背を向けるのだ。さていまや暗くおおいかぶさってくる陛下の不興のもとで悲嘆にくれ、人里離れた居城にあって、さまざまな事件の生起する政治活動の圏外に追いやられ、鳴かず飛ばずの日をかこっていたそのとき、失望落胆した魂にとって精神的な支えや、誠意ある助言や、優しい慰めが一番必要なそのとき、彼はこの二十年間、変わらぬ愛をもってともに耐え、はげましながら危険にみちた生涯をともに暮らしてきたたったひとりの人間、妻を失ったのだった。最初の流謫時代、あの屋根裏部屋で彼はなにものにもかえがたく可愛がっていた上の子ふたりを失った。そしていま、三度目の流謫時代には、生涯の伴侶が彼のかたわらからいなくなったのだ。妻の死は、この一見非情きわまる男にも、心の奥底でひどくこたえていたのであった。この無感動な男は政治上の党派とか理想についてはまったくいいかげんで不誠実だったが、醜い自分の妻にはこのうえもなく優しく誠実で、誰よりもよく気のつく夫であり、なんぴとにもまして注意深い父親であった。無味乾燥な事務官僚という仮面の背後に、細心に陰謀をめぐらす精神の賭博師が潜んでいたように、危険な信頼できない人間の陰には、人の目にはつかないがフランスの地方人によくある、きまじめなひとりの夫、ひとりの市民が隠れていたのであり、家庭という狭い城のなかでしか身の安全も幸福も感じられない孤独な男が潜んでいたのである。この狡猾で駆け引きに長けた男の心中深く秘められていた善意や誠実さや愛情は、無言のうちに妻に注がれていたのだ。そして彼女のほうもひたすら夫のためにのみ生き、王宮での宴会や接見の儀式などにはついぞ顔を出したこともなく、夫の演じる危険な賭博に口をさしはさむこともなかった。彼女は家庭という誰にも近寄れない領域に身を潜め、人目にはつかない力を及ぼして、政治の分野では移り気で賭博好きなまるで節操のない夫の心の重荷を解きほぐしてやっていたのだったが、いまやまさにその助力がもっとも必要となったとき、支えが崩れさったのだ。石のように冷たいこの男も、初めて本当に心を揺さぶられるほどの痛手を受けたのだった。私たちは彼の手紙から、初めて嘘偽りのない温かい人間的な言葉を読みとることができる。当時、彼の後を襲って警察大臣に就任していたロヴィゴ公爵が、あるたわけ者の引き起こしたくだらぬ反乱のため、パリ中の物笑いの種となってしぶしぶ引退したので、友人たちはフーシェにもう一度警察大臣として再起するよう強くすすめたが、彼はこう言って政界へ帰ることを拒否したのだった。

「私はそういう人間のおこなう愚かしい行状を二度とやる気にはなれません。権力は私にはもはやなんの魅力もありません。いまのような境遇にあっては休息こそ私にとって似つかわしい、いや不可欠なものなのです。公務はただ騒々しい混乱と危険を感じさせるばかりです」

この小ざかしい男も苦悩のもたらす教訓によって、やっと真の意味で賢くなったように思われる。二十年の恐ろしい歳月をともにきりぬけてきた妻の死を境に、この老人にも、永遠に無意味な名誉欲に支配されていた時期は終わり、ただ休息したい、心の緊張を解きほぐしたいという強い欲望が襲ってきたのだ。その陰謀好きの性格はまったく影をひそめたように見えた。倦《う》むことを知らぬ飽くなき野心家の胸からも、とうとう権力への意志が失われたのだ。しかし、なんという悲劇的な皮肉が生じたことであろうか！　いつもは不休の男だったのに、生涯に一度初めて休息を求め、官職を望まなくなったそのとき、彼の敵役ナポレオンが強引に仕事を押しつけてきたのである。

ナポレオンが彼に再度の出仕を求めたのは、決してフーシェに愛情や友情や信頼の念を抱いたからではなく、むしろ彼に不信を感じ、突如不安を覚えはじめたからであった。不敗の皇帝が初めて、敗軍の将として帰国したのである。軍団の先頭をきり、高々と馬上に跨がり、たなびく軍旗に囲まれて凱旋門をくぐった昔日のナポレオンとは打って変わり、いまや人目をはばかり、毛皮のコートにあごをうずめて、夜陰に乗じ、こっそりと逃げ帰ってきたのだ。かつてない精鋭を誇ったその軍隊は、いまロシアの雪に埋もれ、凍《こご》えて横たわっている。無敵の皇帝という後光が消えうせるとともに、友人たちはみな逃げだしてしまった。つい昨日、一昨日まで、彼の前に腰をかがめ、はいつくばっていた皇帝や国王たちは、敗軍の将たる皇帝を目のあたりにするや、突然、自分たちの尊厳を苦々しく思い出した。世の中全体が武器を取り、苛酷な君主に対抗して蜂起しだしたのである。ロシアからはコサック騎兵が押しよせ、スウェーデンでは、かつてのライバル、ベルナドットが敵にまわった。自分の義父、オーストリアのフランツ皇帝すら、ボヘミアで戦いの準備を始めた。プロイセンは激しい復讐の念に燃えて立ち上がった――軽率におこなったかずかずの戦争が不和の種子をまき散らし、その種子がいまや、燃えつき、荒廃して、圧制のもと呻吟してきたヨーロッパの大地からいっせいに芽を吹き始めたのである。それらは一八一三年の秋、ライプツィヒの戦いで実を結ぶだろう。このただひとりの世界を支配しようとした男が十年間に築きあげた巨大な建造物が、いたるところでゆらぎ、きしみ始めたのだ。スペインからもウェストファリアからも、オランダからも、そしてイタリアからも、ナポレオンの兄弟たちは追い払われて帰ってきた。ナポレオンにとっていまこそ、活動力を極限にまで発揮すべきときなのだ。彼はあのすばらしい千里眼とふだんに十倍する活動能力にものいわせ、最後の決戦にそなえるべくあらゆる準備をととのえた。フランス本国ではいやしくも背嚢《はいのう》を担える者、馬に乗れる男は根こそぎ動員され、スペインからもイタリアからも、精鋭を誇る軍団が引き揚げられ、ロシアの冬が氷のあごでかみ砕いた軍を埋めあわせたのである。工場では夜を日についで数千の人々がサーベルや大砲を作り、隠匿してあった金で貨幣が鋳造され、テュイルリー宮殿の秘密の金庫は蓄えを吐きだし、あちこちの要塞は修理が施された。西から東から、引き揚げられた軍団が重い足どりでライプツィヒに向かう間に、外交網があらゆる方向に張りめぐらされた。この有刺鉄線はフランス全土を囲んだが、弱い不確かな箇所があることは許されないし、一ヵ所たりとも隙間があってはならなかった。起こりうる可能性のあることはとことんまで考えぬかれねばならないし、前線も銃後も、ともに絶対安全でなければならなかった。ロシア進攻のときには、愚か者や悪意を持った男が国民の皇帝にたいする信頼を揺るがせたり惑わせたりしたが、あんなことは二度とおきてはならない。不穏分子はすべて国内にとどめることはできないし、危険分子はひとりとして監視を怠ってはならないのだ。

皇帝は最後の決戦を前にして、あらゆる力となる要素、あらゆる可能性、考えられるすべての危険について検討した。かくて彼は危険分子になりかねないあの男、ジョゼフ・フーシェについても考えたのであった。ナポレオンが、決してフーシェを忘れていたのではなく、単に自分の力が強かった間は、彼のことを軽んじていたにすぎないことはこれでわかろうというものである。いまやナポレオンは不安になってきて、もう一度身の安全を図らねばならないものだから、自分の背後やパリに、敵にまわる懸念のある人物はひとりも残しておけないのだ。そしてナポレオンはフーシェを友人とは考えていなかったから、彼をパリから遠ざけておかねばならぬという結論に達したわけである。

もちろん引っつかまえてどこかの要塞にほうりこんでおけば、このやっかいな陰謀家にも策をめぐらす余地はないが、それには人を納得させる口実がない。そうかといって彼を野放しにしておくわけにもいかないし、一番いいのはこの男を官職につけてその陰謀好きな手を動かせないようにすることだ。それも、できたらパリからずっと離れた場所で仕事につけることだ。とまあ、そういうわけで、ドレスデンの司令部ではさまざまな業務と戦争準備にごったがえしている最中にもかかわらず、そんな仕事はないものかと探してみたが、むなしかった。なにせ、いちおう名誉ある地位で、しかも無害でなければならないのだから、そう簡単に見つかるわけもない。だがナポレオンは、この陰をはいまわる男をパリから遠ざけたくて、すでにいらだっていた。彼に向いたポストがいっかな見つからないので、新しくつくりだすことに決め、プロイセン占領地域の統治官という、いわば雲の上のような世界のポストを与えることにした。りっぱなポストである。尊敬するに足る第一級のポストにちがいない。だが、これにはちょっとした欠点がある。「もしそうなったら」という言葉がくっついていることだ。プロイセン統治はもしナポレオンがプロイセンを征服したらそのとき開始されるわけなのだが、プロイセンのブリュッヒャー将軍がザクセンの戦線で皇帝軍を圧迫して、事態がかなり深刻化している現在、そうなる気配はすこしも感じられないのである。したがって、ナポレオンが五月十日付でオトラント公爵にあてて、次のような手紙を出したのも、ただこんな当てにならないポストを授けたという茶番劇以外の、何も意味していなかったのである。

「余は貴下にたいし、プロイセン領に進攻の暁にはただちに貴下を余のもとに召致し、当該地域の統治の最高の地位に任命する意図を有することを伝達せしめるものである。この件に関しては在住の何者にも漏洩してはならぬ。貴下は所領におもむくごとくに装い、すでに所領滞在中と信ぜしめたうえで当地へきたるべし。貴下の出立を知る者は皇后のみとする。余は貴下がまもなく新任務を得てふたたび余にたいする忠誠の念を披瀝するを期待し、その機会を得ることを欣快に思うものである」

ナポレオンはフーシェにこんな手紙を送ったが、これはまさに忠誠をぜんぜん信用していなかったからこそである。オトラント公爵は主君が心中自分を疎《うと》んじていることをすぐさま見抜き、しぶしぶ不信を抱きながらドレスデンへ向かった。彼の回想録は述べている。

「皇帝が私を呼び寄せた理由はすぐにわかった。ただ私をパリに残しておくと恐ろしいものだから、人質として手中に握っておこうという、ただそれだけのことなのだ」

そういうしだいで、未来のプロイセンの統治官には格別いそいでドレスデンにおもむき枢密院に参与する気はなかった。実際に統治に関する意見が期待されているわけでもなく、ただ手を縛っておきたいだけのことだと知っていたからである。五月二十九日になって彼はやっとドレスデンに到着したが、皇帝が彼を迎えて言った第一声は、こうだった。

「遅かったな、公爵」

彼にプロイセンの統治を委ねるなどというふざけた口実は、当然ながらドレスデンではもはや誰も口にする者はいなかった。事態は緊迫し、とてもそんな冗談どころではなかったのである。だがフーシェはもはやしっかりと皇帝の手中に握られてしまい、しかもうまいぐあいに彼を舞台から追い払うことのできる別のりっぱなポストが見つかったのだ。前のポストのように、はるけくも雲の上の世界とか、月世界のポストでこそないが、それでも任地はパリから数百キロも離れている。すなわちイリュリアの総督である。この地方はナポレオンの昔からの戦友ジュノー将軍が治めていたが、突然彼が錯乱したので、手に負えない男を閉じこめておく檻がひとつあいたわけである。そこで皇帝は皮肉を隠しきれないといった表情で、すぐ終わるにちがいない統治権をフーシェに委ねたが、こちらはいつもと同じように、拒みもせず、うやうやしく頭を下げ、即刻赴任します、と言上したのだった。

イリュリア国というとオペレッタにでも出てきそうな名称だが、実際は、この前の強制的な講和条約のとき、フリオール、ケルンテン、ダルマチア、イストリア、トリエステといった小さな地域をつぎはぎして、フランスが創りあげたまだらな国なのだ！　国家の統一的な理念もなければ、意義も目的もなく、首都のライバッハは小さい農家の集まった地方都市にすぎず、正気を失った支配者の意志と見る目のない外交が生みだした、生命力のない、どっちつかずの非合理な国だ。フーシェの見るところ、国庫はがら空で、数十人の役人は退屈し、軍人はほとんどいないに等しく、疑いぶかい住民はただフランス兵が撤退するのを待ち望んでいるだけである。この人工国家は、あまりに拙速につぎはぎされたので、すでに屋台骨が壊れかかっていた。大砲を二、三発ぶちこめば、こんなぐらついた国はたちまちガラガラと崩れていくにちがいなかった。ナポレオンの義父フランツ皇帝が自分の女婿に向かってその一発をぶっ放せば、イリュリアの栄光はあっというまに一巻の終わりとなる。数個連隊の兵隊がいるにはいるが、ほとんどがクロアチア出身者で、オーストリア側から一発きたら元の戦友のほうへ寝返ろうと待ち構えているので、まともに応戦できるとはフーシェにはとても考えられなかった。そこでフーシェは、着任の日からもっぱら退却の準備を始めたが、それを巧みに隠すため、あくまで見かけはなんの屈託もない統治者然として尊大に振る舞った。舞踏会や宴会をたびたび催し、昼間は軍隊に命じて誇らしげにパレードをさせておいて、夜の間だけで国庫の金や政府の文書をこっそりトリエステへ運んだのだった。彼が主君および統治者としてやったことは、細心に一歩一歩損害を最小限におさえてこの国を明け渡すことだけだったが、この戦略的退却にさいして発揮した昔ながらの冷静さとすばやい集中力は、やはり、まったく水ぎわだったものだったのである。彼は一歩一歩、なんら損害も受けずにイリュリアから退却していった。まずライバッハからゲルツへ、ゲルツからトリエステへ、トリエステからヴェネツィアへと。退くにあたって、彼はほんの短期しか統治しなかったイリュリアから、配下の全職員、国庫の現金、目ぼしい品物など、ほとんど一切合財を持ちだしてきていた。だがこんなおかしいほどちっぽけな国をもし失ったとて、いったいなにほどのことがあろうか！　折りしも、ナポレオンの戦役のうち、最後の最重要な決戦、諸国民戦争で、すなわちライプツィヒの戦いで彼は完敗し、世界の支配権を失ったのだった。

　さてフーシェは、与えられた任務をはたした。しかも完全無欠のまことに賞賛すべきやり方でやりおおせたのだ。統治しようにもイリュリア国そのものがなくなってしまったいま、彼はふたたび自由になったものと考え、当然パリへ帰ろうと思いたった。だがナポレオンのほうはそうは考えなかったのである。このような重大な時期にフーシェのごとき男をパリへ帰すなど、何としてでも認めるわけにはいかないのだ。ナポレオンは、かつてドレスデンで、「いまの状況では、誰よりもパリへ入れてならないのはフーシェだ」と語ったが、ライプツィヒの戦いで敗北を喫したいまとなっては、この言葉は当時の二倍もいや七倍も当を得てきた。彼こそは遠ざけておかねばならない。たとえどんな犠牲をはらっても、うんと遠くへやっておかなければならないのだ。五倍も優勢な敵軍を迎え撃つという、途方もなく困難な防衛戦のさなかにあって、皇帝はとり急ぎもう一度、この不愉快な男に別の任務を考案してやった。その仕事は、ただこの男を戦争の続く間だけ押さえておくものだった。とにかく彼にはなにか駆け引きを弄したり陰謀をたくらむような仕事を与えておいて、むずむずしているその食指を、パリからそらせればよいのだ！　というわけでナポレオンは、フーシェにまずナポリへおもむくようにと命じたが（ナポリは遠いのだ）、それというのも、ナポリ王ミュラーはナポレオンの妹婿のくせに、ナポレオン帝国より自分の領土のほうにかまけているありさまなので、彼に義務を思いださせ、軍勢を率いて皇帝のもとに馳せ参じるように働きかけよ、というわけだった。フーシェがこの任務をどういうふうにはたしたのか――本当にナポレオンの昔の将軍にたいし、主君に忠誠をつくせと説きつけようとしたのか、それとも反逆心をたきつけたのか、そのへんは歴史に埋没し、いまとなってははっきりわからない。しかしともかく皇帝の主たる目的は達成されたわけで、フーシェは四カ月間も、パリから一〇〇〇マイルも離れたアルプスの山の向こうで不断の駆け引きをおこなうため足どめされていたのである。オーストリア、プロイセン、イギリスの軍がパリに向かって進撃している間中、彼はまったく目的もなく、ローマとフィレンツェとナポリ、ルッカとジェノバの間を行ったり来たりして、どうにもならない仕事に時間と精力を浪費していたのである。そうこうしているうちに、ここにもオーストリア軍が怒濤のように押しよせてきて、フーシェにとって二番目の任地であるイタリア王国も、イリュリアについで消えうせた。とうとう三月の初めになると、ナポレオンにはこのやっかい者を追っ払っておく国がなくなったばかりか、自国フランスにおいてすら、もはや命令したり禁止したりする力は失われていた。そこでフーシェは三月十一日、アルプスを越えて母国へ向かったのだが、四カ月もの間、彼は、皇帝の天才的な予見に制せられて、フランス本国のあらゆる政治的陰謀から遠ざけられていたのである。そしていまようやく彼は鎖から解き放されたのだが、ちょうど四日遅すぎたのだった。

リヨンでフーシェは、三国の皇帝軍がパリに向かって行進していると知った。それなら、ナポレオンが失脚し新政府が樹立されるのは、ここ何日かのうちであろう。当然のことながら彼の権勢欲は勃然と燃え上がり、混乱に乗じて大きな獲物を得たいという焦りの念でじりじりしていた。しかしパリへはいる直線コースは、押しよせる軍隊の手で遮断《しゃだん》されていたので、彼はトゥールーズ、リモージュを通る大迂回《うかい》を余儀なくされた。やっと四月八日になって彼を乗せた郵便馬車はパリの境界を越えたが、そのとたん、彼はひと目で遅すぎたことを悟ったのである。こういうときは、遅れてきた者に非があるのだ。どさくさまぎれに利を得られるあいだは、みごとな先見の明で彼を遠くへ追いやっておくことによって、ナポレオンはまたしても、フーシェのしてきたすべてのひそかな駆け引きや策略に報復したのだ。今やパリは降伏してナポレオンは退位し、ルイ十八世を王位にいただいて、タレーランを首班とする新内閣がすでに組閣ずみだった。このいまいましいタレーランは、片足が不自由にもかかわらず、ちょうどうまいときに居合わせて、フーシェよりひと足お先に寝返っていたのだ。すでにロシア皇帝もタレーラン邸に滞在しているし、新国王の彼にたいする信任はきわめて厚い。閣僚の椅子はすべて彼の意のままに決定され、無意味に目的もなくイリュリア総督を務めたりイタリアで外交に走りまわっていたオトラント公爵には、卑劣にもどの椅子も残されていなかった。彼を待つ者は誰ひとりなく、気にかける者すらない。誰も彼に期待していないし、助言や協力を求める者もいないのだ。これまでの生涯にもしばしばあったように、またもやジョゼフ・フーシェは世間から葬りさられたのである。

長いこと彼は、ナポレオンの偉大な敵対者だった自分に誰も関心がないなどと信じたくなかった。彼は公然と、また裏口から、自分の売り込みにかかった。彼の姿はタレーラン邸の控え室、ルイ十八世の弟君《ぎみ》の家、イギリス大使館、元老院の議場、その他いたるところで見受けられたが、しかし相手にする者はいなかった。彼はナポレオンに書簡を送り、アメリカへ移住するよう忠告するとともに、その写しをルイ十八世に送って取り入ろうとしたが、なんの返事ももらえなかった。閣僚たちにたいして、しかるべき地位を与えてくれるよう請願したが、彼らはすべて慇懃《いんぎん》無礼にあしらっただけで、あえて推薦しようとはしなかった。貴婦人たちを通して運動したり、かつて目をかけてやった人々に推薦させてもみたが、いずれもなんの効果もなかった。来るのが遅れたということは、政治では、取り返しのつかない過失を意味しているのだ。あいたポストはひとつとしてなく、オトラント公爵に好意をもって、すすんで自分の地位を譲ろうなどと考える高官はひとりもいなかった。そこで、さしも名誉欲に取りつかれたこの男も、荷造りをしてフェリエールの居城へ帰るしかなくなったのである。だが、妻を失ったいまもなお、彼を助けてくれる女性がひとりだけいた。時間である（「時間」は女性名詞）。彼女はいままでいつもそうだったように、今度も彼を助けてくれるだろう。

はたして時間は、今度も彼を助けてくれたのだった。すぐにフーシェは、火薬の匂いが空中にまた漂うのを嗅《か》ぎつけた。鋭い耳を持ったフーシェは、フェリエールにいても、王座が揺らぎきしむのを聞くことができた。新しい君主のルイ十八世は、失策に失策を重ねていた。彼が望んでいるのは、革命を無視することであり、市民たちの世の中になって二十年がたつフランスは、二度と二〇の名門貴族に頭を下げる気にはなれないということを、彼は考えに入れようとしなかった。近衛《このえ》師団の将軍や兵隊たちが危険な存在であることも彼は黙殺していたが、彼らは半減された給料を手に、けちで役立たずの国王への不満をつぶやいていた。ああ、もしナポレオンが帰ってきたら、もう一度あのすばらしい戦争が始まるだろう！　そうなればおれたちはもう一度出かけていって外国を荒らしまわれるし、立身出世して、国の手綱もとれるというものだ！　そしてはやくも各地の師団から師団へと疑わしい情報が飛びかい、謀叛のくわだては徐々に進められていた。フーシェはいまもつねに、自分の作品である警察とつながるへその緒《お》を断ちきっていないので、示唆に富むかずかずの情報を集めることができるのだった。国王も、オトラント公爵を警察大臣に任命しておけば、いろいろ知ることができてよかったのに、と彼はひそかにほくそ笑んでいたのである。だが、なんであんなこびへつらいの廷臣どもに警告してやる必要があろう。これまでいつも動乱の騒ぎや変革の風がおのれを高みに持ちあげてくれたのだから、今度もフーシェは静かに待って身を潜め、身じろぎもせず、試合の前の戦士のように息をこらしていた。

一八一五年三月五日、ひとりの急使がテュイルリー宮に駆けこんできて、ナポレオンがエルバ島から脱出し、六〇〇人の部下を率いて三月一日にフレジュスに上陸したという、驚くべき報告を伝えた。だが廷臣どもはこの情報を、せせら笑いし侮りながら聞いたのである。それもそのはず、彼らは日ごろ、このナポレオン・ボナパルトという男のことで世間は大騒ぎしているが、あいつのもくろみはまともじゃないね、と言い言いしていたのだ。

六〇〇人で――そうさ、とんだお笑いぐさというものさ！――あのたわけ者は王さまと戦うつもりだとさ。王さまのうしろにゃ軍隊もヨーロッパもついているんだぞ！　なにも騒ぐことはないし、心配する必要もないね。あんな哀れないかさま師をおさえつけるくらい、ひと握りの近衛兵で十分だよ。というわけで、ナポレオンの古い戦友ネイ元帥に、彼を捕らえよとの命令が出された。元帥はルイ十八世の前に出ると大口を叩いて、治安を乱すあの男はきっと捕らえ、鉄の籠に入れて国内を引きまわしてやりましょう、と請け合った。すくなくとも最初の八日間、ルイ十八世や廷臣たちは、憂慮すべきことはなにもない、とパリ中にふれまわった。官報は断固たる口調で、事態はきわめて好ましい、と書いていた。だが、たちまちのうちに不愉快な情報がふえ始めた。ナポレオンに抵抗する者はひとりもいないし、討伐に向かった軍隊は、立ち向かうどころか、どれもこれもあちらへ寝返るので、初めはひと握りだったナポレオンの軍勢はふえるばかり、とうとう反逆者を捕らえて鉄の籠に入れて引きまわすはずだったネイ元帥まで、軍旗をひるがえして元の主君のほうへ走ってしまった。はやナポレオンはグルノーブルをおとしいれ、すでにリヨンに達した――もう一週間もすれば、彼の予言は現実となり、皇帝の鷲の旗がノートルダム寺院の塔上にひるがえるだろう。

いまや宮中ではパニックがまきおこった。どうしよう？　この雪崩《なだれ》を食いとめるには、どんな手段があるというのか？　いまにして初めて、ルイ十八世も、枢密顧問の伯爵や侯爵たちも、民衆と疎遠になって、一七九二年から一八一五年の間にフランスには革命らしきものがあったらしいな、などとわざと知らぬふりをきめこんでいた愚かさを悟ったのである。だがしかし、時はすでに遅すぎた。ではではさっそく、民衆に取りいることとしよう！　愚かな民衆どもに、なんとしてでも、われわれは諸君を愛しており、諸君の権利や願望につねに注意をはらっていることを見せてやるのだ。いそいで共和制的で民主的な政治をおこなうのだ！――およそ皇帝や国王が、自分にも民主的精神があると気がついたときは、いつももう遅すぎるのである。しかし、どうやって共和主義者を味方に引きこんだものか？　なに、事は簡単だ。誰か共和派をひとり入閣させればよい。筋金入りの過激派で、ブルボン家の白百合の旗に赤いおおいをかぶせてくれる奴を入れるのだ。しかし、そんな人間はどこにいるだろう。思案にふけっていた矢先、突然、ジョゼフ・フーシェという男のことが記憶に浮かんできた。つい数週間前まで、あちこちの控え室にところかまわず出没し、王さまや大臣のところへやたらと提案を持ちこんで机の上を一杯にしていた男だ。そうそう、あの男ならぴったりだ。いつでも、どんなことにでも使える男といえば、あいつくらいしかいない――それじゃあ、大急ぎであいつを奈落の底から引き上げてくるんだ！　総裁政府も統領政府も、帝政も復古王政も、いずれの政府も、窮地に立つとジョゼフ・フーシェのところへやってくるのだった。誰でも、仲介者とか調停者、事態の整理者が必要になってくると、決まって、この共和主義者で、一番あてにならない人間だが一番頼りになる外交家のところへやってくるのだ。

こんなわけで、数週間前には自分をすげなく追い払い、肩をそびやかしていた同じ伯爵や侯爵たちが、今度はこのうえなく丁重に、大あわてにあわてて、彼をせっつき、大臣の椅子を、提供するというより押しつけてきたとき、オトラント公爵は大いに満足感を味わったのである。だがこの古ダヌキの警察大臣は、瀕死のブルボン王家のために恥をかく危険をおかすには、政治的状況を知りすぎていた。こんなにさし迫って医者を呼びにくるようでは、臨終の苦しみが始まっていると気づいたのである。そこで彼は、いとも丁重にありとあらゆる口実を設けて断り、その合間に、もうすこし早くおいでになればよかったんですが、ということをちらちらほのめかした。だが、ナポレオンの軍隊が近づいてくるにつれ、廷臣どもはだんだん自尊心がなくなり、大臣に就任してもらいたいという頼みはますます露骨さを増し、ついには王の弟君までが秘密会議を申し込んでくるありさまとなったのである。しかし今度はフーシェの態度は断固としていた。といっても、べつに強い信念でそうしたわけではなく、ただ彼は腐った魚には興味がないし、それよりルイ十八世とナポレオンの間をブランコのように行ったり来たりして、おおいに楽しんでいたのである。もう遅すぎますよ。国王陛下は身の安全をお図りになったほうがよろしいでしょう。どうせナポレオンの冒険など長くは続かないと思いますが、でも私もナポレオンを食い止めるためならなんでもいたしますから、どうかご信用ください。王の弟君に会うと、彼はこういって安心させたものだ。こうして彼は王側の受けもよくしておいたので、ブルボン王家が勝てば助力者として活躍するわけだし、ナポレオンが勝ったらブルボン王家の大臣就任の申し出を蹴ったという点で大きな顔ができるという寸法だった。対立するどちらの側からも保証をとりつけておくというやり方は、彼の常道で、同時に皇帝と国王というふたりの主君の忠実な臣下としてまかり通った今度のことも、なにも初めてではなかったのである。

だがフーシェの生涯を通じ、運命が決定的に変わるちょうどそのとき、悲劇は常に喜劇になってしまうものであり、今度も事態はもっと愉快なものになるはずである。ブルボン王家はそうこうしている間に、ナポレオンに学ぶこともあった。フーシェのような男はこういう危険な時期には背後に残しておいてはいけないということもそのひとつだった。警察省は国王逃亡の三日前、ナポレオンがすでにパリへまっしぐらに進撃している折りから、王の大臣に就任することを拒否したフーシェは疑わしき人物とみなし、即刻逮捕のうえ首都より追放すべし、という命令を受けたのである。こんなありがたくない命令を遂行する羽目となった当時の警察大臣が、——歴史はこういう、人を驚かせることが好きのようだが——なんとブリエンヌであった。彼はナポレオンとは仲のよい幼な友だちで、陸軍士官学校の同期生でエジプト遠征にも随行し、その後長いことナポレオンの秘書を務めたこともあったので、ナポレオンの腹心の連中のことはよく知っていた。したがって、フーシェのことも底の底まで知っていたから、国王からオトラント公爵を逮捕すべしという命令を受けたときに、いささか驚いたのであった。これははたして賢明な処置でございましょうか、とあえて言上してみたが、国王はえらい勢いで命令をくりかえすばかりなので、再度彼は首をかしげざるをえないのだった。これはそう簡単なことではない。あの古ダヌキは海千山千のしたたか者で、昼日中ワナにかかるなんて考えられないことだ。あんな男をつかまえるには、たっぷり時間をかけて、よほどうまくやらなければなるまい。だがともかく、ブリエンヌはフーシェに逮捕状を出したのだった。そしてじじつ、一八一五年三月十六日の午前十一時、警官隊は街頭でオトラント公爵の馬車を囲み、ブリエンヌ長官の命により逮捕すると告げた。フーシェはこのとき、いつものようにすこしも騒がず、軽蔑の笑いさえ浮かべながら警官たちに向かい、抗議を申したてた。

「かつての元老院議員を街頭で逮捕するわけにはいかんのじゃ」

そして、ずっと昔からの部下だった警官たちが驚いているすきに、馭者に声をかけ、馬に一鞭当てさせ、たちまち埃をたてつつ住居を指して走りさる馬車を、警官たちはただ啞然として見送るだけであった。ブリエンヌの言ったことは正しかったのである。ロベスピエールからも、国民公会からも、ナポレオンからも、無傷で逃げおおせた男を捕らえるのは至難なことなのだ。

愚弄された警官たちが帰ってきて、フーシェはまんまと逃げおおせたと報告したので、ブリエンヌはただちに手綱を引き締めた。こうなっては彼の権威にかかわる問題である。そんなふうに馬鹿にさせてはおけないのだ。彼はセルッティ街のフーシェの邸宅をただちに包囲させ、門には見張りをつけて——厳重に武装した代表たちが逃亡者を逮捕せんものと階段を上っていった。だがフーシェはふたたび、ブリエンヌを嘲弄《ちょうろう》するいたずらを用意していた。彼はいつも一番困難な緊張した状況になると、すばらしい独特な悪ふざけをやってのけてきたが、今度もそれをやったのである。これまでもたびたびそうだったが、この男は危険に直面すると決まって人をからかったり、見事にいっぱい食わせたりしてみたくなるのだ。この小ずるいごまかし名人は、逮捕にきた役人どもをいとも丁重に迎え入れ、逮捕状を一覧した。たしかにこれは有効だし、私は陛下のご命令に逆らう気はありません。みなさんこの応接間で待っていてください。私はちょっとかたづけなければならぬ雑用があるので、それをすませたらごいっしょに参りましょう。フーシェはいとも丁重にこう述べて隣室へはいっていったので、役人たちは彼の身づくろいが終わるまでうやうやしく待っていた。なんといっても元老院議員で、大臣を務めたこともある高官を、スリのように袖をつかんで引っつかまえたり、手錠をかけたりするわけにはいかないのだ。というわけで、彼らは礼儀正しく待っていたが、待てど暮らせどフーシェはあらわれてこなかった。こんなに長くかかるのはおかしいということになって、隣の部屋へはいってみたところ、もぬけの殻だったのである。混乱した当時の政治状況のさなかにあって、まるで一場の喜劇であった。五十六歳の老人は、映画のシーンもどきに、といってもその当時映画はまだなかったが、庭の塀に梯子をかけ、警官隊が敬意をもって応接間で待っている間に、年の割りには驚くべき器用さでひらりと塀を越え、隣のオルタンス王妃（オランダ王だったナポレオンの弟ルイの妻）邸の庭へおりて、そこから安全なところへ逃げてしまったのである。その晩、パリはどこへ行ってもこの悪ふざけで大笑いであった。だがもちろんそんな嘲弄をいつまでも続けるわけにもいかない。オトラント公爵はパリでは誰知らぬ者もないのだから、そう長いこと潜伏しているわけにはいかない。しかし、フーシェはちゃんと計算していた。今度は二、三時間、なんとかすればいいのだ。国王や忠臣たちはもう自分たちが、押しよせてくるナポレオンの騎兵隊につかまらないように夢中で策を練っているにちがいない。たしかにテュイルリー宮では大急ぎで荷造りがおこなわれていた。そしてルイ十八世が怒り心頭に発し、フーシェに逮捕令を出したのも、結局、実際はそうでもないのに、フーシェはナポレオン皇帝に忠誠であると天下に示しただけだったのだが、むろんナポレオンのほうはそんなことは信用しないだろう。ルイ十八世も、この政治の手品師がどんな悪ふざけをやってのけたかを聞いたとき、笑わずにはいられなかった。彼は怒りとともに一種の驚嘆の念を抱いて言ったものである。

「あの男の老獪《ろうかい》さときては、天下に冠たるものじゃ」

第八章　ナポレオンとの決戦　一八一五年　百日天下

一八一五年三月十九日の真夜中——人気のない広大な広場が暗闇のなかに静まりかえっている——一二台の馬車がテュイルリー宮殿に到着した。人目につかない通用口が開くと、炬火《たいまつ》を高く掲げてひとりの従者があらわれた。するとそのあとから、でっぷり太った男がふたりの貴族にはさまれ、喘息《ぜんそく》病みの大儀《たいぎ》そうなからだを引きずるようにあえぎながら出てきた。ルイ十八世である。弱りきったその姿に、居合わせた者はみな思わず同情を覚えた。十五年にわたる亡命生活を送ってやっと帰国できたと思ったのもつかのま、またしても夜陰にまぎれて逃げださなければならないのだ。黙然と頭を下げる従者に見送られ、老衰して威厳を失い、非運に打ちひしがれたこの病人は馬車に乗りこんだ。馬車が走りだし、扈従《こじゅう》の車が続いた。しばらくの間、堅い砂利道を随行する近衛兵の蹄《ひづめ》の音が響いていたが、やがて大広場は闇の静寂に戻った。やがて空が白み始める——三月二十日、エルバ島から帰還したナポレオン皇帝の百日天下が始まる最初の朝であった。

まず真っさきに集まってきたのは、忍び足の物見高い野次馬たちだった。商人や散策者や閑人たちは、好奇心に燃えて鼻をぴくつかせながら、追いだされたルイ十八世が首尾よく皇帝の手から逃げおおせたかどうかと、宮殿中をかぎまわった。彼らは気質や主義に応じて、はればれと、あるいは憂わしげに、情報をささやきあっている。十時になると、たくさんの人々が押しよせてきた。群れをなすと勇ましくなるのは人間の常で、思いきって誰かがはっきりと「皇帝万歳！」「国王くたばれ！」と叫んだ。そのとき突然一団の騎兵隊が駆けよってきた。王政復古して給料を半減されていた将校たちだ。彼らは歴戦の皇帝が帰還すれば、また戦争が始まり、仕事ができて給料は元どおりになるし、レジオンドヌール勲章や昇進が待っていると皮算用し、エクセルマン将軍の命令一下、歓呼の声をあげてテュイルリー宮殿を無抵抗で占領した（宮殿の明け渡しは、平穏に一滴の血も流さずおこなわれたので、証券取引所の相場はたちまち何ポイントもはねあがった）。昼には銃声が轟くこともなく、由緒《ゆいしょ》ある王宮の上に、ふたたび三色旗がはためいた。

宮殿には、はやくも、数百人の帰還の受益者たちが詰めかけていた。「股肱《ここう》の臣」、宮廷女官、従者、内膳頭、司厨長、かつての枢密顧問官、儀典長など、いずれも白百合のもとでは仕官しようにもできなかった人々で、ナポレオンが革命の廃墟のなかから引きたててやった、いわゆる新興貴族であった。将軍たちや将校たちや淑女たち、みなが正装に身をかため、ふたたびダイヤモンドがきらめき、騎兵の広刃の剣や勲章が光っている。部屋はすべて、新しい主君を歓迎して開け放たれていた。王家の紋章は大急ぎでかたづけられ——玉座の絹張りのクッションには王家の白百合のかわりに、ボナパルト家のハチの紋章がふたたび輝いている。誰もが遅れないでその場にいて、「忠臣」の誉れを得んものと期待におののいている。そうこうするうちに日は暮れた。制服を着た従者たちが、燭台の蠟燭に残らず火を灯したので、ふたたび皇帝のものとなった宮殿は舞踏会のときのように明るく映《は》え、窓から洩れるその光ははるか凱旋門にまでおよんで、物見高い人々の群れをテュイルリー庭園に吸いよせた。

九時になった。とうとう一台の馬車が、前後左右をあらゆる階級の騎兵たちに防御されて、全速力で駆けてきた。騎兵たちは興奮してサーベルを振りまわしている（その剣はすぐにも全ヨーロッパの軍隊に向かって振りかざされるかもしれないのだ！）。あふれる群衆のなかから、「皇帝陛下万歳！」という歓呼の声が嵐のように湧きおこり、四囲にこだまして宮殿の窓という窓をガタガタふるわせた。興奮した群衆は、巨大な波のうねりとなって、馬車の近くに命の危険を感じるほどに殺到し、兵士たちは皇帝を守るためにサーベルを振りまわさなければならなかった。それから騎兵たちは、その聖なる戦利品、戦争の神である皇帝を擁して、耳を聾する騒音のなか、うやうやしく階段をのぼってかつての宮殿へと担《かつ》ぎ入れた。ナポレオンは騎兵たちの肩の上で、あまりの幸福に、奇妙な、ほとんど夢遊病者のような微笑を唇に浮かべて目をとじていた。こうして、二十日前に流人《るにん》としてエルバ島を脱出した男は、ふたたびフランスの玉座にかえり咲いたのである。だがこれはナポレオン・ボナパルトの最後の凱旋であった。流人のどん底から瞬時に権力の絶頂にかけのぼった、この信じがたい奇蹟の飛翔に信じがたい高揚感を味わうのもこれが最後なら、皇帝万歳の叫び声が海鳴りのように耳をつんざくのも、これが聞き納めとなるのだ。いま、玉座にかえったナポレオンは、一分間、そして十分間、目を閉じ、驚嘆しながら、権力という、この人を酔わせる万能薬を味わっていた。やがて彼は宮殿の扉を閉めるよう命じ、将校たちを退出させて、大臣たちを招き入れた。仕事が始まるのだ。運命の贈りものは、守らなければならないのである。

宮廷の大広間は、帰還した皇帝を待つ人々でひしめいていた。だが皇帝は一瞥《いちべつ》してたちまち失望を覚えた。今日まで残った忠義者のなかに、かつての部下のうちでもっともすぐれた者、賢明で有用な人物が見当たらないのだ。ごますりやおべっか使い、官職目当てや新しがり屋といった有象無象《うぞうむぞう》ばかりで、頭のある者がいないではないか。かつての将軍のうち、おもだった者はほとんどみな断りなく欠席していた。彼らはその昔、ナポレオンが旭日の勢いにあったころは真の戦友だったが、いまは、自分の居城にとどまって日和見をきめこむか、すでにブルボン王家側へ寝返っており、ましな者でもせいぜい中立どまりで、大多数は敵方に回っている。大臣はといえば、一番有能で世故に長けたタレーランの姿が見えない。彼が新しく王位に封じてやった面々にいたっては、肉親の弟や妹すら姿を見せず、肝心の妻子もきていないのだ。獲物に群がる物欲しげな人間は多いが、大物はまったくいないではないか。数千の群衆の歓呼の声に興奮さめやらぬ最中にさえ、ナポレオンの明晰な精神はあやまたずに勝利のなかに危険を予見し、恐れを抱き始めたのである。そのとき不意に、控えの間にざわめきが起こり、しだいに高まって、喜びと驚きの声となった。軍服や燕尾服のあいだにうやうやしく道が開けられた。一台の馬車が乗りつけてきたのだ。ほんのすこし遅れて――到着しても待たされずにすむし、自分を売り込みにきたのだが、小者のように急を要するわけでもないから――やせて、顔色の悪い、誰でも知っているオトラント公爵は、馬車からおりたつと、ゆっくり無造作に、冷たいなにも読みとれない目を伏せて、礼を言うでもなく、開けられた道を堂々と歩いてくる。まさにその定評ある落ちつきぶりが、熱狂を呼びおこした。従者が叫んだ。

「オトラント公爵のお成り！」

　すると、彼を知っている人々の間から、叫び声が改めて繰り返された。

「フーシェだ！　フーシェこそ、皇帝がいま一番必要としておられる人だ！」

　こうしてフーシェは、ナポレオンが決定を下す前に、世論によって選ばれ、要求されたのだった。彼は官職目当てにやってきたのではなく、権力者として、威風堂々とあらわれたのである。実際にナポレオンは、彼を待たすことなく、この大臣中の最古参で、敵のなかではもっとも信頼のおける男を、即刻引見したのである。この会談の詳細は、あの最初の両者会談と同様、ほとんど明らかになっていない。ちなみにあの会談でフーシェは、エジプトから逃げ帰った敗残の将軍ナポレオンが統領にのしあがるのに力を貸して、不忠な忠臣として、ナポレオンと結びついたのだった。とにかく、一時間の後に部屋から出てきたフーシェは、またもやナポレオンの閣僚になっていた。三たび警察大臣となったのである。

だが、オトラント公爵、警察大臣に任命さる、と報じる「官報」の活字のインクが乾ききらぬうちに、ふたりとも心中ひそかに、互いに手を握ったことを後悔し始めていた。フーシェは失望したのだ。彼の期待は大きく、冷ややかに燃えさかる彼の野心は、警察大臣などというけちなポストではとうに満足できなくなっていたのである。一七九六年当時の、教会から破門された元ジャコバン派として軽蔑され、餓死寸前にあったフーシェにとってなら、この仕事は救いであり、優秀である保証でもあっただろう。しかし一八一五年の彼は、百万長者で、人気絶頂のオトラント公爵であり、警察大臣などお粗末だが実入りのいい閑職としか思えなかった。つまり、成功するにつれて自尊心も強くなっていたわけだった。いまではフーシェの心をそそるものといえば、世界を股にかけた大賭博、ヨーロッパ大陸を賭博台とし、諸国の命運を賭けた、ヨーロッパ外交という賭博をおいてほかに何もなかったのである。タレーランこそは、たったひとり自分に匹敵する能力の持ち主で、十年もこの欲望を妨げてきたもっとも危険なライバルだが、あいつはいまウィーンに全ヨーロッパの軍勢を集めてナポレオンにしっぺ返しをたくらんでいる。だから現在、外交の任に当たる能力のある者は、この自分をおいてほかにない。こう考えたフーシェは、当然のこととして、外務大臣のポストを要求した。しかし、ナポレオンは疑いの念が抜きがたく、部下のなかで一番切れるこの男にそんな要職を与えるわけにはいかぬとばかり、はねつけた。これは至極当を得た処置で、フーシェはあまりにも有能すぎ、しかも同時にあまりにも信頼できない男だったのだ。警察大臣にしたのもいやいやながらのことであった。というのも、皇帝はこういう野心家にはすくなくとも権力のひとかけらぐらい与えておかないと、逆に噛みつかれる危険があることを知っていたからである。だが、ナポレオンは、フーシェをこれほど要心深く権力から遠ざけておいても、まだ気がすまず、フーシェの宿敵ロヴィゴ公爵を憲兵隊司令に任命し、いわば彼の首に鈴をつけたのだった。こうして、新たにふたりが結びついたその日から、昔どおりの駆け引きもまた復活したのである。すなわち、ナポレオンは直属警察を別につくって、警察大臣を監視し、いっぽうフーシェは、おもて向きの仕事のほかに皇帝の裏をかいて自分の政治をやりだした。ふたりは互いの手の札を見せあいながら、だましあっていたので、力が勝つか技が勝つか、情熱が勝つか理性が勝つか――またしても、どちらかに軍配があげられねばならないのだ。

　フーシェは大臣に就任した。しぶしぶとはいえ、ともかくも引き受けたのだ。このすばらしく情熱的な精神の賭博者にも、悲劇的な欠陥がひとつだけあった。それは決して傍観者にはなれないということだった。世界を賭けた大賭博のなかにあって、彼はものの一時間もそばで手をつかねていることができないのである。たえずカードを手にして、切り札を出したり、切ったり、だましたり、迷ったり賭け金を倍にしたり、また切り札を切ったりしていなければ気がすまないのだ。無理矢理にでもいつもテーブルについていなければいられないのである。どのテーブルでもよい、王政というテーブルでも、帝政でも、共和制でもなんでもよい、ただテーブルに陣どって、何か得られればよいのだ。ただ大臣でありさえすれば、右派の政府のでも、左派のでも、ナポレオンのもとでも、王政下のでも、ただ権力という骨をかじれさえすればよいのだ。フーシェは、道徳とか倫理にはまったく無縁の男である。たとえどんな権力の残りかすでも、与えられたものをつき返すような分別や誇りは持ちあわせていなかった。与えられた仕事ならなんでもする、この冷血漢にとっては、誰が何を与えてくれようと何の意味もない――賭博こそ彼のすべてなのだ。

いっぽうナポレオンのほうも、しぶしぶなことは同じであった。この陰に隠れる男のことを十年前からよく知っているナポレオンは、この男が誰か他人のために働くような人間ではなく、いつもただ自分の賭博の楽しみで動いているのだと見抜いていた。この男はいつかは自分をネコの死骸のように振り落とすだろうし、危急存亡のときには自分を見捨てるにちがいないこともわかっていた。この男は、ジロンド派もテロリストもロベスピエールもテルミドール派も、自分を助けてくれたバラスも、総裁政府も共和国も、統領政府も見捨てて裏切ってきたのだ。だがナポレオンは彼が必要だった、というか、必要だと思っていた――ナポレオンの天才はフーシェを魅惑し、フーシェの有能さはナポレオンを繰り返しとりこにしたのである。フーシェを退けることは生命の危険をおかすことなのだ。この瀬戸ぎわにフーシェを敵にまわすことなど、このナポレオンがするわけがない。というわけで、ナポレオンは多少とも害の少ないほうを選んだのであった。フーシェに雑多な職務や権限を与えることによって気をそらせ、信用できないこの男を働かせることにしたのである。後年、たたかい敗れたナポレオンは、セントヘレナ島でこのときのことをしのび、「この裏切り者だけが私に真実を思い知らせてくれた」と語っている。フーシェにたいして憤懣《ふんまん》やるかたなかったはずのこのときでもなお、メフィストフェレスのようなこの男のなみなみならぬ能力にたいする尊敬の念がひらめいている。天才にとっては、凡庸《ぼんよう》ほど我慢のならないものはないからであろう。欺かれていると知りながらナポレオンは、フーシェはそれでも自分を理解していると思っていた。だからこそ彼は、忠実だが無能な連中より、あえて賢明だが信頼できない男を登用することにしたのだ。それは喉の渇いた者が毒だと知りながらも水を飲まずにいられないようなものであった。十年にわたる執拗な敵意がこのふたりを結びつけていたのだが、それは、ありきたりの友情などおよびもつかぬ神秘的な力によるものであった。

十年間、いやそれ以上も、大臣フーシェという才人は、君主ナポレオンという天才に仕えてきた。十年間つねに、フーシェは配下におかれて。しかし、一八一五年におこなわれたふたりの決戦では、スタートからナポレオンのほうが押され気味であった。彼は名声に酔いしれ、運命は鷲のように羽ばたいて、異国の島からこの男を玉座に運びあげたが、それもこれが最後なのだ。彼を討伐に向かった軍勢は、百倍も優勢だったにもかかわらず、ナポレオンのマントを見ただけで、武器を捨ててしまった。わずか六〇〇人の手勢で上陸した流竄の男は、二十日もたたぬうちに大軍団を率いてパリに迫り、どよもす歓呼に迎えられて、ふたたび歴代フランス国王のベッドで寝る身になった。しかし、続く日々の目覚めはなんとわびしいことであったろう。幻影ははかなく消え、目のあたりの現実に陶酔はたちまちさめてしまった！　なるほど、彼はふたたび皇帝となった、しかし今度は名のみの皇帝にすぎないのだ。かつて彼の前にひれ伏した世界は、もはや彼を主君として認めようとはしなかった。彼は無数の書簡や布告を発して、平和を尊重すると強調してみたが、それらはまったく無視され、みんな肩をすくめるだけで、ごていねいに返事を出そうなどという物好きはいなかった。あちこちの皇帝や王侯に派遣した使者たちは、まるで禁制品を持った密輸業者のように国境で取り押さえられ、相手にされないありさまであった。一度だけ、ある書簡がめぐりめぐってウィーンに着いたが、宰相メッテルニヒは封も切らずに机の上にほうりだしてしまった。周囲を見まわしてみても、昔の友だちや同僚はことごとく風に乗って四散してしまっていた。ベルティエ、ブリエンヌ、ミュラー、ウージェーヌ・ボーアルネー、ベルナドット、オージュロー、タレーランの面々は、自分の領地におさまるか、そうでなければ敵方に通じていた。ナポレオンは人の目をあざむき、自分自身をもあざむかんとして、結局徒労に終わったのである。そのころ、彼は皇后とローマ王（ナポレオンの男児が生まれながらに与えられた称号）の部屋を美しく飾らせていた。まるでふたりが明日にも帰ってくるかのように――。しかし実際には、マリー＝ルイーズは公然の愛人ナイペルクといちゃついていたし、ナポレオンの息子はシェーンブルンで、フランツ・ヨーゼフ皇帝の監視下に、オーストリアの鉛の兵隊を相手に遊んでいたのだ。自国フランスすらが、もはや三色旗を称揚しようとしなかった。南部でも西部でも頻々《ひんぴん》と暴動がおこった。原因は、はてしない徴兵にうんざりしていた農民たちが、またしても彼らの馬を徴発にきた近衛兵たちに手向かったことにあった。街道筋にはナポレオン陛下の布告と称する、鋭い諷刺をこめたこんな戯文が貼りだされた。

「第一条　年々三〇万人の戦争の犠牲を供出することを余は求む
第二条　この数は、事情によっては、余が三〇〇万人に変更することがある
第三条　犠牲者は、すべて、郵便馬車により、戦場に送られるものとす」

世界中が平和を望んでいるのは疑いもないことだった。それゆえ、理性を持った人間な

ら誰もが、この頼みもしないのに帰還した男が万一平和をおびやかすようなことになれば、遠慮なく追い払おう、と待ちかまえているのだ。そしていっぽう——運命の悲劇というべきか——この軍人皇帝が、初めて、自分のためにも世界のためにも休息を欲し、ただ自分の支配権を認めてくれさえすれば和平を講じようと言ったとき、すでに世界の誰も彼を信用しなかったのである。善良な市民たちは株の相場が心配で、給料を半減された将校や職業軍人のように興奮する気にはなれなかった。なにしろ軍人たちにとっては、平和は仕事の妨害なのだから、両者の利害は一致しないのだ。そして市民は、ナポレオンが——必要やむをえず——選挙権を与えるや、たちまち彼の顔に平手打ちをくらわすことをやってのけた。すなわち、彼が十五年間激しい迫害をくわえ、冷飯を食わせていた一七九二年当時の革命派、ラファイエットとランジュイネーを当選させたのである。もはやフランスにはナポレオンの真の味方はなく、彼と結ぼうとする者も、まじめに膝つきあわせて相談にのってくれる者もいない。皇帝は不興気にいらいらと、人気のない宮殿のなかを歩きまわった。ノイローゼ気味で、集中力も弛緩《しかん》した皇帝は、すっかり抑制力がなくなり、めちゃくちゃに歩きまわるかと思うと、突然呆然自失の状態におちいったりした。昼間から横になることもしばしばあり、心の深い所に根ざした疲労、肉体的な疲れではなく精神的苦悩が、鉛の棒となって何時間も彼を打ちのめすのだった。あるときカルノは、皇帝が自分の部屋で息子のローマ王の肖像をじっと見つめながら涙を浮かべているのを見た。また側近は、余は幸運の星に見放された、という嘆きをしばしば聞かされるようになった。この男のなかの鋭敏な磁石は、どんな方法によってか、成功の頂点がすでに過ぎたことを感じとり、そのために意志の磁針はつねに南極から北極へと不安気に揺れ動いた。勝ちいくさに慣れたこの男も、このときばかりは勝てる希望もなく、重い心に鞭打ちつつ、どんな条件でも講和に応じる覚悟で戦争に乗りだしていったのだった。だが、勝利の女神ニーケがひるむ者にほほ笑みかけることは、決してなかったのである。

そういうわけで、一八一五年のナポレオンは、運命の貸し衣裳を着こんだだけの、見せかけの主君、見せかけの皇帝であり、権力の影をまとっているにすぎなかった。しかし彼の側近、フーシェはといえば、この数年ほど力の充実を覚えたことはなかった。陰謀の鞘《さや》に潜ませた、鋼鉄のようにとぎすまされてきた理性は、不断に動揺する情熱ほど摩滅《まめつ》してはいなかったのだ。帝国が復活して瓦解した、この百日天下においてほど、フーシェが才気に富み、しなやかに奔放に活躍したことはなかった。誰もが、ナポレオンではなく、フーシェを救いの神と思い、大きな期待をよせていた。どの党派も――信じられないような話だが――皇帝自身より皇帝の一大臣を信用していたのだ。ルイ十八世も、共和派も、王党派も、イギリス政府もオーストリア政府も、こぞって、フーシェだけを本当の交渉のできる相手に擬していた。疲弊《ひへい》して平和に飢えていた世界は、風のまにまに揺れ動くナポレオンのあてにならない天才より、フーシェの打算的で冷静な理性に信頼をよせていたのだ。そして「ボナパルト将軍」が皇帝という称号を名のることを頑強に拒否した人たちも、フーシェ個人の信望には敬意をあらわした。ナポレオン皇帝の使節が容赦なく捕らえられ投獄された同じ国境を、オトラント公爵の密使は、魔法の鍵でもあるかのごとくに、通り抜けるのであった。ウェリントンもメッテルニヒも、タレーランもオルレアン公爵（一八三〇年の革命で即位する市民王ルイ・フィリップ）も、ロシア皇帝も諸国の王も、そろって彼の密使を待ち受け、下にもおかぬもてなしをするありさまで、かつてのいかさま師が急に世界的大賭博のもっとも信用ある賭博師としてまかり通ってしまったのである。彼は指一本動かすだけで、なんでも自分の思いどおりにできた。ヴァンデ地方に反乱がおきて、いまにも激戦になりそうだとの知らせがはいったときも、フーシェはたったひとりの使者を派遣して、一度の話し合いで内戦を食い止めたのだ。フーシェはあけすけに、勘定ずくで持ちかけたのである。

「いったい何のためにこのうえフランス人の血を流すのかね。数カ月もすれば、戦争が始まって、皇帝が勝つか敗けるか、かたはつく。おそらくは戦わずして諸君のふところにころがりこむはずのもののために、戦う必要がどこにある？　武器を脇において、待つことだよ！」

　感傷ぬきの理詰めのこの説明に、王党派の将軍たちはたちどころに希望どおりナポレオンと和を講じることを承知したのであった。国内の件も国外の件もすべて、まずはフーシェに照会され、議会は彼なしには何も決められなかった――ナポレオンは拳を振りかざそうとしてはいつもその手を逆にねじあげられた。選挙では主君の不利を謀《はか》り、共和主義的色彩の濃い議会をもって皇帝の専制的意図に水をさすこの従者を、彼はなすすべもなく見守らざるをえなかった。こうなったうえは、なんとかしてこの男から逃れようと、あがいてはみたものの、もはやオトラント公爵を不快の臣として数百万ばかりの金を持たせて閑地に追い払った独裁君主の時代はすぎさっていた。いまや、皇帝がオトラント公爵を罷免するのではなく、大臣が皇帝を玉座から引きずりおろすご時勢にあったのだ。

　このときの数週間にフーシェがふるった、独断的だが計算ずくの、あいまいでいてそのじつ明確な政治的手腕は、世界外交史上でももっとも完璧なもののひとつとされている。個人的には彼の敵であり、もともと理想家肌のラマルティーヌさえ、権謀術数主義者フーシェの才には感嘆せざるをえなかった。

「彼はその役割を演じるにあたって、稀有の豪胆さと不敵の実行力を発揮した。これはなんぴとも否めないところである。彼の日々の仕事は命を賭けた綱渡りそのもので、もしナポレオンがすこしでも屈辱や怒りを覚えようものなら、たちどころに彼の首は落ちたかもしれなかったのだ。あの国民公会の時代から生き残った者のうち、ひとり彼のみはその大胆さにおいていささかの衰えもみせていなかった。いっぽうでは、復活した専制政治と生き返ろうとしている自由との板ばさみとなり、他方では、おのれの利害のためには祖国も売りかねないナポレオンと、たったひとりの男のために殺されることを拒むフランスとの間にむごくもさしはさまれて、フーシェは大胆な賭博を打って皇帝を威嚇し、共和派には取り入り、フランスをなだめるかたわら、ヨーロッパには色目を使い、ルイ十八世には微笑を投げかけるいっぽう、諸国の廷臣たちと交渉し、タレーラン氏とは身振りを使って会話をかわした。そしてそう振る舞うことでフーシェは、すべてをあいまいなままにしておいたのである――彼はきわめて複雑で困難な、崇高ではあるが同時に卑劣な、いずれにしろ恐ろしい役割を演じてのけたのであって、歴史はいまだにそのことに正当な関心を抱いてはいないのだ。この役には確かに精神の高貴さは伴わないが、しかし祖国愛と英雄的心情なしには遂行できるものではない。彼は臣下の身分で支配者の高位をしのぎ、大臣の分際で専制君主をさしおき、二枚舌を操って、ナポレオン帝国と王政復古と自由のいずれを選ぶかを決定する裁判官だったのだ。後世の歴史はフーシェを弾劾しているが、しかしこの百日天下の間にフーシェが示した政治的態度はきわめて大胆であり、党派を操縦することに卓越し、策をめぐらすにおいてじつに偉大であったことは、歴史といえども否定できないのである。そしてもし、性格の気高さや徳性がなくても真の為政家たりうるものとすれば、以上の事実によって、フーシェは世紀における一流の政治家のひとりに数えられうるであろう」

詩人にして政治家を兼ね、同時代人であったラマルティーヌは、余韻を色濃くとどめる雰囲気のなかで、こう明快に判断している。ナポレオン伝説というものは、当時から五十年も後になってできたものであり、一〇〇〇万にのぼる死者はすでに地下で腐りはて、無数の傷病兵もすでに墓地に眠り、荒廃したヨーロッパも完全に立ち直っていたことを考えあわせれば、フーシェを裁く声が不当にきびしかったのも不思議ではない。英雄伝説というものはつねに例外なく歴史の一種の背景なので、したがってどの英雄伝説も、背景にふさわしく、実際にはありえないような徳性、たとえばはてしない人間の犠牲や、英雄的な妄想や錯乱にたいする無限の帰依や、他人の壮烈な最期、他人の無意味な忠誠などを、お手軽に要求するものなのだ。ナポレオン伝説も、白か黒かというおさだまりの二分法だけでできており、登場人物たちはいずれも「忠臣」か「裏切り者」に区別されるが、いっぽう、叡智とエネルギーの塊りとなって平和と秩序を再建した初期の統領時代のナポレオンと、専制的で常軌を逸した戦争マニアと化して、おのれの権勢欲のために情け容赦なく世界を虐殺の巷《ちまた》に引きずりこみ、メッテルニヒに向かって「余にとって一〇〇万人の生命なぞ一顧だに値しない」とティムール（トルコ・モンゴル系のイスラム大帝国ティムール朝を創建）めいた暴言を放った後期のナポレオンとの間に、区別をまったくしないのである。フランスでも理性ある人々はみな、この悪魔に憑《つ》かれ、野心の鬼と化し、やみくもにみずからの破滅へと落ちこんでいく男を抑制しようと志したのだが、ナポレオン伝説は、ナポレオンに犬か奴隷のようにおとなしく従うことを断固拒否したこれらの人々、たとえばタレーラン、ブリエンヌ、ミュラーといった人々を、みんなダンテのように憎悪をこめて地獄《インフェルノ》のなかに投げこんでいる。そして、なかでもフーシェは、裏切り者中の裏切り者、「悪魔の弁護人」扱いなのである。伝説によれば、フーシェが一八一五年に単身再入閣したのは、すでにルイ十八世とヨーロッパに買収されていたフーシェが、ナポレオンの背後に忍びより、適当な時期に匕首《あいくち》の一撃を与えるためだったということになる。さらに伝説に従えば、彼はすでに三月二十日のルイ十八世の都落ちに際し、王党派に向かって、次のように言ったといわれている。

「諸君は国王を守りたまえ、君主制を救うことは私が引き受ける」

また大臣を引き受けるに当たっては、従者《サンチョ・パンサ》に向かい、次のように洩らしたとも伝えられている。

「私の第一の仕事は皇帝のあらゆる計画を阻止することだ。三ヵ月後に私は皇帝より強くなっているだろう。それまでに彼が私を銃殺刑にしなければ、彼は私の前に降伏することになろう」

もっとも、遺憾ながらこの予言は、あまりに日付がぴったり合いすぎているところをみると、あとからつくった話であるにちがいない。

しかし、フーシェが以前からルイ十八世と通じていて、国王のスパイとしてナポレオン内閣にはいったのだと推測するのは、気の毒なくらいフーシェを見そこなった話で、とりわけ、彼がすばらしく複雑な心理の持ち主で、想像を絶する悪魔的性格であることを、見きわめていないことになる。フーシェはもちろん徹底して道徳とは無関係なマキアヴェリストだったから、いま述べたような裏切りも、いやどんな裏切りでもやりかねなかったであろう。それは否定できないが、ただ彼ほど賭博好きで大胆な男にしては、そんな裏切りはあまり単純すぎてつまらない代物にすぎない。よしんば相手がナポレオンであろうと、たったひとりの人間をまんまとだますことなど、彼の方針には合わないのだ。あらゆる人間をだまし、万事あいまいにしておいてみんなをおびきよせ、あらゆる党派をひとしく手玉にとって、金輪際既定方針には従わず、ただその場その場の勘に頼って行動し、変化の神プロテウスよろしく自在に姿を変えることが、彼の唯一の欲求であった。フランツ・モール（シラーの戯曲『群盗』の主人公）やリチャード三世（シェイクスピア作）にみられる直情径行型の陰謀家ではないのだ――とらえどころがなく、自分自身でも驚くような役柄だけが、彼の外交家気質を激しくかきたてるのである。彼には、困難がゆえに困難を好む傾向があるので、わざわざむずかしさを倍にも数倍にもするのだった。単なる一度きりの裏切り者でなく、何度も何度もあらゆる相手を裏切る態の、天成の裏切り者なのである。じじつ、彼を一番深く知るナポレオンは、セントヘレナ島で、意味深長な言葉を吐いている。

「余は真の完全無欠な裏切り者をひとりだけ知っている。それはフーシェだ」

完全無欠な裏切り者――機会があれば裏切るのではなく、天才的な裏切り者――フーシェこそまさにそれであり、それ以外の何者でもなかった。なぜなら裏切りは彼にとって意図したものでもなければ謀ったものでもなく、持って生まれた性格だったからだ。彼の本質を理解するには、戦争の際の二重スパイから類推するのが、おそらく一番手っとりばやいだろう。二重スパイは外国に機密を洩らし、その国からさらに重要な情報を引きだし、こうして情報をあちこちに持ちまわるうちに、自分でもどの国のためのスパイ行為であるかわからなくなってくる。彼らは両方から金をもらいながら、そのどちらにも忠実ではない――実際、ただあっちへ行ったりこっちへ行ったり、ふたつの勢力にはさまれて二枚舌に賭けることにだけ熱中するので、もはや金など問題としない、まったく危険な悪魔的快感に身をゆだねているだけなのである。そして秤《はかり》がいっぽうに傾いたと決まったとき、賭けの情熱にかわって理性が働き、金勘定が始まるように、勝負がついたとき、初めてフーシェは態度を決定する――国民公会のときもそうだったし、総裁政府のとき、統領政府のとき、帝政時代、みなしかりである。戦いの最中は誰の味方でもないが、勝負が終わればいつでも勝ったほうの味方なのである。ワーテルローの戦いで、もしグルーシー元帥の来るのが間に合っていたら、フーシェは（すくなくとも暫時は）ナポレオンのもっとも信頼できる大臣になっていたことだろう。だがナポレオンは戦いに敗れたから、フーシェは彼を見捨てて、去ったのだ。百日天下の間の自分の態度について、彼は自己弁護をするでもなく、彼らしいシニシズムをこめて言ったものだ。

「ナポレオンを裏切ったのは私ではなく、ワーテルローだ」

　それはともかく、ナポレオンは自分の配下の大臣がこんなうさん臭い賭けをやっていることに激怒した。今度ばかりは自分の首が賭けにさらされているのだから、怒るのも道理であろう。十年一日のごとく毎朝、フーシェはやせこけて血の気のない蒼白な顔をして、刺繡のある黒い礼服で伺候《しこう》し、見事な、明晰で非の打ちどころのない現況報告をやってのけるのだった。誰も彼以上に事態を見通している者はなく、これ以上正確な分析は望めない、この卓越した才能はすべてを見抜いている――ナポレオンはそう感じた。と同時に、フーシェが知っていることのすべてをしゃべってはいないとも感じとっていた。オトラント公爵の邸に外国の密使がひんぴんと訪れ、ドアを閉めきった警察大臣室に怪しげな王党派の使者が昼夜をとわず出入りしていることも、彼が皇帝に報告をはばかるような協議や取り引きをしていることも、皇帝はよく知っていた。フーシェは、はたしておもて向きの言いわけどおり、情報を得るためにそうやっているのだろうか、それともこっそり陰謀をたくらんでいるのだろうか、いったいどっちなのか？　四面楚歌の状態にあって、足もとに火のついたナポレオンにとっては、いても立ってもいられないくらい不安なことだ！彼はなんとかフーシェから聞きだそうと、親しげにたずねたり、力ずくで警告したり、口汚く嫌疑の言葉を浴びせたりしてみたが、なんの役にもたたなかった。フーシェの薄い唇は堅く閉じたまま、梃子でも開くようすはなく、無表情なその目はまるでガラス玉のように見えた。フーシェには近寄りがたいものがあり、口を割らせて秘密を聞きだす術《すべ》はなかった。ナポレオンはとうとうかんかんになって、なんとかそのしっぽを捕らえんものと考えた。誰の手のうちもすっかり見透かしているこの男は、いったいおれを裏切っているのか、それとも裏をかかれているのは敵なのか、なんとか知る方法はないものか？　相手を見通しながら自分の腹を割らない男のしっぽをつかまえるには、どうすればよいのだろう？

　とうとう――助かった！――手がかりが、ほとんど証拠といえる足どりが、見つかった。四月にはいって、例の、警察大臣の監視に当たらせていた皇帝の秘密警察は、自称ウィーンの銀行員という男がパリに到着し、オトラント公爵邸に直行した事実をかぎだしたのだ。密使はすぐさま尾行のうえ逮捕され――もちろんフーシェ警察大臣のご存じないうちに――馬車でエリゼ宮の園亭にいるナポレオンのところへ連行された。そして即刻銃殺するぞとおどかされたこの男がとうとう、バーゼルで秘密の会合を開きたいという、フーシェあてのメッテルニヒの手紙を持ってきた、と白状したとき、ナポレオンは憤怒で逆上した。大臣の身で、敵国の大臣からそんな謀略の手紙を受け取るなんて、大逆罪だというわけである。そこで皇帝は当然のことながら、この不忠の臣下を逮捕して書類を押収しようとした。しかし、腹心の部下たちは、まだ証拠を握ったわけではないし、いままでの例からみて、あの要心深いオトラント公爵が、しっぽをつかまれるような書類を残しておくわけがない、とこれを思いとどまらせたので、彼はまずフーシェの忠誠をためすことにした。そこで皇帝はフーシェを招いて、当のフーシェから教わったもののあまりためしたことのないこの腹芸を演じ、目下の状況を話させるふりをして、さりげなくオーストリアと交渉の余地はあるかと訊《き》いてみた。例の密使がとうにバラしてしまったとはつゆ知らず、フーシェはメッテルニヒの手紙には一言も触れなかったので、ナポレオンは自分の家臣の奸計について確信を得たが、一見なにもなかったような顔をして退出させた。こうしておいて皇帝は、怒りをこらえながら、この裏切り者に泥を吐かせるべく、モリエールばりの気の利いた喜劇を仕組んだのである。つまり替え玉を使うのだ。密使の自白によって、メッテルニヒの使者と落ち合うときに使う合言葉がわかったので、皇帝は自分の側近をフーシェの側近として乗りこませることにした――そうすればオーストリアの密使が内密のことをすべてうちあけてくれ、それだけでなく、フーシェの裏切りの程度も皇帝にはわかるだろう。ナポレオンの使者はその日のうちに出発した。二日もすればフーシェは化けの皮を剝がされて、自分の仕掛けた罠に自分の足を取られるのだ。

　だが、いくらすばやくつかもうとしても――ウナギにしろヘビにしろ、真の冷血動物は、素手でつかめるものではない。ナポレオンの演出した喜劇は、完全な喜劇がいつもそうであるように、裏のストーリーも持っていたので、いわば二重底になっており、底の底があったのだ。ナポレオンがフーシェの背後に秘密警察をつけたように、フーシェのほうもぬかりなく皇帝の書記を買収して秘密の情報を得ていたのだ。フーシェの情報網も、皇帝のそれに比し、俊敏さにおいてひけをとるものではなかったのである。ナポレオンの密使が仮面劇を演ずべくバーゼルのホテル「ドライ・ケーニゲ」（三人の王様の意）に向かったその日のうちに、はやくもフーシェは危険をかぎつけていた。ナポレオンの「信頼篤い人《フェアトラウテン》」のひとりが、例の喜劇のことをフーシェに信頼して《アンフェアトラウト》伝えたのである。不意打ちをくうはずのフーシェは、さっそく翌朝、毎日の報告の席上で、逆に皇帝の不意をついたのであった。会談の途中で、フーシェはなにげなく額をたたいて、まったくとるに足らぬことなのでうっかり忘れていたという調子で切りだした。

「あ、そうそう、陛下、メッテルニヒから手紙が参りましたが、ついご報告を忘れておりました。なにしろもっと重要なことが山積しておりますし、それに使いの者が字を浮きださせる薬品を渡してくれなかったので、初めはてっきりまやかしだと思ったくらいでして。今日、とりあえずご報告いたしておきます」

ここでついに、ナポレオンも勘忍袋の緒を切って、どなりつけた。

「フーシェ、貴様は裏切り者だ、絞首刑に処してやる！」

すると落ち着きはらって、冷静無比の大臣は答えた。

「陛下、臣は御意《ぎょい》に沿いかねます」

ナポレオンは怒髪をさかだてた。またしてもこの悪魔の兄弟分《フラ・ディアヴォーロ》は機先を制し、前もって白状して、するりと逃げてしまったのだ。二日後に、バーゼルの会談について密使が帰って報告してきたが、決め手となるようなものはないばかりか、不愉快な話ばかりであった。オーストリアの密使の言動から明らかになったことは、要心深いフーシェの手口がきわめて洗練されていて、両者の関係についての明白な証拠はなにもないこと、そしてフーシェが皇帝に隠れて、あらゆる可能性に対応する賭博をやっていることくらいだった。いっぽう、不愉快な情報とは、列強諸国が、フランスがいかなる統治形態になっても同意するが、ナポレオン・ボナパルトの統治だけは例外だ、と言っているということである。憤懣のあまりナポレオンは歯ぎしりした。彼の言葉は迫力を失っていた。あの陰険きわまりない奸臣に背後から闇討ちをかけようと思ったのに、かえって自分が致命傷を受けたのだ。

フーシェにまんまと裏をかかれて、彼を討つ決定的瞬間を逃がしてしまったことは、ナポレオンも承知していた。彼は側近に述べた。

「あいつが余を裏切っているのはまぎれもない事実だ。メッテルニヒとの書状のやりとりを打ちあける前にあいつを追っ払わなかったのは、なんとも残念だが、チャンスはすでに逸したのだ。いまとなっては、口実がない。いまから追っ払おうものなら、あいつは余が邪推のためになんでも犠牲にする暴君だと言いふらすにちがいない」

皇帝は鋭い先見の明で自分の敗北を認めたが、まだあきらめきれずに、この裏表のある男をなんとか自分の手もとに引きよせられないものか、さもなくば不意を襲って息の根を止めてやれないものかと煩悶していた。彼はあらゆる手段を用いて、信用するふりをしたり、友情を示したり、ときには太っ腹に、ときには慎重に試みたが、どの面をとっても一様に磨きぬかれて冷たく輝く宝石のようなこの男にぶつかっては、その強い意志も力なくはね返されるだけであった。それはダイヤモンドのごとしで、砕いたり、捨てたりすることはできても、穴をあけるわけにはいかないのだ。疑惑にさいなまれて、皇帝はとうとうノイローゼにおちいった。カルノが物語る次の場面は、自分の無力さにいらだった皇帝が、その焦燥感を加害者にぶちまけるようすを劇的に伝えている。

「オトラント公爵、貴下は余を裏切っておるぞ。ちゃんとその証拠がある」

ナポレオンは閣議の最中、やにわにこう言って、このおよそ無感動な男にくってかかり、机の上にあった象牙製のメスを取りあげたのだ。

「このメスを取って余の胸をひと突きしたらどうだ。それでも貴下のいまやっていることよりまだしも忠義なおこないというものだ。貴下を銃殺に処するくらいのことは簡単だ。全世界の者も賛成するだろう。だがなぜ余がそうしないか、聞かせてやろう。余は貴下を軽蔑しておるからだ。余の秤の上では、貴下は一グラムの重さもないからだ！」

いまやナポレオンの不信は憤怒と化し、苦悩は憎悪に変じた。彼はかくも自分を苦しめた男のことを決して忘れないであろう。フーシェもそのことは十分承知していた。だがフーシェは、皇帝の権力がいまや風前の灯にすぎないことをはっきり見通して、あざ笑っていた。

「あの男がいくらたけり狂っても、四週間もすればおしまいさ」

だから彼には、いまさらナポレオンと折り合おうなどという気は毛頭ないのだ。いずれ列強諸国との決戦が終われば、自分かナポレオンか、どちらかがほうりだされるのは明らかなのだ。

「勝った暁には、戦勝の第一報とともに、フーシェの追放令状もパリに届けてやる」

そうナポレオンが公言していることを、フーシェは知っていた。そのときには、追放どころか、逮捕状も添えてくるにちがいない。状況は、歴史の針を二十年戻した一七九三年とそっくりだ。あのときも同じように、時の最高権力者ロベスピエールが断固として言ってのけたものだ。二週間以内に、おれの首が落ちるかフーシェの首が落ちるか、どちらかだ、と。オトラント公爵はそのときから、自分を運の強い男と思い始めたのである。彼は、ナポレオンの怒りを買わないほうがよい、と忠告してくれた友人のひとりに、そのときの話をしてこういった。

「ところが、落ちたのはロベスピエールの首だったよ」

六月十八日、アンヴァリッド館の前で、突如大砲の音がこだまし、パリ市民は興奮して躍り上がった。十五年来、この名誉を讃える砲声は、彼らになじみ深いものだった。戦争は大勝利に終わったのだ——「官報」はブリュッヒャー（プロイセン軍）とウェリントン（イギリス軍）が完膚なきまでに打ち破られた、と報じた。街路は興奮した人の波にあふれ、日曜日のようなにぎわいだ。つい二、三日前まで動揺していた人心は一変して、皇帝に忠誠を誓い、興奮が高まった。だが人気にもっとも敏感な株の相場は四ポイントも下がった。ナポレオンが勝つと、戦争が長引くからだ。そして、とどろきわたる勝利の大砲の音に肝を冷やしている男がひとりいた。フーシェだ。あの専制君主が勝利を得ると、自分の首が飛ぶのだ。

だが実際は、なんとも皮肉な悲劇が演じられていたのだった。パリでフランスの大砲が礼砲を放っていたころ、ワーテルローでは、すでにイギリス軍がナポレオンの歩兵と近衛兵の軍団を叩きつぶしており、首都パリがなにも知らず、勝利の炬火であかあかと輝いているとき、プロイセンの騎兵軍団は、敗走するフランス軍を最後の一兵まで馬蹄で蹂躙《じゅうりん》していたのだ。だが、パリでは翌日も、なにも知らないまま勝利を信じこんでいた。やっと六月二十日になって、どこからともなく薄気味悪い知らせが洩れてきた。誰も彼も色蒼ざめ、唇をわななかせて、不吉な噂をささやきあった。家のなかでも街頭でも、証券取引所でも兵営でも、よるとさわると敗けいくさの話でもちきりになり、新聞は麻痺したように沈黙していた。しゃべる者、ためらう者、悲しむ者、ぶつぶついっている者、望みを捨てない者等々、突如おじけづいたパリの町は、悲喜こもごもであった。だがひとりだけ活動している者がある。フーシェだ。フーシェは(もちろん誰よりも早く)ワーテルローの敗北を知るやいなや、ナポレオンを、もはややっかいな死体にすぎないとみなして、できるだけ早く処分することにしたのである。そこでさっそく彼は鋤《すき》を手にしてナポレオンの墓穴を掘り始めた。まず、あらかじめウェリントン公爵と接触しておくために、さっそく書状を書くとともに、比類ない心理的洞察力を働かせて、代議士諸公にたいし、ナポレオンがパリへ帰った暁には、まず第一に諸君を故郷へ帰すだろうと警告した。

「彼はいやがうえにも狂暴となって、即刻独裁権を要求するであろう」

だから、いまのうちに棍棒をふるってその出鼻をくじくのだ！　というわけで、その日のうちに議会は討議を開始し、閣議ではナポレオンがふたたび権力を握る最後の可能性も摘《つ》みとってしまった。これらの措置をフーシェは、ナポレオンがパリに向かって出発する前に完了していたのである。時の流れを支配する者は、ナポレオン・ボナパルトではなく、ついに、ついに、フーシェその人となったのだ。

夜もまだ明けやらぬ頃、経帷子《きょうかたびら》のような夜の衣をまとって、一台の見すぼらしい馬車が(ナポレオンの馬車は玉座や剣や書類もろともブリュッヒャーに捕獲されていた)パリの市門を通り、エリゼ宮へ進んでいった。

「勇気あるすべてのフランス人にとって、いまこそ勝利か死かを決するときがきたのだ」

六日前に激しい口調で悲愴な命令を全軍に下したこの男は、死にもしなければ勝ちもしなかったが、ワーテルローとリニーでは、またしても六万の生命が彼のために失われたのだった。彼はかつてのエジプト遠征やロシア遠征のときと同じく、権力を立て直さんものと急いでまた帰国したが、途中わざわざ馬車の速度を緩《ゆる》めて、夜陰にまぎれてこっそり到着するよう図らったのである。そしてまっすぐテュイルリー宮に行ってフランスの代議士たちと会見するのを避け、打ちのめされた神経を休めるため、皇帝の宮殿より小さくて少し離れているエリゼ宮へはいったのである。

打ち砕かれ疲れきった人が、もはやどうにもならないことを説明し弁明しようと、とりとめもなく口走りながら馬車からおりてきた。熱い湯にはいって疲れを休めた後に、ようやく彼は大臣たちを招致した。打ちのめされたこの男は、またしても、新たに一〇万の兵を徴集し、豪奢な馬を集めて、と夢のような空想をならべたて、大臣たち（大臣たちは、疲弊しきったフランスからはこれ以上一〇〇人だって駆り集めることはできないのをよく知っている）を前にして、二週間もすれば二〇万の軍勢を率いてふたたび同盟軍を迎え撃つのだと計算してみせた。この性急でとりとめのない敗残の将の話に、大臣たちは不安を覚え、同情と怒りに揺れながら、形だけの敬意とともに、耳を傾けていた。頭を垂れて立ちならぶ大臣たちの間には、フーシェも交じっていた。こんな熱に浮かされたような話も、いってみればあの巨大な権力への執着が、いまだに死にきれずに最後のあがきを見せているのだ、ということは彼らにはわかっていた。フーシェの予言はぴたりと的中した。ナポレオンはすべての軍事的、政治的権力を一手に握るための独裁権を要求したのである。それはおそらくは、大臣たちの拒否を予期して、後世の歴史の審判の前に立ったとき、最後のチャンスを逸した責任を彼らになすりつけんがための要求であったろう（この種の責任転嫁は現代でもよく使われる術だ！）。

しかし大臣たちはみな慎重な態度を示し、苦悩のため熱に浮かされているこの男を、手きびしい言葉でやっつけるのは恥ずかしいと感じていた。一座のうちフーシェだけが、もはやなにもいう必要がないので黙っていた。というのは、彼はすでに長い時間をかけて、ナポレオンの最後の猛攻を力で反撃しようと準備に怠りなかったからだ。瀕死の病人の最期の激しいけいれんを冷静に観察し、いつ脈が止まり抵抗力がなくなるか、前もって計算しておいたので、彼はこの無益なたわごとを聞いても、同情する気はさらになく、ただ医者のように客観的な好奇心をもってたいしていたので、薄い血の気のない唇からは、一言の言葉も洩れはしなかった。この男は瀕死の病人だ、手の下しようのない絶望的な男にすぎない、絶望のはてにいくらわめこうと、なにほどのことがあるものか！　皇帝がわけのわからぬ幻想を描いて自分をも他人をも酔わせようと夢中になっている間に、テュイルリー宮ではすでに議会が、情け容赦もなく、いまやなにものによっても妨げられないフーシェの命令どおりに、かずかずの手を打っていることを、彼は知っていたのだ。

もちろんフーシェ自身は熱月《テルミドール》九日のときと同じように、この六月二十一日も議会に姿をあらわさなかった。陰で装備を整え、戦略を立て――それで事は足りるのだ――適材を選んで、適時に攻撃をかけるだけでよい。そして彼が選んだ適材は、ナポレオンの悲劇的で、ほとんど奇怪な敵役、ラファイエットであった。二十年前、アメリカ独立戦争の英雄として帰国したラファイエットは、少壮気鋭の貴公子であり、その名声はすでに両大陸をおおっていた。革命の旗手、新思想の開拓者、民衆の寵児として、若年にしてすでに権力の快感を知ったのである。ところが突如、無に等しいちっぽけなコルシカ人の陸軍中尉が、破れマントにボロ靴をはいてバラスの寝室からあらわれ、二年の間に、彼の築き上げたすべてのもの、つくり始めたものを、その地位と名声もろとも一切合財奪ってしまったのだった。これは忘れようとしても忘れられることではない。自尊心を傷つけられたラファイエット侯爵は恨みをのんで所領に隠棲したが、かたやナポレオンは刺繍を施されたマントを羽織って全欧の諸侯を睥睨《へいげい》し、かつての貴族的独裁にかわるに、さらに苛酷な天才の独裁をおこなったのである。上昇を続ける太陽は僻地の領主には恩寵のかけらすら与えようとはせず、一度ラファイエットが質素な身なりでパリに姿をあらわしたときにも、この成り上がり者の皇帝は一顧だにしなかった。将軍たちの金モールの礼服や元帥たちの血に染まった制服も、彼の名声がすでに埃に埋もれていることを強調しているように見えた。ラファイエットは忘れられ、この二十年間、その名を口にする者とてなかった。頭にはすでに白髪を戴き、潑剌としていた四肢も、よる年波にやせ衰えてひからび、軍隊も元老院も誰ひとり彼に出仕を求めるでもなく、世間にさげすまれながら彼はラグランジュの所領でバラ栽培とジャガイモ作りに明け暮れていたのである。彼ほどの野心家に、この屈辱がどうして忘れられようか。さて一八一五年、過ぎし日の革命を目のあたりに思い起こした民衆は、ふたたび彼らの昔の寵児を代表者に選んだのだ。このためナポレオンがやむなく彼に言葉をかける羽目になったとき、ラファイエットは冷然とすげない言葉を返しただけであった。彼は敵意を隠すにはあまりにも誇り高く、あまりにも誠実で真っ正直すぎたのである。

　いまやフーシェの後援を得て舞台に登場した彼に、せきとめられていた憎悪の念が、叡智と力を与えた。往年の旗手はふたたび演壇に獅子吼《ししく》して、その第一声を放った。

「ここに多年の沈黙を破り再起の声をあげるにあたって、自由の友たりし諸君は私の声を聞き分けてくれるであろう。私はいそぎ諸君に告げねばならぬ。我らの祖国はいまや危機に瀕しており、祖国を救いうるものはただ諸君のみであることを」

　ここにふたたび自由という言葉が発せられたが、このとき自由とは、ナポレオンからの解放を意味した。ラファイエットは、ナポレオンが議会を解散したりふたたび国政を牛《ぎゅう》耳《じ》ったりすることに徹底的に反対する動議を出し、感激した議会は長期開会を宣して、以後議会を解散せしめんとする者はすべて祖国に反逆する輩《やから》とみなすことを決議した。

かかる苛酷な決定が、誰にたいしてなされたかは容易にわかることであって、ナポレオンはその報告を受けるや、脳天に一撃をくらったように感じた。彼は怒りに燃えて叫んだ。

「あの連中を出発前にかたづけておくべきだった。だが、もう手遅れだ」

だがじつをいうと、まだ手遅れでもなければ、遅すぎもしなかったのである。たった一筆退位宣言書を認《したた》めさえすれば、自分の息子に王位を譲ることも、自身の自由を確保することも可能だったし、エリゼ宮から、一〇〇〇歩も離れていないテュイルリー宮に出むいて議会に臨席するだけで、羊のようにおとなしい代議士連を意のままにすることもできたのだ。ところが、決断をくだすべき肝心のときに限って、ふだんは精力の塊りのような人間が突如精神の麻痺症状をきたして、奇妙な優柔不断におちいるという驚くべき現象が歴史にはしばしばあらわれるもので、このときのナポレオンがまさにそうであった。反逆直前のヴァレンシュタイン（シラーの戯曲の主人公）にしろ、熱月《テルミドール》九日のロベスピエールにしろ、決戦に臨む多くの指揮官たちにしろ、いずれも早すぎたところで大過ないような大事なときに、宿命的な逡巡を示しているが、ナポレオンもおのれの運命を左右するという大事な瞬間に、気のない二、三の大臣たちに向かって相談を持ちかけ、命令を口述し、いまさらなんの役にもたたないのに、過去の失敗についてくどくど述べたてていたのだ。愚痴をならべ、夢想し、芝居じみた激情にかられてはいたが、まったく勇気を失っていた。いたずらにしゃべるだけで、なんら行動には出なかった。人間の生涯に同じことが二度おこるわけもなく、政治の世界ではあのときああだったからと類推するのは危険な考えであるにもかかわらず、ナポレオンはこれらに気づかぬかのように、霧月《ブリュメール》十八日の轍《わだち》を踏むべく、弟のルシアンを議会に送って議員たちを説得しようとした。だが、あのときはナポレオンの戦勝という事実が雄弁に弁護してくれたし、強い近衛兵や断固たる将軍連も味方であったから、ルシアンも容易に議員を説得できたのだ。加うるに、さらに宿命的な事実をナポレオンは忘れていた。当時から十五年の間に、彼のために一〇〇〇万人の人々の命が失われていたのである。さてルシアンが議会の演壇にのぼり、フランス国民は恩知らずにも兄ナポレオンを見捨てようとするのか、と責めたてたとき、ラファイエットが突如立ち上がり、幻滅した国民の叫びを代表して、この虐殺者にたいする積年の怒りを爆発させたのである。その不滅の言葉はあたかも火薬に火を投じたごとく、一撃でナポレオンの最後の希望を打ち砕いたのだ。

「われわれが貴下の兄のために十分につくさなかったと貴下はあえて言われるのか？　われわれの息子が、兄弟が、全世界のいたるところで白骨となって貴下の兄への忠誠を示したことを貴下ははやお忘れなのか？　この十余年、あるいはアフリカの砂漠で、あるいはグアダルキヴィル河の岸辺で、はたまたタホ河、ヴァイクセル河の岸で、遠くモスクワの氷の原野で、三〇〇万のフランス人が、たったひとりの人間のためにたおれたではないか！　しかしその男は、いまなおわれわれの血をもって全ヨーロッパと戦う気でいるのだ。たったひとりの男のために、これは十分すぎるほど十分な犠牲ではなかったか！　いまや祖国を救うのはわれわれの義務である！」

嵐のような拍手がまきおこり、誰もが考えた、これでナポレオンも退位のときがきたことを悟るであろう、と。しかし、およそこの世で権力から離れることほどむずかしいものはないとみえ、ナポレオンは退位をためらったのである。そして、この逡巡のゆえに、彼の息子は王位を失い、彼自身は捕らわれの身となったのだった。

フーシェはもう我慢ならなかった。あのやっかい者が自分でやめないというのなら、こちらがかたづけるまでのことだ。この男を包んでいる巨大な後光も、すばやく手を打てば、たちまちはげ落ちる。フーシェは腹心の代議士を集めて策動し、さっそく翌朝、議会はナポレオンにたいし命令的に退位を要求したのである。しかし、権力に飢えた血が血管をかけめぐっているナポレオンには、これくらいのことではよくわからなかったと見え、彼は相変わらず、誰彼の区別もなく口説《くど》いて歩いていた。そこでとうとう、フーシェの指示を受けたラファイエットが決定的な発言をおこなったのである。

「彼が退位を逡巡するなら、私が廃位を提案しよう」

議会は、この世界の君主、権力に憑かれた男が帝位を断念し、名誉ある退位をおこなうために、彼に一時間の猶予を与えた。だが、彼はこの猶予を政治的に用いようとはせず、一八一四年にフォンテーヌブロー宮で将軍たちを集めて演じたときと同様に、またまたこの時間を利用して芝居がかった演出を試みようとしたのである。ナポレオンは怒りに燃えて叫んだ。

「なに、力ずくで退位させるとな。そのような情勢ならば、余は退位せぬ。議会はジャコバン派と野心家の巣窟ではないか。余はあの連中を国民の前に告発し、蹴散らしてやるべきであった。だが、余は失った時間は取り返してみせるぞ」

しかし本当のところ、ナポレオンはますます激しく退位を迫られ、払うべき犠牲をますます多くしたので、実際に一八一四年当時の将軍たちと同じように、今度は大臣たちが思慮深く退位を迫っていたのである。だがフーシェは、ひとり沈黙を守っていた。情報は陸続とはいり、時は容赦なく過ぎていった。とうとう皇帝はフーシェを一瞥したが、居合わせた者の語るところによると、それは嘲けるような、そして憎悪が燃えさかっているような一瞥だったということである。そして皇帝はフーシェに向かって横柄な口調でさげすむように話しかけた。

「君、代議士諸公に一筆書いてやり給え、君たちの満足がいくようにするから、おとなしくしていろ、とな」

フーシェは即座に筆を取り上げ、議会にいる手先にあてて、愚かな真似はもういい、と二、三行認《したた》め、その間ナポレオンは、退位宣言書を弟のルシアンに口述筆記させるため、別室へ退いた。

ほどなくナポレオンは閣議室へと戻ってきたが、この重大な書類をいったい誰に渡さねばならなかったか。恐ろしい皮肉だった。ほかならず、この書類を書くよう強制し、無慈悲な伝令の神ヘルメスのように厳然と待ち受けている当の男に渡さねばならなかったのだ。皇帝は、一言も発せずに、書状をフーシェに手渡した。フーシェも一言も発せず、やっとのことで勝ちとったこの書類を受け取り、頭を下げた。

だがそれは、彼がナポレオンの前で頭を下げた最後であった。

オトラント公爵フーシェは、このときまで議会に姿をあらわさなかったが、戦い決したいま、世界史的文書を手にして、悠然と演壇をのぼっていった。陰謀家にふさわしくやせ細って、骨張った彼の手は、このとき、誇らしさのあまり、ふるえていたかもしれない。彼はふたたびフランス最強の男に打ち勝ったのであり、一八一五年六月二十二日は、彼にとって二度目の熱月《テルミドール》九日となったのである。感動のあまり深い沈黙につつまれた議場に立って、フーシェは、自身なんの感動もなく冷ややかに、去り行くかつての主君にたいし、二言、三言訣別の辞を述べ、掘ったばかりの墓に造花の花を捧げたのだった。だが、いま、これ以上感傷的になる必要がどこにあろう！　巨人の手から権力を叩き落としたのは、なにも床の上にころがしておくためでもなければ、敏捷な奴どもの獲物にするためでもない。いまや多年待ちこがれてきたこの瞬間を活用し、権力をつかむことこそが問題なのだ。そこで彼は、今度こそ自分が選ばれると確実に見こんだうえで、ただちに五人の総裁を選んで臨時の総裁政府を組織しようと提案した。だがこのときまたしても、あれほど待ち望んでいた独裁権が、その手からすべり落ちそうになった。選挙の一番手ごわい相手で、ナポレオン退位にあたって、その廉潔さと共和主義的信念を発揮し起爆薬の役割を果たしてくれたラファイエットにたいしては、奸計を用いてかたづけるのに成功したものの、いざ投票してみると、一回目にしてカルノ三二四票にたいし、フーシェ自身は二九三票しか取れず、新しい臨時政府の首班は、はっきりカルノの手に落ちてしまったのだ。

　とはいうものの、そこはさるもの、賭博師フーシェは、ゴール寸前となって、この決定的瞬間に、またしても水ぎわだった、だが卑劣きわまりない手を打ったのである。票数からいえば、首班は当然カルノのものであって、今度こそ第一人者として無制限の命令権を握れるものと考えていたフーシェは、この政府でもまたもや次席にしかなれないようだ。そこで彼はじつに巧妙な一計を案じたのだ。五人の総裁が集合し、カルノが当然のこととして首班の椅子に坐ろうとしたとき、フーシェは、同僚に向かい、さもわかりきったことだがというような顔で、まずこの五人の構成を決めようと提案したのである。突然そんな

ことを言われてびっくりしたカルノが、

「構成を決めるってなんのことですか？」

とたずねると、フーシェはなにくわぬ顔で答えた。

「つまり、われわれの書記長と主席総裁を選ぶんですよ」

そして謙遜を装ってつけ加えたものである。

「もちろん、主席総裁を選ぶときは、私の一票はあなたに役じますがね」

カルノはまんまと引っかかって、ていねいに答えた。

「私もあなたに投票しますよ」

ところが、同僚のうちふたりは先刻フーシェに買収されていたので、フーシェはこれで三票となり、二票のカルノがどれだけ愚弄されたか気づかぬうちに、フーシェが主席総裁になってしまったのである。こうして一番人気のカルノも、ナポレオン、ラファイエットに続いてまんまとしてやられ、かわって狡猾無比の男がフランスの運命を握った。すなわちジョゼフ・フーシェである。六月十三日から十八日までの五日間で、皇帝は権力を失い、六月十七日から二十三日までの五日間で、フーシェは権力を握った。いまや彼はついに臣下ではなく、初めてフランスの絶対的支配者となり、世界政治という、もっとも愛好する錯綜した賭博も、意のままに、神のごとく意のままに、することができるのだ。

そこでまず最初の措置だ。皇帝をかたづけてしまおう！　フーシェにとってナポレオンは、その影を見ただけで重圧を感じるものなのである。ナポレオンも在位中、フーシェのような端倪《たんげい》すべからざる男がパリにいると知っただけで不安を感じたものだが、フーシェのほうも、この灰色の外套と数千マイルも離れていないと息がつまりそうな気がするのだった。いまや彼はナポレオンと面談するのを避けるようになり――感傷的になったとてなんになろう？――必要なときは口述書を送ることにした。それも初めは、好意的に薄いバラ色の紙で包んでいたが、たちまちのうちにそんなあいまいな儀礼はかなぐり捨てて、失脚した男に容赦なく、その無力さを悟らせた。ナポレオンが麾下の軍隊にあて、悲愴な告別の辞を書いたときも、彼はそれを無造作に机の下に捨ててしまい、翌朝ナポレオンは、「官報」におのれの告別の辞が掲載されていないのを見て、愕然としたのであった。フーシェが掲載を禁じたのである。フーシェが皇帝に禁じるとはなんたることだ！　ナポレオンは、かつての臣下がおのれをしのぎ、かくも大胆に振る舞うとは、いまだに信じられない思いだった。だがフーシェの堅い拳は時々刻々彼を打ちすえ、とうとう彼はマルメーゾン宮に移らざるをえなかった。しかし、ナポレオンはここに腰をすえて抵抗した。ブリュッヒャーの竜騎兵が迫ってきたから、すこしは理性を取り戻して早く身を隠せと、フーシェがいくら厳しく警告しても、がんとして動こうとしなかった。自己の没落を感じれば感じるほど権力にしがみつき、あげくのはてには、馬車が中庭に待っているというときになっても、まだ大げさな芝居じみたゼスチュアを思いつくという始末だった。皇帝たる彼が一将軍として、もう一度軍の先頭に立ち、勝利か死か決したいというのである。しかし、味も素気《そっけ》もないフーシェは、そんなロマンチックな申し出をまじめにとれず、憤慨してどなりつけた。

「この男はわれわれをからかう気かね？　彼が軍の先頭に立ったりすれば、ヨーロッパはまた新しい挑戦を受けたと思うし、それにナポレオンの性格からして、権力に無関心だなどということは考えられない話だ」

彼は、この申し出を伝えた将軍にたいし、皇帝護送の任務もはたさないで、そんな報告を持ってくるとは何事だ、と叱りとばし、あのやっかい者を即刻追い払ってしまえと命じたが、ナポレオン自身にはなんの返事を与える労もとらなかった。この男にとって、敗軍の将など、びた一文の値打ちもないのである。

さて、これでもうかたづいた。いまや彼は目標に到達したのだ。ナポレオンも処理ずみとなったいま、オトラント公爵は五十六歳にして、ただひとり、無制限な権力の絶頂に立ったのだ。だが過ぎし四半世紀をふり返ってみると、なんとはてしなく長い、迷路のように曲がりくねった道を通り抜けてきたことだろう。小柄な、顔色の悪い商人の息子から、陰鬱な、剃髪の修道会教師、それから出世して国民公会議員、続いて地方総督から皇帝陛下の臣オトラント公爵となり、そしてとうとういまや誰の臣下でもないフランスの独裁者となったのだ。陰謀は理想を破り、能才は天才に勝った。かつてフーシェの周囲に群がっていた不滅の世代は、いずれもすでに深淵ふかく沈んでいる。ミラボー逝き、マラーは暗殺され、ロベスピエール、デムーラン、ダントンは断頭台にたおれ、地方総督時代の同僚コローは熱病の島ギアナに流され、ラファイエットは退けられ、革命時代の同志たちは誰も彼も消えさってしまった。いま彼が、全党派の信任を受け、臨時政府の主席総裁に選ばれてフランスを左右しているときも、世界の支配者たりしナポレオンは卑しい服装に身をやつし、一介の将軍の秘書と偽り、偽の通行証を持ち、海岸めざして逃走している。ミュラーとネイは銃殺を待ち、ナポレオンがとりたてて国王にしてやった身内の者たちは、祖国を失い、懐中一文もなく、隠れ家から隠れ家へと渡り歩いているのだ。世界史のひとつの転換期が生みだした著名な人物はひとり残らず没落したなかを、彼ひとり闇の中を策謀し、地の下を掘りかえし、あくことなき粘りづよさでのぼり続けてきた。いまや内閣も、上院も下院も、彼の敏腕にかかって蠟のように意のままとなり、かつてあれほど権柄《けんぺい》ずくだった将軍たちも、恩給の心配でふるえあがり、ヒツジのようにおとなしく新主席総裁の命に従っているし、国中の市民も大衆も誰もが彼の決定を待っている。ルイ十八世は使者を遣わし、タレーランは挨拶をよせ、ワーテルローの勝者ウェリントンはうちあけた報告を送ってきた。彼の手はついに初めて、世界史を紡ぐ糸を手にし、堂々と誰はばからず、操っているのだ。途方もない仕事が彼を待ち受けている。たたかい敗れ、打ちひしがれた祖国を押しよせる敵軍の手から守り、内にあっては無益な断固抗戦の叫びをおさえ、外にたいしては寛大な講和を要求し、正しい国家形態と妥当な支配者を見つけだし、混乱のうちから新しい規範、永続的な秩序を創りださねばならないのだ。これをやりおおせるには、練達の手腕と、絶妙な円転滑脱さを必要とするが、じじつ誰もが混乱して取り乱しているなかにあって、フーシェのとった措置は無類の精力を示し、その計画は複雑にしてしかも驚くべき確かさをあらわしていた。この当時、彼はあらゆる人間と親しくしていたが、それはただただ、あらゆる人間を愚弄し、おのれにとって正しく、おのれにとって益あることを成さんがためだったので、議会にたいしてはナポレオンの息子を推すかに見せ、カルノの前では共和派を装い、大同盟諸国にはオルレアン公爵擁立をほのめかしていたが、そのじつひそかに舵をルイ十八世に向けていたのである。彼はまったく秘密のうちに、一番親しい仲間にすら、どこへ向かっているか気づかせることなく、ゆっくり巧妙に向きを変え、買収の泥沼を渡って王党派に泳ぎつき、まかされた政府をブルボン王家に売り渡す交渉を進めていたが、その間も、閣議や議会では断固たるナポレオン派、断固たる共和派として振る舞っていたのである。心理学的に見れば、彼のとった方法が唯一の正しい解決方法であり、いまや多量の出血に疲弊し、外国の軍隊が国土にあふれるフランスに安全をもたらし、摩擦なく過渡期を切り抜けるには、速《すみ》やかに国王と和を講じるしかなかったのは事実だ。そして、ただひとり現実感覚を有するフーシェが、ただちにその必要を理解し、閣僚や民衆、軍隊、議会の反対を押しきって、自分一個の意志と力でこのことを実現させたのである。

このころのフーシェは、およそありとあらゆる賢明さを備えていたのだ。だがその彼にも、たったひとつの賢明さ、問題のためには、自己の一身、自己の利害を忘れるという、最後にして至高至純の賢明さだけが――まさに彼の悲劇である！――欠けていた。この賢明さに従いさえすれば、齢五十六歳にして成功の絶頂に達し、一〇〇〇万いや二〇〇〇万にものぼる巨富を積み、同時代からも歴史からも尊敬を受けるにいたった人間は、かかる赫々たる業績を成しとげた暁には、いさぎよく引退すべきなのである。だが、二十年も権力に渇え、二十年も権力によって生き、まだ飽き足りぬ人間に、引退など、どだい不可能な話であり、フーシェも、権力の座から突き落とされる寸前になっても、引退できない点では――ナポレオンとそっくり同じなのであった。そして、もはや裏切る主君もなくなった現在、彼は自分自身と自分の過去を裏切るしかなかったのである。敗戦の痛手をうけたフランスを元の主君の手にかえすことは、このときにあってはきわめて現実的なことであり、大胆にして正当な政策だった。だがこの決定をくだすかわりに、チップとして大臣の椅子を受けとるというのは、卑劣きわまる行為、犯罪以上で、愚行というものである。しかしこの正気を失った野心家は、「パン生地に手をつける」（フランス語のことわざ）ように、ただの数時間でも世界史的状況のなかに手を突っこみ、拾い物をしたいばっかりに、この愚行をあえてしたのだ。その性《さが》より生じた、抜きがたい――最初にして最大の愚行であり、そのため彼は、後世の歴史の前で永遠におのれを卑しめているのである。権力に達する数千の階段を、彼はいままで巧妙にしなやかに、辛抱づよく上ってきた。だがいま、たった一度、その必要もないのに、不器用につまずいたばかりに、いっきょにして下まで転げ落ちたのだった。

　大臣の椅子と引きかえに、政府をルイ十八世に売り渡す交渉がどうして成立したかについて、幸いわれわれは特徴ある一編の資料、ふだんから慎重なフーシェの外交折衝を一語一語記した数少ない記録の一つである一編の資料を持っている。百日天下のとき、トゥールーズのヴィトロール男爵は、王党派中ただひとり勇敢な振る舞いを見せ、兵を集めて帰国したナポレオンを迎え撃ったが、武運つたなく捕らえられ、パリに護送された。皇帝は即刻銃殺に処する考えであったが、フーシェが介入した結果、軍事裁判が終わるまで男爵は衛戍《えいじゅ》監獄に収容することになった。フーシェは、いつも寛大な処置に賛成し、ことにまたいつか使えそうな敵にはそうだった。六月二十三日、フーシェがフランスの支配者となると、そのことを知った男爵夫人が夫の釈放を嘆願に訪れ、ブルボン家に誼《よしみ》を通じる必要を感じていたフーシェは、ただちにその願いを受け入れた。釈放された王党派の指導者ヴィトロール男爵は、翌朝さっそく、尽力を謝すため、オトラント公爵を訪れた。

そこで共和派に選ばれた最高権威者と、忠誠無比の王政主義者との間に、次のような政治的友好を示す会談がおこなわれたのである。

「さて、これからどうなさるかな？」

「ヘント（ベルギーの都市。ルイ十八世が亡命）へ行こうと思って、表に馬車を待たしております」

「それが一番賢明ですね。なにしろここではあなたは危険ですから」

「なにか国王にお伝えすることはございますか？」

「べつにございません。ただ陛下に、私の忠誠は変わりませんが、陛下がテュイルリーへ遷御になれるかどうかは、私の一存で決まらないのを遺憾に思っております、とお伝えください」

「ですが、私はまた、それはあなたしだいだと思っておりましたが」

「そうでもありませんよ。なかなかむずかしゅうございましてね。でも、ご存じかと思いますが（ここでフーシェはほほえんだ）、議会がナポレオン二世擁立を宣言しましたので、ずいぶん楽になりました」

「えっ、ナポレオン二世ですって？」

「もちろん、まずここから始めなきゃならないのですよ」

「ですが、それはまじめな話ではないのでしょうね」

「そうともいえますね。私も考えれば考えるほど、あの宣言が馬鹿げていると、確信を深めました。ですが、どれほどたくさんの人々が、ナポレオンの名前に執着しているか、あなたにはおわかりにならないでしょう。私の同僚でもふたりや三人は、ナポレオン二世で万事うまくいくと思っていますよ。なかでもカルノは極端ですがね」

「そういう冗談はいつまで続くのでしょうか？」

「おそらくナポレオン一世をかたづけるのに必要だったのと同じ期間ぐらいは続くでしょうね」

「それからどうなるでしょう？」

「さあ、それはわかりませんね。なにしろこのごろは、明日のこともわかりかねますからね」

「ですが同僚のカルノ氏が、そうナポレオンにご執心では、仲間にはいらないようにするのもなかなか大変ですね」

「とんでもない。あなたはカルノをご存じないのですよ。あの男をナポレオンから引き離すには、フランス国民の政府と言いさえすればよいのです。フランス国民という言葉を聞いたときのカルノをちょっと想像してごらんになるといいですよ」

　ここで、共和派に選ばれたオトラント公爵と王党派の使者のふたりは、公爵の同僚をあざけりながら声を合わせて笑った。彼らははやくもおたがいの腹のなかをわかり始めていたのである。

「それは結構なことですね。まあそうなるのでしょうが」

ヴィトロール男爵はまた話を続けた。

「ナポレオン二世とフランス国民の次には、ブルボン王家のことも考えていただきたいものですね」

「そりゃもちろんですよ」

フーシェが答えた。

「その次は、オルレアン公爵の番ですね」

「え、オルレアン公爵ですって？」

ヴィトロール男爵は思いがけぬ名前にあわをくって叫んだ。

「オルレアン公爵？　あなたはまた、国王がそんな、競売に出して世界中で値ぶみされた王冠でも、お受けになると本気でお考えなのですか？」

フーシェは笑って答えない。

だが、ヴィトロール男爵には、もう相手の考えは読めていた。この遠まわしな、皮肉たっぷりで一見なにげない会話の間に、フーシェは自分の意向を示したのだ。自分がその気になれば、むずかしい点もいろいろできてくる。ルイ十八世のかわりに、ナポレオン二世でもフランス国民でもオルレアン公爵でも押したてることができる。だが自分としてはどれも問題とはせず、三人を押しのけて、ルイ十八世に有利になるように図る用意がある。もし……ならば、ということをはっきり相手に感じさせたのである。このもし……は口に出しては言われなかったが、ヴィトロール男爵はフーシェのちょっとした微笑や、目つきや、身振りですべてを了解していた。ともかく彼は、もちろん国王と通信できるという条件つきで、パリのフーシェのもとにとどまる決心をしたのである。そのとき彼が、ヘントにある国王の行在所《あんざいしょ》へ密使を派遣したいから、通行証を二五枚交付して欲しいと申し出たところ、この共和派の警察大臣は共和国の敵の代理人に向かっていとも上機嫌でこう答えたのだった。

「五〇枚でも一〇〇枚でもお好きなだけ」

「それからもうひとつ、あなたと一日に一度お話をしたいのですが」

オトラント公爵はこれにも快活に答えた。

「一度ですって、それじゃ不十分だ！　二度にしましょう。朝と夜とね」

こうしてヴィトロール男爵は、安んじてパリにとどまり、オトラント公爵の保護のもとに、王と交渉を始めたのである。すなわちもし、もしもルイ十八世が、オトラント公爵を、きたるべき王政下の新内閣の大臣として甘受していただけるなら、パリは無抵抗で開城するでしょう、と報告したのであった。

ルイ十八世が、フーシェに大臣の椅子という報酬を支払って、彼の手でパリを無血開城させてはいかがでしょう、と持ちかけられたとき、いつもは血のめぐりの悪いブルボン家の国王も、いきりたった。

「断じてならぬ！」

憎むべきフーシェの名を閣僚名簿に載せようという高官どもに向かって、彼はどなりつけた。実際、国王殺害者のひとり、自分の兄の死刑判決に署名した男のひとりで、背教者で、過激な無神論者で、しかもナポレオンに仕えた男を王家へ迎え入れよとは、なんとも無理な要求ではないか！　王は憤激して叫んだ。

「断じてならぬ！」

だが国王や政治家や将軍連が「断じてならぬ！」と叫ぶのはどういうことかは、歴史を見ればすぐわかるというもので、彼らは降伏しようと思うとたいてい「断じてならぬ」と言うものだ。ミサを一度あげれば事はすむというのに、パリはそれだけの値打ちもないのだろうか？　アンリ四世以来、歴代の彼の祖先たちは、支配者になるためには同じように魂や良心の犠牲、イタリア語で言う知性の犠牲というのを払ってきたではないか？　廷臣たちや将軍たちから、ウェリントンから、そしてとくにタレーランから（というのは、この妻帯司教は、国王の宮廷で自分よりもっと邪悪な脇役が必要だったのである）、つまり四方八方から攻めたてられて、ルイ十八世の気持ちはだんだんぐらつき始めた。パリの城門を抵抗なしに開けてくれるのはフーシェだけです、と彼らは口をそろえて言うのだった。あの男はどんな党派にも属するし、いかなる主義も持つことのできる人間ですが、王位をねらう者にはいつでも手を貸してくれる最良の助力者です。血を流さずにパリを開城させるには、彼をおいてありません。それに昔は危険なジャコバン派でしたが、もうずっと前からりっぱな保守派に変わっていますし、前非を悔いて、ちゃんとナポレオンを裏切ったじゃないですか。とうとう国王は、心の重荷をおろすため、懺悔《ざんげ》して――「お気の毒な兄上、いまの私をごらんになれるものなら！」と叫んだと言われている――フーシェをこっそりヌイイ（パリ西郊の高級住宅地。ヌイイ城をタレーランが所有）に迎え入れた。もちろん、民衆の指導者が、たかが一大臣のポストのために国を売り、王位をねらう男が王座のためにおのれの名誉を売っている、ということがパリに知れては一大事なので、元ジャコバン派と、まだ王位についていない国王との間におこなわれた、この、近世史上もっとも破廉恥な取り引きは、例の背教司教タレーランひとりが立ち会って、極秘のうちにすまされたのである。

ヌイイでは、シェイクスピアかアレティーノの作品にでも出てきそうな、恐ろしい、悪夢のような光景が演じられた。聖王ルイの子孫であるルイ十八世は、おのれの兄を殺害したひとりであり、七度も誓いを破り、国民公会でも皇帝のもとでも共和国でも大臣を務めてきた男を迎え入れ、今度はおのれのために、八度目の誓いをたてさせたのだ。そのかみの司教から変節して共和派となり、さらにナポレオンの臣下ともなったタレーランが、その仲間の案内役だった。片足の不自由なタレーランは、歩きやすいように、フーシェの肩に手をかけていた。――シャトーブリアンが嘲笑したように、まったく背徳が悪徳を支えているかっこうだった。こうして、このふたりの無神論者、ふたりのオポチュニストは、兄弟のようにむつまじげに王の前にまかり出た。まず最敬礼。続いてタレーランが、王の兄を殺した男を大臣に推薦するというつらい役目を引き受けた。やせこけたフーシェの顔は、いつもより一段と蒼ざめて見える。それももっともな話で、なにしろかつて「暴君」とよび、「専制君主」と罵ってきた人間の前に膝をかがめ、昔その血を流すのに一役買った男と同じ血が流れている人間の手に接吻し、かつてリヨンの街で、その教会を略奪し、徒党を率いて冒瀆した、まさにその神の名において誓いをたてようというのだ。さすがのフーシェにとっても、これはきつい役だった！

　そういうわけで、オトラント公爵は、接見室を退出するときも、依然色蒼ざめ、今度支えてやらなければならないのは、タレーランのほうだった。フーシェは一言も発しなかった。カードゲームでもやるようにミサを読む、このシニックで厚顔無恥な司教が、いくら皮肉をとばしてみても、呆然と黙りこんだ男の口を開かせることはできなかった。その晩のうちに、彼はルイ十八世署名入りの大臣辞令をふところにして、なにも知らずテュイルリー宮で待ち受ける同僚のもとへ帰ったのだが、明日はここからほうりだされ、明後日は国外追放の身となるにちがいない彼らのなかにあって、さすがにフーシェもあまりいい気持ちはしなかったことであろう。この不忠きわまりない臣下は、一度は、臣従の境遇から脱し、自由に振る舞える身となったのだが——恐ろしい運命の敵意である！——捨てきれぬ奴隷根性のため、自由には耐えきれず、ふたたび無理やり隷属の境涯へ逃げ帰ったのだ。こうして昨日まで、強力でひとり立ちだったフーシェは、ふたたび臣従の身となり、またもやその自由な手を権力という奴隷船に縛りつけたのである（しかも自分では、運命の舵をとっていると思いこんでいたのだ）。だが、やがて彼も、奴隷船の漕ぎ手の印である焼き印まで押されることになるだろう。

翌朝、同盟軍はパリに進入し、かねて打ち合わせたとおり、テュイルリー宮殿を占領し、議員たちを簡単に閉めだした。フーシェは、いちおう驚いたふりをしてみせた後、それをよい口実として、同僚たちに、銃剣に抗議するため総辞職しようと提案した。同僚たちは、愚弄されているとも知らず、彼の悲愴な身振りにころりと引っかかった——かねての約束どおり、権力の座があき、まる一日、パリには政府がなくなった。こうしてルイ十八世は、彼の新警察大臣があらかじめ買収しておいた歓呼の声に迎えられ、ただ城門へ歩みよるだけでよかった。彼は、祖国の救済者として、感激のうちに受け入れられ、フランスは復古王政となったのである。

そのころやっと、フーシェの同僚たちは巧くだまされたことに気がつき、官報を見て、フーシェが自分らを売り渡すかわりに何をもらったかも知ったのだった。この瞬間、まじめで、廉直で、志操堅き（だが少々頭の悪い）カルノは、激怒し、なりたてほやほやの、王党派の警察大臣をさげすむようにどなりつけた。

「裏切り者め！　おれはいったいどこへ行けばいいんだ？」

　フーシェのほうも、負けずに軽蔑の念をあらわしながらやりかえした。

「好きなところへ行くさ。この愚か者」

　熱月《テルミドール》九日最後の生き残りの、このふたりの元ジャコバン派がかわした、おのおのの性格を如実にあらわしたこの簡潔な会話とともに、新時代のもっとも驚嘆すべきドラマは終わった。フランス革命とそれが生みだした、まばゆいばかりに怪奇な一場面、世界史を通過するナポレオンの行進は終わったのである。英雄的冒険の時期は過ぎ、ブルジョア時代が始まるのだ。

第九章　失脚と最期　一八一五—一八二〇年

一八一五年七月二十八日——ナポレオン主演の百日天下という幕間劇はすでに終わっていた——ルイ十八世は、白い天蓋を張った華麗な馬車に納まって、ふたたびパリへ都入りした。歓迎は盛大なものだった。フーシェが準備しておいたのだ。群衆は歓呼の声をあげて馬車を取り巻き、家々にはブルボン王家の白旗がひるがえっていた。白旗が間に合わなかった家では、ハンカチやテーブルクロスをステッキに結びつけて、窓から突きだしている。夜になると全市は数千の灯火であかあかと輝き、喜びあふれた人々は、ついには占領軍のプロイセンやイギリスの士官相手に踊りだした。敵対的な叫び声はまったくあがらず、万一に備えて召集されていた近衛兵はまったく無用の長物であった。実際にはこれは、もっとも信仰篤きフランス国王陛下の新警察大臣ジョゼフ・フーシェが、新しい主君のために、じつに手ぎわよく準備しておいたのである。オトラント公爵は、ひと月前までナポレオン皇帝の忠実な臣をうやうやしく演じていた同じテュイルリー宮で、ルイ十八世を待ち受けていた。ルイ十八世といえば、フーシェが同じこの宮殿で二十二年前、死刑を宣告した「専制君主」の弟君《ぎみ》であるが、いまや彼はこの聖王ルイ九世の子孫の前にうやうやしく最敬礼し、手紙にもすべて、「おそれ多くも、陛下のもっとも忠実にしてもっとも恭順なる臣」と署名している（一ダースも残っている自筆の報告書のなかには、文字どおりそう書いてあるものがある）。これは、彼がいままで演じてきた、かずかずの、曲芸のような性格の使い分けのなかでも、もっとも大胆なものだが、こうした政治的綱渡りもこれが最後となるのである。もちろん、しばらくの間は万事うまくいっているように見えた。王座がまだ安泰でない間は、国王はフーシェのような人物でもすげなくはねつけたりしないのだ。それからまた、こういう、あちらこちらと手品を使ってだまして歩くフィガロ（『セビリアの理髪師』や『フィガロの結婚』の主人公）のような人物は必要でもあった。まず第一に、選挙のときに使う必要があった。というのは、宮中では国民議会に頼みになる多数派が欲しいからだ。それにはこの「実績豊富な」共和派の民衆政治家が、ほかに類のない運動員として役だつのである。そのうえさらに、まだいろいろと、あまり愉快でない血なまぐさい仕事をかたづけねばならないとすれば、この使い古しの手袋をどうして利用しない法があろう。いやまったく、使ってから後で捨てればよいので、国王の手までよごすには及ばないのだ。

　こういう手をよごす仕事をひとつ、さっそく最初の日からかたづけねばならなかった。亡命中の国王は、百日天下の間、帰国した簒奪者《さんだつしゃ》ナポレオンに仕えた者には大赦を与えて、ひとりも罰しないとおごそかに約束していた。だが、満腹すれば考えも変わろうというので、王位をうかがっている間に約束したことを、後になって守る国王などめったにいないのである。いっぽう、おのれの忠誠を誇る王党派は、憤懣の念おさえがたく、もはや王座もふたたび安泰になったのだから、百日天下の間、白百合の旗からそむきさった連中は残らず処罰せよと要求した。いつの世でも国王よりも王政主義的に考える王党派の面々に激しく迫られて、ルイ十八世はとうとう願いを受け入れた。そしてその追放者名簿の作成というつらい仕事が警察大臣にまわってきたのである。

　こういう仕事は、オトラント公爵にとって愉快なものではなかった。ただ理性的に振る舞ったからといって、つまり強い者のほうへ、勝った者のほうへ実際についたからといって、そんなつまらないことで本当に人を罰すべきなのだろうか？　さらに、このいと信仰篤きフランス国王の警察大臣は、そういう追放者名簿をつくるとなると、ナポレオンのもとで警察大臣だった、かのオトラント公爵、つまり自分自身こそ、当然のこととして筆頭に載ることになると思いあたったのである。やれやれ、なんとまあひどいことになったものだ。フーシェはまず、ずるい手を使って、この不愉快な仕事を免れようともくろんだ。要求されたとおり、おもだった三〇人か四〇人の名簿を提出するかわりに、三〇〇人から四〇〇人、いやそれどころか、多くの人の主張によると一〇〇〇人もの名前を載せた、数枚の二つ折り判の書類を即座に提出してひとを驚かせ、この全員を処罰するか、誰も罰しないか、どちらかにしてくれと要求したのである。国王にはそんな勇気はとてもないだろうし、いまいましい仕事もこれで終わりだろう、と彼は希望的観測をくだしていた。ところが、どっこい、ときの内閣の首班は、彼とまったく同じような古ギツネのタレーランだった。タレーランは、この薬はわが友フーシェには苦いものだということをすぐさま見てとり、無理やりのませようといやがうえにも迫ったのである。タレーランは容赦なく名簿を削減し、とうとう四、五〇人ぐらい残しておいて、この死刑と追放の宣告に署名するというつらい仕事をフーシェに指示したのであった。

　こうなった以上、フーシェにとって一番賢明な方法は、帽子をかぶって、さっさと宮殿を出ていくことだったろう。だが、これまでもたびたびあったように、またしてもここでフーシェの弱点が示されたのだった。彼の野心はあらゆる賢明さを備えていたが、ただひとつ、ちょうどよい潮時に身を引くという賢明さだけが欠けていた。フーシェにとっては、みずから進んで大臣の椅子から立ちあがるよりは、むしろ人の不興や憎悪や怒りを受けるほうがまだましだったわけである。こうして、フランスのもっとも著名にして高貴な名前を載せた追放者名簿が、かつてのジャコバン派の男の副署を添えて発表され、おおかたの憤激を招いたのであった。「勝利の組織者」にして共和国の創始者カルノの名前も、無数の勝利に輝き、ロシア遠征のときに、敗走する殿軍《しんがり》を救ったネイ元帥の名も、臨時政府時代のすべての同僚も、国民公会や革命時代の同僚もひとり残らず、すべてこの名簿に載っていた。死刑か流謫をもっておどしつけるこの恐ろしい名簿には、ここ二十年の間に、その業績によってフランスに栄光をもたらした人々の名前がすべて見出されるのだ。だが、この名簿にもたったひとつだけ欠けている名前があった。オトラント公爵、ジョゼフ・フーシェの名前である。

だが厳密にいうと、それも欠けてはいないのである。オトラント公爵の名前もこの名簿には載っている。しかし、ナポレオン政府の大臣として、告発され、弾劾される側に載っているわけではなく、すべての同僚を死刑か流謫に処する国王の大臣として、つまり処刑執行人として記載されているのである。

かつてジャコバン派だった者が、この自分で自分をおとしめた行為によって良心に手ひどい打撃を受けた以上、国王もなにか感謝の念をあらわさないわけにはいかなかった。オトラント公爵ジョゼフ・フーシェにたいして、最後にして最高の栄誉が与えられたのである。五年来やもめ暮らしをしていた彼は、再婚の決心をかためていたが、思いおこせばかつてあれほど残忍に「貴族の血」に飢えて渇望していたこの男だったが、自分が結婚の絆を結ぼうとしている相手は、名家の血の流れる人間であった。すなわち、その相手とは、貴族のなかの貴族ド・カステラーヌ伯爵の令嬢であり、したがって、彼がヌヴェールにいた時代に好んで演説に用いた表現を借りれば、「法の刃の下に倒れねばならぬ、かの犯罪者一味」の一員なのであった。だが、さまざまな証拠を見てもわかるとおり、かつてのジャコバン派の権化、血まみれのジョゼフ・フーシェは、根本から考え方を変えてしまったのである。一八一五年八月一日のいま、彼は教会へはいっていくが、それは一七九三年当時のように、「狂信の恥ずべき印」である十字架や祭壇を鉄槌で叩きこわすためではない。貴族の血の流れる花嫁とともに、司教冠《ミトラ》すなわち誰しも思いだすだろうが、彼が一七九三年、ロバの耳にかぶせて嘲弄を加えたあのミトラをかぶった男から、うやうやしく祝福を受けるためなのである。貴族の古い習わしにしたがって――オトラント公爵ともなれば、ド・カステラーヌ伯爵令嬢と結婚するにふさわしい礼儀を心得ていたのだ――この結婚証書には、第一流の宮廷貴族が連署した。そして、ルイ十八世は、筆頭証人として、自分の兄を殺害した男のために、この世界史にもただひとつの書類に自筆で署名したが、もっともふさわしい証人でもあったし、もっともふさわしくない証人でもあった。

　これは大変なこと、前代未聞の大変なこと、というか大変すぎることであった。なんとなれば「弑逆者《しいぎゃくしゃ》」つまり国王殺害者の身で、断頭台に消えた王の弟に結婚の証人を頼むという、まさにこの無類の厚顔さは、貴族の間に、途方もない憤激をまき起こしたからである。貴族たちは、このあさましい変節漢が、昨日や一昨日やっと王党派になったばかりのこの男が、まるで本当に廷臣か貴族であるかのように振る舞っているではないかと、ぶつぶつ不平を言いだした。この、忌まわしい姿をさらして大臣の椅子を汚している「革命のもっとも汚らわしいおこぼれ」を、いったいなんでまた、いまだに使っているのだ？　たしかに、この男は国王のパリご帰還に手を貸したが、フランス最良の人たちの追放令に、いつでも買収できるその手を貸して副署したのも事実だ。いまになったらさっさと追い出すべきだ！　国王がパリ市門の前で入城を待ってあせっている間は、血を流さずにパリへ入るためには、どうしてもオトラント公爵に大臣の椅子を提供してその助けを借りねばならない、と国王に迫った当の貴族たちが、同じ人々が突然、オトラント公爵なんて知らない、と言いだしたのである。しかし彼らは、リヨンで大砲を放って、数百人もの司祭や貴族たちを虐殺し、ルイ十六世の死刑を要求したジョゼフ・フーシェという男のことだけはしつこく記憶していたのだ。オトラント公爵は、国王の控え室を通っても貴族一同の誰も挨拶しなくなり、挑戦的に背を向けて軽侮の念を示すようになったことに、突然気がついた。「リヨンの虐殺者」にたいする弾劾文が突如あらわれて回覧され、その頃新しく結成された、「カムロ・デュ・ロア」（二十世紀に結成の王党派暴力組織）などの祖先に当たる愛国団体が集会を開き、白百合の旗からこの汚点を洗い清めよときっぱり要求したのである。

だが、こと権力となると、フーシェはそう簡単には降参しない。彼はしっかりと権力にかじりついた。この当時フーシェを監視していたスパイの秘密報告を読むと、彼があらゆる方面へ手を伸ばして、からみつこうとしているのがよくわかる。まあ、つまるところ、敵国の主君たちもまだこの国にいるわけだし、あの連中が、国王より国王的な臣下どもから彼を助けてくれるかもしれないというものだ。というわけで彼は、ロシア国王を訪問し、ウェリントンやイギリス大使と毎日数時間も会談し、また占領軍に抗議を発して民衆の人気を博そうと試みながら、同時に誇張した報告を提出して国王に不安を与えようとするなど、あらゆる外交技術を駆使していた。彼はまた、ワーテルローの勝者に頼んで、ルイ十八世にとりなしに行ってもらい、銀行家や女性たちや、最近できた友人たちも動員した。いや、辞めたりはしないぞ。彼はこの地位を得るにあたり、良心を静めるためにずいぶん高い代価を払ったので、死にもの狂いの抵抗をせずにはおれなかったのである。そして実際にフーシェは、数週間の間は、練達の泳ぎ手のように、横になったり、あおむけになったりしながら、政治の海に沈まずにいられた。しかも彼は、例のスパイの報告によると、この間ずっと、明るい見こみがあるかのように見せかけていたのであり、またおそらくそういう見こみを持ってもいたのであろう。なんといっても彼はこの二十五年間、不断に上昇を続けてきたのだし、ナポレオンやロベスピエールのような相手もかたづけてきたのだから、あんな単純な貴族の一団ぐらい、なんで心配する必要があろう！　この、昔からの人間軽蔑家は、世界史上最大の偉人たちを打ち負かして生き残ってから、もはや、長い間、人間を恐れたりすることはなかったのである。

しかし、この百戦練磨の傭兵隊長も、海千山千の物知りも、ひとつだけ習いおぼえていないことがあった。それは亡霊と戦うことであり、こればかりは、誰に習うわけにもいかないのだ。宮廷には、ひとつの亡霊が、復讐の女神エリニュスのごとくさまよっていることを彼は忘れていた。すなわち、あの大虐殺のとき、家族のなかでただひとり生き残った、ルイ十六世とマリー・アントワネットの実の娘であるアングレーム公爵夫人のことである。国王ルイ十八世は、なんといってもフーシェを許すことはできた。結局のところ彼は、このジャコバン派の男のおかげて王位にのぼったのであり、またこういう遺産を相続するのであれば、いくら高貴な人々でも、兄を殺された苦痛がやわらぐことも、ままあるものなのである（歴史がそれを証明するだろう）。国王は、あの恐怖時代を自分で経験していないから、フーシェを許すのは容易なことだったが、これに反して、アングレーム公爵夫人、つまりルイ十六世とマリー・アントワネットの娘には、子どものころ経験した身の毛もよだつような光景が、血や肉にしみこんでいた。彼女の思い出は忘れようとて忘れられるものではなく、彼女の憎しみは何ものをもってしても消せるものではなかった。彼女は、あのジャコバン派の男、あの恐ろしい人殺しを許すには、あまりに多くのことを、自分のからだで、自分の心に体験してきたのだ。当時まだ子どもだった彼女は、サン＝クルーの城で過激共和派《サン・キュロット》の民衆が、衛兵を打ち殺し、血のしたたる靴をはいたまま父と母の前に踏みこんできたあの恐ろしい晩、がたがたと震えながらすごしたのだった。それから、「パン屋の親方とそのおかみさんとがきども」といわれて、父親、母親、弟と、四人いっしょに馬車に押しこまれ、嘲り罵る群衆のまんなかを通り、刻一刻死の影におびえながら、テュイルリー宮へ引きずっていかれたあの晩も体験してきた。それからあの八月十日、暴民どもが斧で母親の部屋の扉を打ち破ってなだれこみ、父親の顔に赤い帽子をかぶせて嘲笑し、胸に槍をつきつけたあの日のことも知っている。それからタンプル監獄で、ぞっとするような日々を送り、母の友だちランバル公爵夫人の、血だらけの髪の毛がばらばらに乱れている首が、槍の穂先に突き刺されて窓から部屋に投げこまれた、あの身の毛もよだつような恐ろしい瞬間も経験した。断頭台に引かれていく父と最後の別れをかわしたあの晩のことを、狭い部屋に押しこめられ、シラミにたかられながら、衰弱していった弟との別離を、どうして彼女が忘れられようか？　お前の母親マリー・アントワネットは、自分の息子にみだらなことをしたということだが、裁判に出て証言しろ、と日夜訊問し責めさいなんだ、赤い帽子のフーシェの仲間を、どうして思いださずにいられようか？　とうとう引き離された母親を断頭台へ引いていく護送車が、下の街路の舗石に車輪の音をガラガラと響かせていったあの瞬間を、どうして忘れさることができようか？　いいや、ルイ十六世とマリー・アントワネットの娘であり、タンプルに幽閉されていた彼女は、ルイ十八世のように、これらさまざまの恐ろしい事実を、新聞で読んだり第三者から聞いたりしたのではなかった。これらの恐怖は、おどかされ、さいなまれ、苦しめられ、陰惨だった子ども時代に、心に深く焼きつけられて消しがたいのである。父を殺害した者、母をさいなんだ者、幼時の恐怖、あらゆるジャコバン派と革命派、これらにたいする彼女の憎悪は、いまにいたるも消えうせず、復讐はまだ遂げられていないのだ。

こうした思い出は、忘れようとて忘れられるものではない。そして彼女は、叔父の大臣であって父親殺害の共犯者であるフーシェには、決して手を差し伸べず、同じ席で同じ空気を吸うことは決してすまいと誓い、全廷臣の前で、大臣にたいするその軽蔑と憎悪の念をあからさまに、挑戦するかのように見せつけたのであった。彼女はこの国王殺害者、おのが節操の裏切り者が出席するいかなる饗宴にも、いかなる催しにも、絶対に足を踏み入れなかった。そして彼女が、この裏切り者にたいする軽蔑を、公然と、あざけるように、熱狂的に見せつけたため、他の者たちの廉恥心もしだいにかきたてられていった。とうとうルイ十八世に王族一同は口をそろえて、もはや王座も安泰となったのだから、兄王の殺害者に辱めを与えて、テュイルリー宮から追いだしてほしい、と要求した。

ルイ十八世は、思いおこせば、フーシェの大臣登用に乗り気ではなかったし、人々の激しい要求を受けて使ったのも、必要やむをえなかったからにすぎない。もはやフーシェを必要としていない王は、喜んで、いわば気もはればれと彼に暇を与えたのである。フーシェがなにも知らずに、「陛下のもっとも忠実なる臣」と副署しているとき、国王はこの男について言ったのだった。

「かわいそうな公爵夫人に、いつまでもあのいやらしい顔を見せておいてはならない」

そして、もうひとりの裏切り者タレーランに、国民公会時代とナポレオン時代からの友人である男に、テュイルリー宮では君はもう望ましい存在ではないということをフーシェにはっきり伝えよ、という王命がくだされたのである。

タレーランは喜んでこの仕事を引き受けた。彼は、そうでなくとも最近は王党派の風当たりがだんだんきつくなっていて、舵を向け替えるのに苦労していたのだ。底荷を捨てて、自分の幸運の船をなるべく早く水面へ浮かばせたいと望んでいた矢先だった。そして、彼の内閣で一番の重荷は、なんといってもこの国王殺害者にして昔の相棒であるフーシェなのだが、彼を舷越しに投げ捨てるという一見つらい仕事を、世なれたタレーランは、じつに見事にやってのけた。ぶしつけに、あるいは厳然と、罷免を通告するというやりかたは、タレーランのとるところではない――老練な儀礼の達人にして、最上流貴族たる彼は、フーシェ氏にとうとう最後のときがきたことをわからせるため、魅力的な方法をとったのだ。この十八世紀貴族の最後の生き残りが、喜劇や陰謀を演じるのは、いつもサロンという楽屋だが、今度もまた彼は、手荒い追放の処置に、ありとあらゆる繊細無比な儀礼の衣をまとわせたのであった。十二月十四日、タレーランとフーシェは、ある夜会の席で顔を合わせた。人々は食べたり、スピーチを述べたり、雑談にふけったりしていたが、なかでもタレーランはとりわけ上機嫌のようだった。美しい淑女たちや、貴顕紳士や、若い人々はみな、この話術の大家から話を聞こうと集まってきて、彼のまわりはたいへんな人だかりであった。そして実際、その夜の彼の話はすばらしいものだった。彼はずっと昔、国民公会時代に、逮捕命令を逃れるため、アメリカへ亡命していた当時のことを語り、このすばらしい国を感激をこめてほめそやした。ああ、あそこはなんとすばらしいところでしょう。前人未踏の森林には、太古さながらの赤い皮膚の先住民が住んでいますし、たとえばポトマックの大河のようなかずかずの大きな、まだ探検されてない河や、エリー湖のような巨大な湖があるのです。そしてこの英雄的なロマンチックな国には、新しい人種が住んでいます。彼らは鋼鉄のように鍛えられ、有能で強壮で、百戦練磨の戦士で、自由を誓い、その法律は模範的で、その発展の可能性は考えられないくらいです。実際あそこには学ぶべきものがたくさんありますよ。あそこには新しい、よりよい未来があるのが感じられるし、くたびれたわれわれのヨーロッパより千倍も活動的ですよ！　われわれはああいうところにこそ住んで働かねばなりません。タレーランは感激して叫んだのだった。私には合衆国駐劄《ちゅうさつ》大使ほど魅力のある仕事はないように思えますが……。

そして、思わず感激したというふりを、彼はここで突然やめて、フーシェのほうを向いて言ったのである。

「オトラント公爵、あなたもこういう地位におつきになりたくないですか？」

フーシェはたちまち蒼白となった。タレーランの腹のなかがわかったのである。この古ギツネめ、満座のなかで、並みいる廷臣の面前で、なんともずるい巧妙な手を使って、大臣の椅子を取り上げたな、と心中怒りにふるえ、彼は一言も答えなかった。数分後、辞去したフーシェは、家へ帰って辞表を書いたのである。タレーランは上機嫌で後に残っていたが、家へ帰る道すがら、あやしげな微笑を浮かべて友人に言ったものだった。

「とうとう今度は、あいつの首をへし折ってやったよ」

　こんなにはでにほうりだしたフーシェにせめて薄いマントぐらいかけてやろうというわけで、罷免された大臣には形式だけの、つまらない仕事が提供され、「官報」には「弑逆者」のジョゼフ・フーシェ、警察大臣を免ぜらる、とは発表されず、ルイ十八世陛下、オトラント公爵をドレスデン宮廷駐在公使に任命遊ばさる、と記載されたのである。もちろん、誰しも、その位階からいっても、世界史的な地位からいっても、不似合いな、こんな何らおもしろくもないポストは拒絶するだろうと思っていた。だが、とんでもない大違いだった。フーシェにして一片の理性さえあれば、彼のような国王殺害者はこの反動的な王国に仕える道は完全に断たれ、葬られてしまったのであり、このみすぼらしい餌も、数カ月しないうちに口からもぎとられることぐらい見抜けないはずもなかったのだが、かつてはオオカミのように大胆だったその魂も、権力にたいする激しい渇望のため、いまやイヌのように卑屈なものとなりさがっていた。ナポレオンも、最後の最後までその地位に執着をたちきれず、皇帝という虚名の玩具に固くしがみついていたものだが、フーシェもまたそっくり同じだった。ただ彼のほうは、さすが臣下だけのことはあって、はるかに品が悪く、名前だけの大臣という、およそくだらぬ、最後の称号に執着した。彼は膠《にかわ》のようにぴったりと権力にくっついていたのであり、永遠の従者にふさわしく、今度もまた、心中憤懣にみちみちながら、うやうやしく君命に従ったのである！

「かしこくも陛下のご任命遊ばし給うた大使の地位を受くるにあたり、臣は、恐懼《きょうく》感激致しております」

五十七歳にもなり、二〇〇〇万の巨富も積んでいるこの男は、半年前に自分のおかげでやっとふたたび王位に昇った人間に、うやうやしく書状をもって奉答したのだ。そしてさっそく荷造りしたうえで、家族全員を引き連れて、ちっぽけなドレスデンの宮廷へ向かい、その地で王侯のような暮らしを送って、余生を大使として終わるつもりであるかのように振る舞ったのである。

しかし、それからまもなく、彼が長らく恐れていたことが現実となってあらわれた。ブルボン王家は、彼がかつてルイ十六世を断頭台に送ったときに発した「ラ・モール（死刑）」という一語にたいし、いずれ釈明を要求するだろうということを、彼は正に本能から察知していて、この二十五年間、終始彼はブルボン王家の帰国に反対し、死にもの狂いでたたかってきた。そして、王党派のなかへこっそりまぎれこみ、王の忠良な臣下を装えば、彼らをだませるだろうと、愚かにも考えていたのだった。だが今度ばかりは、彼がだましたのは、他人ではなく、自分自身だった。というのは、ドレスデンの新居にやっと新しい壁紙を張り、机や寝台を備えつけたと思ったとたん、すでに本国の議会では、雷鳴がとどろいていたのである。もはやオトラント公爵の名を口にする者はひとりもなく、そういう名前の高官が、かつて歓呼のうちに新国王ルイ十八世のパリご帰還を取りはからったことなどひとり残らず忘れさり——みなが口にするのは、フーシェ氏という男のこと、「弑逆者」であり、一七九二年（正しくは七三年）に国王の処刑に賛成したナントのジョゼフ・フーシェのこと、また「リヨンの虐殺者」のことなどだけだった。そして、この「主より選ばれし国王陛下に手を振り上げた」男は、三三四票対わずか三二票の圧倒的多数で、あらゆる大赦権を奪われ、フランスから終身追放されたのである。当たり前のことながら、これで、公使の地位も屈辱的に罷免されたわけである。同情もされず、あからさまなあざけりと軽侮のうちに、いまや彼はただの「フーシェ氏」となり、閣下でもなく、レジオンドヌール勲章佩帯《はいたい》者でもなく、元老院議員でもなく、大臣でもなく、高位高官でもなく、ただひと蹴りで街頭にほうりだされてしまったのだったが、それと同時に、ザクセン王国の王にたいして、この私人フーシェが個人の資格でドレスデンにとどまることももはや好ましくないと、公式に通告がなされたのであった。数千の人間を追放に処してきたその男が、二十年後のいま、その最後の者として、国民公会時代の幾多の闘士の後を追い、呪われ、故郷を失って、流謫の身となったのである。かつて権力者たりしとき、あらゆる党派の共鳴が取り巻いたように、いまやあらゆる党派の憎しみは一致して、権力を失い流謫の身となった失脚者の彼にそそがれた。いまとなっては、いかなる策謀も、抗議も嘆願も、もはやなんの効き目もない。権力を失った権力者、失脚した政治家、破産した賭博打ちの類いほど、この世で哀れをとどめる者はないのだ。フーシェは、かつてただの一度も、理想や、人類のもつ道徳という情熱に仕えたことがなく、つねに移ろいやすい瞬間と人間の寵愛に奉仕してきた罪の報いを、遅ればせながら、高い利子をつけて支払ったのである。

さて、どこへ行ったらいいだろう？　だが、フランスから追放されたオトラント公爵は、初めのうちは、たいして心配もしていなかった。なんといっても、おれはロシア皇帝のお気に入りで、ワーテルローの勝者ウェリントンの友人で、権威ならびなきオーストリアの宰相メッテルニヒだって友人ではないか？　おれがスウェーデンの王位につけてやったベルナドットだって恩に着ているし、バイエルンの諸侯だってそうじゃないか？　外交官はみな、年来の知り合いだし、ヨーロッパ諸国の王侯はすべて、おれの好意を得んものと熱中してきたではないか？　ちょっとそうほのめかしてやれば、どの国も、追放のアリステイデス（古代ギリシアの政治家、将軍。「正義の人」と称される。「陶片追放」で追放）に宿を貸すのに競争するだろう、とこの失脚者は思っていた。だが、世界史の、権力者にたいする扱いと失脚者にたいする扱いは、なんと違うことだろう！　いくらほのめかしてみても、ロシア皇帝からはなにも言ってこないし、ウェリントンも同様であった。ベルギーは、国中もう元ジャコバン派でいっぱいだから、と断ってきたし、バイエルンも要心深く婉曲に辞退してきたし、メッテルニヒ侯爵も、古い友人のくせに、ひどく冷たい態度だった。まあ、オトラント公爵がなにがなんでも来たいというなら、しようがないからオーストリア領内へ来てもいいよ。来るのまで反対しなくたっていいんで、それぐらいの度量はこちらにもあるさ。だが、ウィーンには絶対来ちゃいけない。いかんよ、ウィーンじゃ、君なんかどうしようもないからな。それからイタリアも、絶対行っちゃいかん。まあせいぜいどこか小さな田舎町に滞在するぐらいならいいが（おとなしくしていればだよ！）、それもニーダーエスターライヒやウィーンの近くはいかん。たしかに、この昔からの親友メッテルニヒは、ひどくつらくは当たらなかったが、百万長者のオトラント公爵が、全財産をオーストリアの土地か紙幣に変えたいと言ってみても、息子をオーストリア軍に勤務させると言ってみても、そのよそよそしい態度をくずすことはなかった。オトラント公爵が一度ウィーンを訪れたいと申し出たときも、彼は慇懃《いんぎん》に断った。いや、それはいかんよ、こっそりお忍びで行くのなら、プラハへは行ってもいいよ。

というわけで、ジョゼフ・フーシェは、正式の招待も受けず、なんの名誉もなく、つまり、招かれたというより、我慢してもらって、ドレスデンからプラハへ移ったのである。こうして、彼の四度目の流謫生活が、その最後にして、もっとも陰惨な流謫生活が、始まった。

プラハでももちろん、この身分は高いが、権力の高みからぶざまに転げ落ちた客人は、喜んで迎えられはしなかったし、ことに土地代々の貴族たちは、冷たい素ぶりをみせた。というのも、ボヘミアの貴族たちは、いまもなおフランスの新聞を読んでいたからだが、その新聞は、いまや時こそきたれと、復讐の念に燃え、激烈なフーシェ「氏」攻撃の記事を満載し、何度も何度も、微に入り細を穿って、このジャコバン派の男が一七九三年、いかにしてリヨンで教会を略奪したか、いかにしてヌヴェールで金庫を空にしたか、書きまくっていたのである。かつてフーシェが警察大臣たりしときは、その堅い拳にふるえあがり、歯をくいしばって怒りをこらえていたこれら卑小な新聞記者たちは、いまこそとばかり、無抵抗な彼に、めったやたらにつばを吐きかけたのだ。いまや運命の車輪は、狂ったように猛烈なスピードでまわっていた。かつては世界の半ばを監視していた彼が、今度は自分が監視されることになったのである。かつての生徒や下僚たちは、彼が天賦の才をもって発明した警察技術をことごとく彼らの教師に適用し、オトラント公爵のところへくる手紙も、彼が出す手紙も、すべて秘密警察の手で開封され、複写された。密偵は、どんな会話も盗聴し、行く先はすべて尾行され、一挙手一投足が見張られていた。どこへ行っても監視され、取り巻かれ、見張られているのが感じられた。彼自身の技術、彼自身の科学が、それを発明した当の本人、精妙きわまりないこの人物を試験台として、その陰惨きわまりない精妙さを実証しているのである。さすがの彼もこの恥辱にはたえかねて、救いを求めたが、徒労であった。ルイ十八世にあてて手紙を書いてもみたが、かつて彼自身、廃位後のナポレオンになんの返事もしなかったように、ルイ十八世も、罷免された男にはなんの返事もよこさなかった。メッテルニヒ侯爵にも手紙を出してみたが、彼もせいぜいのところ官房の下僚に命じて、イエスかノーしか書いてないぶっきらぼうな返事をくれただけだった。誰にぶたれてもおとなしくしていろというわけで、騒ぎたてたり、苦情をいうのは、このへんでやめるべきなのだ。こうしてただ、恐怖によってのみ人の気に入られていた男は、誰にも恐れられなくなってからは、誰からも軽蔑されるにいたった。政治世界最大の賭博師も、最後の切り札まで出しつくしたのである。

ぬらりくらりと捕まえどころのないこの男は、二十五年の長きにわたって、しばしば襲いかかる運命の手をすりぬけてきたが、ついに決定的に打ち倒されたいま、運命は、失墜せるこの男に襲いかかり、容赦なく打ちのめしたのである。ジョゼフ・フーシェは、プラハで、政界人としての屈辱に引きつづき、個人としても、もっとも苦痛にみちたカノッサ詣で（教皇に謝罪する訪問の故事）を味わった。一八一七年、プラハでおこったささやかな挿話以上に、彼の道徳的屈辱をあざやかに象徴する話は、どんな小説家でも創作できないであろう。なぜならば、彼の悲劇には、いまや、あらゆる不運につきまとう、不愉快な諷刺画、すなわち人を笑いものにする要素が加わったからである。彼は政治家としての屈辱に加えて、夫としてのはずかしめも受けたのである。もちろん、齢わずかに二十六歳、絶世の美人にして名門の娘だったフーシェ夫人が、五十六歳にもなり、頭は禿げあがり、骸骨のような顔をした男やもめに心を許したのは、愛情のためでなかったことは確信をもって請け合えるであろう。だが、他の点ではなんの魅力もないこの求婚者も、一八一五年当時はフランスで二番目の権力者にして、二〇〇〇万の大富豪で、閣下と公爵の称号を帯び、もっとも信仰篤きフランス国王陛下の大臣としてあたりを払っていたのであり、だからこそ、美貌だが貧乏な田舎伯爵の令嬢は、フランス最上流貴婦人のひとりとして、あらゆる宮廷の宴席やフォーブール・サン＝ジェルマンに時めきたいという、もっともな希望にとりつかれたのである。そして実際に結婚当初は、なかなか有望なように見えたのだった。かしこくも国王陛下は、至尊の身で、結婚証書にご署名を賜わり、祝賀の宴には、廷臣貴族がつめかけ、パリの豪華な城と、プロヴァンスの二ヵ所の所領と公爵の居城は、オトラント公爵夫人をお泊めするため競い合った。この女性野心家は、こうした栄耀栄華と二〇〇〇万にのぼる巨富の引きかえがあればこそ、無味乾燥な、頭の禿げあがった、羊皮紙のように黄色い顔色をした、五十六にもなる夫を買ったのである。しかし、伯爵令嬢は、そのすばらしい青春をあまり売りいそいで、悪魔の金をつかまされてしまったのだ。蜜月もやっと終わったか終わらぬうちに、はや彼女は、世の尊敬を受けている国務大臣夫人ではなく、フランスでもっとも嘲けられ、もっとも憎まれている人間、追放されて祖国を失い、世界中からさげすまれているフーシェ「氏」の妻であることに気づかねばならなかったからである――あの栄華を誇る公爵様は、跡かたもなく消えうせ、彼女の手に残った男は、うすよごれて、気むずかしくて怒りっぽい、ただの老人にすぎなかった。だから、この二十六歳の夫人と、同じく追放された古い共和主義者の息子であるチボドーという若者との間に「恋愛的友情」関係が結ばれたとて、さほど不思議なことではなかった。もっとも、その関係が、どの程度まで恋愛で、どの程度まで友情だったのかは、わかった話ではない。しかし、これが原因で、嵐のような場面が展開され、フーシェは、チボドー青年に立入禁止を命じたのだが、いまいましいことに、この夫婦げんかはたちまち知れわたってしまった。多年彼の前でふるえあがってきた王党派の新聞は、いつかこの男をひっぱたいてやろうと、あらゆる機会をうかがっていたが、いまやその家庭内のゴタゴタについて、悪意にみちた記事を発表した。プラハにいるオトラント公爵の若夫人は、老いぼれ亭主の目をかすめ、情人とかけおちしたと、下劣な噂話を広め、読者はみな大喜びであった。まもなく、オトラント公爵は、社交界に顔を出すと、女性たちが皮肉な目つきで、いまを盛りと咲き誇る若妻と、これっぽっちも魅力のない自分の姿を比較して、笑いをかみころしているのに気がついた。こうして、その昔、さまざまなデマを流し、他人の世間話や、スキャンダルを飽くことなく追いかけてきたこの老人は、悪意あるデマによる人殺しの犠牲になるのがどれほど不愉快なものかということも、そういう中傷とたたかうのは不可能で、逃げだすのがもっとも賢明だということも、わが身で経験して知ったのである。彼はこういう運命にあって初めて自分の零落《れいらく》のはなはだしさを知ったのであり、プラハの流謫生活は地獄と化した。彼は改めて、このたえがたい町を去り、どこかオーストリア域内の他の場所を選びたいと、メッテルニヒ侯爵に許しを請うた。さんざ待たせたあげく、メッテルニヒは情け深くも、リンツへ移ってもよいと許可をくれた。こうして、幻滅し疲れきったこの男は、かつておのれの前に服従していた世界の人々の、憎悪と嘲りを恐れ、屈辱のうちに、かの町へと引き下がっていったのである。

リンツというと、たいていのオーストリア人はにやりとする。この名前は、なんとなく、地方《プロヴィンツ》と語呂が合うからである。その町の住民は、たいてい土地に生まれ育った小市民で、船舶労働者とか手工業者のような貧しい人々であり、貴族といえば、古くから住みついた地方貴族が二、三いるきりだ。プラハのように、偉大な輝かしい伝統があるわけではなく、オペラもなければ、図書館もなく、劇場もなければ、賑やかな貴族の舞踏会も、豪華な祭りもない——まったく眠くなるような、正真正銘の地方都市で、退役軍人の隠棲地といった趣の町なのである。年老いたフーシェは、こんな町に、ふたりの若い、ほとんど同年輩の女性を連れて引っ越してきたが、ひとりは妻であり、もうひとりは娘であった。彼は豪奢な邸を借り受け、改築して上品な邸宅にしたものだから、いままでこんな百万長者が住んだことはついぞなかったリンツの町の商店や、御用商人は、有頂天となった。このちょっとおもしろそうな、金のおかげでなんとなく上品に見える外国人と交際しようとした家庭も二、三あったが、貴族たちは、元はといえば平民の小商人の息子で、ナポレオンのおかげでやっと（そのナポレオンも彼らの目から見れば単なる冒険家にすぎないのだが）その薄い肩に公爵のマントをかけてもらったにすぎないこのフーシェ「氏」より、カステラーヌ伯爵令嬢として生まれながらの貴族である夫人のほうを露骨に好み、ご交際願ったのである。それにここリンツでも、役人は、できるだけフーシェと交渉を持たないよう、ウィーンから指示を受けていた。そういうわけで、かつては情熱的な活動家であった彼も、いまや完全に孤立し、ほとんど誰からものけ者にされて暮らしていたのである。そのころ、ある同時代人が、公共の舞踏会におけるフーシェの姿を、その回想録のなかであざやかに描きだしている。

「公爵夫人が大もてにもてているというのに、フーシェ自身がまるきり相手にされていないありさまは、なんとも奇妙なものであった。フーシェは中肉中背、がっしりしているが太ってはおらず、醜い顔をした男だった。舞踏会にくるときは、いつも決まって金ボタンのついた青のフロックコートに、白のズボン、白の長靴下といういでたちで、胸には大きなオーストリアのレオポルト勲章をつけ、いつも煖炉の前にぽつねんと立って、ダンスを見つめていた。かつてはフランス帝国の大臣として権勢ならびなかったこの男が、ひとりしょんぼりと立って、誰にも相手にされず、ときたま誰か役人が話しかけたり、チェスを申し込んだりすると、いかにもうれしそうにするありさまを見るにつけ、私は、いやでも、この世の権力やこの世の偉大さというものが、いかに移ろいやすいものか、考えざるをえなかった」

情熱的な精神の持ち主であるこの男を、最後の瞬間まで支えていたのは、たったひとつの感情であった。すなわち、もう一度政治の世界にのぼっていこうという希望である。疲れはて、消耗し、それに肉体までもうだいぶ利《き》かなくなっていたが、彼は依然として、自分のような無類の功労者は、かならずもう一度、昔の仕事に呼び戻されるにちがいない、運命はこれまで何度も、闇から引きだし、政治というあの神々しい世界的賭博に呼び返してくれたが、もう一度そうしてくれるにちがいない、という迷妄から逃れられなかった。彼は絶えまなく、フランスにいる友人たちと秘密の通信をかわし、この年老いたクモは相変わらず秘密の網を張り続けたが、その網もいつまでもリンツの軒先の垂木《たるき》に顧みられることもなく張られているだけだった。彼はまた名を偽って、「オトラント公爵に関する、一同時代人の覚書」という匿名の頌文を発表し、自分の性格や才能をこのうえなく生き生きと、ほとんど抒情詩的に描いて見せ、それと同時に、私信のなかで注意深く、オトラント公爵は回想録を執筆中で、まもなくブロックハウス社から出版され、ルイ十八世にも献上の予定であるという情報をまき散らして、敵を威嚇しようとした。彼はこういう手段によって、あまりにも大胆不敵な連中に、かつての警察大臣フーシェは、まだ箙《えびら》のなかに、矢の二、三本ぐらい持っているぞ、それも命取りの毒矢を持っているのだぞ、ということを思いださせたかったのだ。だが奇妙なことに、彼を恐れる者は誰もいないし、どうしてもリンツからは抜けだせず、彼を呼んだり引きだそうと思う者は誰もいないし、彼の助言や助力を求める者もひとりもいなかった。そして、なにか別の原因で、フランス議会が追放者の召還を討議したときも、誰も彼には関心を持たず、憎悪の対象ともならず、考えてくれる者はひとりもいなかった。世界政治の舞台を去ってからわずか三年で、どんな役でも比類なく演じたあの偉大な俳優は、まったく忘れさられてしまい、目に見えぬ沈黙が、ガラスの棺のように、その上におおいかぶさっていた。オトラント公爵という人物は、もはやこの世には存在せず、あるのはただ、疲れて、怒りっぽくなり、見知らぬ退屈なリンツの町を、何事かつぶやきながら散歩している、ひとりの孤独な老人だけであった。ときどき、行きから出入りの商人たちが、病み疲れ、打ちひしがれたこの男に、ていねいに帽子をとる。だがそれ以外に、この世に彼を知る者はひとりもいないし、彼のことを考えてくれる者もひとりもいない。歴史というつねに永遠の側に立つ弁護人は、ただ瞬間のことのみ考えてきたこの男に、残酷きわまりない復讐をくわえたのだ。生きながらに葬ったのである。

かくして、オトラント公爵は完全に忘れさられ、彼に注意をはらう者は二、三人のオーストリア警察官以外にいなくなったのであるが、一八一九年、とうとうメッテルニヒが、公爵に、トリエステへ移ることを許可した。だが、この処置も、ただ、メッテルニヒが、ある確かな筋から、瀕死の人間にはこれくらいの情けはかけてもよいと聞き知ったからにすぎなかった。無為は、この仕事の虫、休むことを知らぬ人間を、三十年の労役よりひどくいためつけ、疲れさせたのであり、その肺はだめになり始め、彼はもはやきびしい気候に堪えられなかったのである。そこで、メッテルニヒは、死の準備にと、より日当たりのよい場所、トリエステへ行くことを許したのであった。そしてトリエステでは、疲れはてたひとりの男が、重い足どりで教会に入り、手を組み合わせて、ベンチの前でぬかずきながら、ミサに聞き入っている姿がしばしば見られるようになった。それは、四半世紀年前、その手で祭壇の十字架を叩きこわした往年のジョゼフ・フーシェが、いまや「笑うべき迷信のしるし」を前にして、白い頭を垂れてぬかずいている姿であった。そのとき彼は、昔勤めた修道院の静かな廊下を思いだし、郷愁に胸ふさがれていたのかもしれない。内にあるなにかがまったく変わってしまい、かつてはあれほど野心に燃え、闘争を好んだこの男は、いまやあらゆる敵と和解を求めていた。かつての偉大な敵対者ナポレオンの兄弟姉妹も――彼らもすでにはるか以前に失脚し、世間から忘れさられていた――ときどき彼を訪れ、腹蔵なく過ぎし昔を語り合うようになっていたが、彼らもみな、この男が、疲れはて、まったく柔和になっているのに驚いた。この哀れな残影には、かつてあれほど恐れられ、危険だった人間、二十年の長きにわたって世界を手玉にとり、その時代の最強の男たちに膝を折らせた人間を思いださせるようすがもなかった。いまや彼が求めるのは、平和と穏やかな死、それだけであった。そしてじつ、彼は最後の瞬間になって、いま一度、神と人間とに和解したのである。なぜ神との和解というかといえば、この往年の戦闘的無神論者、キリスト教迫害者、祭壇破壊者は、臨終も迫った十二月のある日、「忌まわしい欺瞞者」（ジャコバン派時代の五月の日々、そう呼んでいた）のひとりである司祭を呼び寄せ、敬虔に手を組んで、終油の秘跡を受けたからである。人間との和解というわけは、死の数日前、息子に命じて机を開けさせ、なかの書類をすべて取りださせたからである。盛大に火が燃やされ、幾百幾千の手紙がすべて投げこまれた。そのなかにはおそらく、数百人の人々がその公開をひどく恐れふるえあがっていた回想録も含まれていたことであろう。死に臨む人間の弱気のせいか、遅まきながらの最後の善意か、後世を恐れてのことか、まったくの無関心のためだったのか――いずれにしろ彼は、それまでに見られなかった、ほとんど敬虔ともいえるような考慮をはらい、他人を傷つけ敵に復讐を加えうるものをすべて、死の床で絶滅してしまったのだ。人生と人間に飽きはてたこの男は、ここに初めて、名声と権力にかわる別の幸福を求めたのであり、それは忘却であった。

一八二〇年十二月二十六日、北の海のとある港町に始まったこの風変わりな波瀾万丈の人生は、南の海の町トリエステにその幕を閉じた。十二月二十八日、休みなく駆けまわったこの追放者の亡骸は、最後のやすらぎの床に横たわった。かの高名なオトラント公爵が死去したという報道も、そのときは世間になんの関心も引き起こさなかった。ただ一条の、淡く、細い追憶の煙が、消えうせていたその名前から立ちのぼり、しばしたゆたった末、平穏な時代の空へ、跡かたもなく消えていった。

四年の後、もう一度、不安の炎が燃え上がった。世間からひどく恐れられていたあの男の回想録が出版されるという噂が流れたのである。多くの権力者や、失脚したフーシェに大胆にも打ちかかっていった多数のあわて者は、背筋に冷たいものが走るのを覚えた。本当にあの男は、墓のなかから、またもや危険な口を開いてしゃべり始めるのだろうか？　警察の机の引出しのうしろから取りだしてとうとうかたづけてしまったと思っていた資料や、あまりにも内輪のことが書いてある手紙や、評判を落とす危険のある証拠書類などがふたたび明るみに出て、殺人的な噂を広めるのだろうか？　しかし、フーシェは死後もなお、おのれに忠実であった。目先のきく出版屋が一八二四年にパリで刊行した回想録は、彼自身と同様に、あてにならぬ代物だった。この頑固な沈黙家は、墓のなかへはいっても、決して真相を明らかにしなかった。嫉妬深いこの男は、土の下までもおのれの秘密を携えたまま去り、おのれ自身、一個の秘密、一条の薄明と化して、ついに全貌を示さなかったのである。だが、まさにそのゆえにこそ、その姿は不断の興味をもって、かつては彼自身があれほど見事に演じてのけたのと同じ遊び、すなわち、つかのまに去り行く足跡から、複雑に錯綜したその人生の全貌を探り、波瀾万丈のその運命から、このきわめて注目すべき政治的人間が、精神のいかなる種属に属するかを発見するという、中世の異端審問にも似た遊びへと、人々を誘うのである。

解説

まず、この『ジョゼフ・フーシェ』の作者、シュテファン・ツヴァイク（一八八一―一九四二年）そのひとについての紹介から始めよう。ドイツ文学では、このツヴァイクと同姓のアルノルト・ツヴァイク（一八八七―一九六八年）という大作家がもうひとりべつにいて、ほぼ同時代に同程度の声価を確立した存在であるから、混同しないように注意したい。二人ともユダヤ系のドイツ語作家であるが、大ざっぱな印象としての特徴的な違いは、シュテファンの方がオーストリア・ウィーン出身の都会的、西欧的な存在なのに対して、アルノルトの方は北ドイツ生まれで、戦後は東ドイツに住み、社会主義的作家として高く評価されているという点であろうか。どちらも小説の名手であり、「ツヴァイク」とはドイツ語で「枝」という意味である。

といっても、このシュテファン・ツヴァイクがいわばアルノルトの方とは反対に「反革命的」な立場かと早合点してしまっては、せっかく『フーシェ』を読み、その背景のフランス革命を理解しようというのに、はなはだ面白くない。あらゆる偏見をすてさって、歴史のなかに人間のありのままの姿を読みとろうとするのが、シュテファンのシュテファンたるところであり、いってみれば、彼は「最後のヨーロッパ人」「大知識人」であって、戦争に反対し平和主義に徹したヒューマニストとして、社会主義陣営からも大きな尊敬を受けている。押しもおされもしない巨匠であるのだ。日本でもすでに邦訳の作品全集が出ているくらいで、他の通俗的な伝記作家などの追随をゆるさない、高邁な大芸術家ともいえよう。アルノルトが遺憾ながら日本ではまだほとんど紹介されていず、ほとんど知られていないのとは対照的に、日本を含めた世界各国で最も広く愛読されているドイツ語作家のひとりである点は、ちょうど兄ハインリヒ・マンがほとんど日本で知られていない大作家なのに対して、弟トーマス・マンの方は戦前から広く知られたノーベル賞作家であるという関係とよく似ている。しかし、マン兄弟と違って、両ツヴァイクには血縁関係はない。

そこで、これからは専らシュテファン・ツヴァイクのことに限って、筆を進めることにしよう。ツヴァイクは一八八一年十一月二十八日、ユダヤ系オーストリアのブルジョア家庭の息子としてウィーンに生まれた。死んだのはブラジルのリオ・デ・ジャネイロ近郊のペトロポリスで、一九四二年二月二十三日のことである。いうまでもなく彼はナチ・ヒトラー時代に、彼自身離れることを最も不本意としていたヨーロッパから亡命せねばならなくなり、イギリスにしばらく滞在した後、アメリカを経て、講演旅行としてブラジルに行き、結局亡命した。ペトロポリスに小さな家を借り、およそ五カ月後、そこで若い女性秘書（第二の妻）と共に自ら生命を絶った。ブラジルは国葬をもって彼の死を悼んだという。

彼はウィーンとベルリンの大学で哲学と文学（ドイツ文学と西洋古典学）を学び、学位もとり、また欧州各地をはじめ北アフリカ、インド、アメリカ等をさかんに旅行し、見聞を広め、各地に知己を得た。第一次世界大戦中にすでにスイスに亡命して反戦活動に従い、ロマン・ロランやヴェルハーレンと親交を結ぶ国際人ともなっている。詩人としてエッセイストとして早くから文名をあげ、蔵書家としても一家をなして、とくに有名人の署名入本や原稿の蒐集では国際的に知られていた。一九一九年以降、モーツァルトの生地として今日でも音楽祭で世界に知られるザルツブルクに定住し、後年この蒐集品蔵書類はナチの手で没収破棄の悲運にあった。しかし、一九二八年には、トルストイの生誕百年の記念日に、ソビエト・ロシアにまで招待され、その年、彼の全集のロシア語訳がゴーリキーの序文つきで出版されているくらい、彼の平和主義者としての声望は高かったのである。

ヒトラーがドイツの政権を握ったのは一九三三年一月のことで、それから急ピッチに彼ツヴァイクは苦難の道を歩まねばならなくなる。その前後の不安な推移については彼の回想録『昨日の世界』（一九四四年刊）が実に生きいきと叙述しているところだが、最後の数年間、彼は憂鬱症にかかっていたといわれ、その原因を彼みずから、ヨーロッパのヒューマニスティックな理想の崩壊と彼自身の内面的な危機感の昂進に帰しているが、もう一息がんばれば、彼も大戦後の「明日の世界」へ踏み入ることができたのにと、惜しまれる。ヘルマン・ヘッセが「一つの悲劇的な時代に、人類の旗を高く保持し続けた詩人に敬意を表する」として一九四六年にノーベル賞を授与されたことを思えば、一層その感は深い。

ツヴァイクは高校時代からすでに言葉の芸術形式への愛好を自分にふさわしい存在様式として認識しており、十九世紀末の古都ウィーンの詩的ムード、とりわけホーフマンスタールや新ロマン派、フランス象徴主義、印象主義等の影響を受け、最初から完成した形式美をもつ繊細な芸術至上主義者として出発した。と同時に、当時のウィーンで絶大な影響力をもったフロイトの心理学が彼の上に決定的な刻印を押しており、またウィーンとパリの伝統的に密接なつながりが彼にパリへの深い親近感を植えつけ、ヨーロッパ人としての精神的成熟を促している。若くして彼はヴェルレーヌ、ボードレール、ヴェルハーレンのドイツ語訳を試み、その名訳ぶりは今もなお賛嘆の的となっている。短篇小説の名手としても、彼は絶妙な珠玉の作品を数多く書き続けたが、なかでも、反ファシズムの色濃い遺作『将棋《チェス》の話』（一九四二年）の結実はおよそ世界文学中の最高峰にまで達していて、映画化もされた（一九六〇年）ものである。

しかし、なんといっても、彼の名を世界中に最も広め、各国語に訳されて一種のベストセラー作家としての盛名をほしいままにしたのは、いわゆる歴史・伝記物的な領域での彼の仕事であろう。彼の博学多識、博引旁証、その真似《まね》をしようにもできない精緻な考証に裏づけられた分析力と洒落《しゃれ》たスタイルの機智豊かな文章には、「よき時代のヨーロッパ」の最も円熟した遺産の継承者としての彼の本領が最もよく生かされたといってよいだろう。

彼の作品はまず読者をぐいぐいとひきつけて、息もつかず一気に読ませずにはいないのである。

周知のように、世界史の決定的瞬間十二のドラマを「歴史のミニアチュール」として集めてみせる『人類の星の瞬間』（一九二七年）、バルザック、ディケンズ、ドストエフスキーの肖像を描く『三人の巨匠』（一九二〇年）、ヘルダーリン、クライスト、ニーチェを対象とする『魔神との戦い』（一九二五年）、カザノヴァ、スタンダール、トルストイ三枚続きの聖壇装飾画をかたちづくる『三詩人の生』（一九二八年）、平和主義ヒューマニズム理想の信仰告白ともいえる『エラスムスの勝利と悲劇』（一九三四年）、反ファシズムの激しいプロテスト『カルヴァン対カステリオ』（一九三六年）や『マゼラン』（一九三八年）等々、これらの伝記に登場する偉大な人々を総称して、彼は「世界建築の巨匠たち」と呼ぶのである。

しかし、伝記物でありながらきわめて小説的に組み立てられて長篇《ロマン》のように愛読されるツヴァイクの最大の代表作は、衆目の一致するところ、『ジョゼフ・フーシェ』（一九二九年）、『マリー・アントワネット』（一九三二年）『メリー・スチュアート』（一九三五年）の三連作であろう。『フーシェ』はその筆頭に位置して、次作『アントワネット』と共にフランス革命を大舞台とする壮大なドラマをくりひろげる。このフランス革命とは、ツヴァイク自身の「詩的創造者としての歴史」という文章を借りれば、「普通なら百年かかるところを、たった五年の間に、あれほど多くの世界素材を自身のうちに吸収変化させていったフランス革命――ひとりの生きている人間の内部の思想と心のあらゆる面を性格学的に表現したあの時代。真の政治家だったミラボー、煽動家のダントン、学者で冷静で明晰だったロベスピエール、民衆煽動家マラーなどを、まずわれわれは思いだす。そのほかまぎれもない理想家たちや、心底からの背徳者たちが、演技のかぎりをつくして活躍し、荒っぽい動作で交錯し、対立し、権力の座にのぼったり、首の座にすえられたりした。しかも、ギロチンへと続くこのまったく不思議な行列のなかで、前を歩む人を刑場へとかりたてるものはみな、自分の背後にもすでに人がいて、自分を同じ首斬り刀の下へおしやることになろうとは夢にも知らないでいる。……なんという奇怪な、ホルバインじみた死の舞踏会だろう。会場の人々は時を忘れて踊りくるい、ついに革命はその度はずれた大騒動のために自滅してしまう。いまや、革命の相続人ナポレオンは、打ちすてられた王冠をわがものとするために、ちょっと手を伸ばしさえすればよい――」という比類のない詩的パノラマなのである。

しかも、歴史とは、ツヴァイクの前掲と同じ文章によれば、「世界文化への目をひらかせようとする偉大な教育者として、私たちすべてを青春の庭でむかえてくれる」貴重な対象であって、にもかかわらずツヴァイク自身は青少年期のオーストリアで偏狭な愛国主義的歴史教育を受けたことによっていかに誤った歴史観、人間観を植えつけられたかを痛恨し、つまるところ、二度の忌まわしい世界大戦の原因はそうした誤った歴史教育にあることを怒りをもって告発しているのであって、この切実な反省の上に立って、彼は敢《あ》えてみずから歴史を再検討し、みずから「偉大な教育者としての歴史」の書を次々と書きあげていかずにはいられなかったものと思われる。第二次世界大戦の直前にアメリカで彼のおこなった講演「明日の歴史記述」がこのことを力強く語っているし、彼の歴史への情熱には、平和を愛し、戦争に反対する彼のヒューマニズムが脈々と感じられるのである。わが日本でも、これとまったく同じ意味で、最近の歴史教育が再び逆行しつつある危険を、われわれはいくら強調しても足りないであろう。この点においても、ツヴァイクを読むことの意味はますます重大となりつつあるのである。

一般にツヴァイクの『フーシェ』は、姉妹篇たる『アントワネット』の王朝悲恋の優艶な物語とは対照的に、非情冷酷な政治の世界の楽屋裏を完膚なきまでに告発するリアリストの眼力の所産として、悪玉フーシェを徹底的にあばきだす面白さを無類の魅力とする。その点でツヴァイクの作品のなかでも最も傑出した作品と目されている。まさにこの特色は「バルザック的」とでも形容したいリアリズムであり、さらにその上にツヴァイク独自の、一切を危機的状況へと集中し盛りあげていく立体的な構成力によって、つねに陰に隠れた陰惨な黒幕的人物フーシェが生きいきと浮きぼりにされてくる。ツヴァイクはその晩年の未完の伝記として、彼の生涯の最大の目標だった『バルザック』伝を第三稿まで仕上げて死んだのである。遺稿は友人R・フリーデンタールによって整理編集され、一九四六年に出版された。邦訳もすでに出ている（水野亮訳一九五九年〔二〇二三年、中公文庫〕）。『フーシェ』を読みとおすためには、ある程度のフランス革命をめぐる予備知識が必要であろうが、逆に本書を読んでフランス革命への興味をかきたてられる読者も少なくあるまい。訳者も、歴史学の門外漢であるから、ひとまずこの翻訳を進めるための手近な参考書として、ソブール著小場瀬・渡辺訳『フランス革命』（岩波新書版）を選定し、歴史上の訳語をこれによって統一することとした。同書はフランス史学の最新成果とされている定評のものであるが、この中でフーシェの名は後半部でようやく三ヵ所に登場しているにすぎない。その第一は、革命時の非キリスト教化の徹底の一例として、「フーシェは一七九三年十月に、教会外での一切の儀式を禁じ、墓地を非宗門化した」とあり、二と三とでは、フーシェは、公安委員会が地方に派遣した恐怖政治の代表の「大テロリストたち」のひとりにあげられ、腐敗分子のひとりとされるだけに留まっている。歴史と文学の違いを考えることもこの際の一興であろう。

「人権宣言」の後のフランスにフーシェのような悪玉が泳いでいたのと同じように、「平和憲法」以後のわが日本にも、小フーシェどもがうようよしている。訳者がかつて『マリー・アントワネット』の訳を世に送ったときは、あたかも皇太子の御成婚、いわゆる「ミッチー・ブーム」のさなかだったが、さて今日では、日本のどの「田舎芝居」を「フーシェ的」とみたてたらよいだろうか。これまたわれわれにとって興味つきない一テーマにちがいないが、それにはまず、ツヴァイクの歴史物を読みついで、われわれ自身がツヴァイク的な歴史を見通す眼を身につけることが必要であろう。ツヴァイクが晩年にモンテーニュを愛読し、モンテーニュに関する著作を準備していたことも、フロイトの精神分析への彼の傾倒とあわせて、こうした側面から彼の眼力を理解する上に大きな示唆を与えてくれよう。

山下　肇

後記

最初に書誌的なことを書いておくと、本訳書は、一九六二年に「世界教養全集　二七巻」（平凡社）に、山下肇訳として収められ、一九七〇年に潮文庫（潮出版社）に収録された。その後長らく絶版状態だったが、今回、この潮文庫版を底本に、著作権継承者である次男の山下萬里が、訳文の見直しをおこなったものである。

なにぶん六十年以上前の翻訳なので、フランス革命関係の用語や人名・地名の表記など、当時と現在では微妙に違っている。それらを改め、訳文にも手を入れた。フーシェの生きた、フランス革命からナポレオンの時代は、さまざまなことが短期間のうちにみるみる変転していく。もともと父も入れていた割註をかなり増やしたが、それはまったくの素人で、フランスの歴史にも地理にも暗い筆者自身の理解のためでもあった。父の「解説」は、潮文庫のために一九七〇年に書かれたと思われる（若干調整してある）。中で触れられている映画化された短篇小説は、再映画化されて近年日本でも公開された。

さて、校正刷りを送りかえして、その足で（気分転換に）イギリスのベストセラー作家ジェフリー・アーチャーの『運命の時計が回るとき』（ハーパーBOOKS、戸田裕之訳）

を買った。自宅で頁を開くと、「著者インタビュー」に次のようにあり、驚いた。

「私はシュテファン・ツヴァイクを愛しているんです。彼はストーリーテラーと作家の完璧な組み合わせです。〔中略〕二週間で全作品を読破したんですよ」

亡くなった、ツヴァイク好きで知られた児玉清さんがきいたら、膝を打って喜ばれたことだろう。最近では、ツヴァイクが話題になることはすくなくなっているから。かつては、折にふれてツヴァイクのことを、それもこの『ジョゼフ・フーシェ』のことを推奨していた司馬遼太郎は、たとえば次のように書いている。

「政治家を小説の主人公にして成功した例は、シュテファン・ツヴァイクの『ジョセフ・フーシェ』のほか、わずかの例しかない」（『最後の将軍』「あとがき」）

たしかに、ツヴァイクの代表作といわれる本作は、見事に成功している。こんなに面白かったか、と思わず呟きたくなるほど、読んで面白いのだ。そしてやがて読者は、フーシェを案内人として、フランス革命とナポレオンの偉大と悲惨に思いいたることになるのである。

最後に、今回の中公文庫編集部の太田和徳さんと橋爪史芳さんをはじめ、これまでお世話になった多くの方々に心から御礼を申し上げたい。

父の十七回忌、母の七回忌にあたる二〇二四年に

山下萬里

主な参考文献・テクスト

安達正勝『物語フランス革命――バスチーユ陥落からナポレオン戴冠まで』中公新書、二〇〇八年

五十嵐武士・福井憲彦『世界の歴史21　アメリカとフランスの革命』中公文庫、二〇〇八年

杉本淑彦『ナポレオン――最後の専制君主、最初の近代政治家』岩波新書、二〇一八年

河原忠彦『シュテファン・ツヴァイク――ヨーロッパ統一幻想を生きた伝記作家』中公新書、一九九八年

（『ジョゼフ・フーシェ』高橋禎二・秋山英夫訳、岩波文庫、二〇一一年改版も参照した）

Zweig, Stefan, *Joseph Fouché*, FISCHER Taschenbuch, Frankfurt am Main, 2011.

本書は、山下肇訳『ジョゼフ・フーシェ』（一九七〇年、潮文庫）を底本とし、山下萬里が全面的に改訳したものです。

中公文庫

ジョゼフ・フーシェ
——ある政治《せいじ》的人間《てきにんげん》の肖像《しょうぞう》

2024年7月25日　初版発行

著　者　シュテファン・ツヴァイク
訳　者　山《やま》下《した》　肇《はじめ》
　　　　山下《やました》　萬《ばん》里《り》
発行者　安部　順一
発行所　中央公論新社
〒100-8152　東京都千代田区大手町1-7-1
電話　販売 03-5299-1730　編集 03-5299-1890
URL https://www.chuko.co.jp/

ＤＴＰ　ハンズ・ミケ
印　刷　三晃印刷
製　本　小泉製本

Published by CHUOKORON-SHINSHA, INC.
Printed in Japan　ISBN978-4-12-207542-9 C1123

マ-10-5
戦争の世界史（上）技術と軍隊と社会
W・H・マクニール
高橋 均 訳
軍事技術は人間社会にどのような影響を及ぼしてきたのか。大家が長年あたためてきた野心作。上巻は古代文明から仏革命と英産業革命が及ぼした影響まで。
205897-2

マ-10-6
戦争の世界史（下）技術と軍隊と社会
W・H・マクニール
高橋 均 訳
軍事技術の発展はやがて制御しきれない破壊力を生み、人類は怯えながら軍備を競う。下巻は戦争の産業化から冷戦時代、現代の難局と未来を予測する結論まで。
205898-9

マ-2-4
君主論 新版
マキアヴェリ
池田 廉 訳
「人は結果だけで見る」「愛されるより恐れられるほうが安全」等の文句で、権謀術数の書のレッテルを貼られた著書の隠された真髄。〈解説〉佐藤 優
206546-8

ウ-9-1
政治の本質
マックス・ヴェーバー
カール・シュミット
清水幾太郎 訳
ヴェーバー「職業としての政治」とシュミット「政治的なるものの概念」。この二十世紀政治学の正典を合わせた歴史的な訳書。巻末に清水の関連論考を付す。
206470-6

シ-10-1
戦争概論
ジョミニ
佐藤徳太郎 訳
19世紀を代表する戦略家として、クラウゼヴィッツと並び称されるフランスのジョミニ。ナポレオンに絶賛された名参謀による軍事戦略論のエッセンス。
203955-1

ク-6-1
戦争論（上）
クラウゼヴィッツ
清水多吉 訳
プロイセンの名参謀としてナポレオンを撃破した比類なき戦略家クラウゼヴィッツ。その思想の精華たる本書は、戦略・組織論の永遠のバイブルである。
203939-1

ク-6-2
戦争論（下）
クラウゼヴィッツ
清水多吉 訳
フリードリッヒ大王とナポレオンという二人の名将の戦史研究から戦争の本質を解明し体系的な理論化をなしとげた近代戦略思想の聖典。〈解説〉是本信義
203954-4

ホ-1-5
中世の秋（上）
ホイジンガ
堀越孝一 訳
二十世紀最高の歴史家が、フランスとネーデルラントにおける実証的調査から、中世人の意識と中世文化の生活と思考の全像を精細に描いた不朽の名著。
206666-3

各書目の下段の数字はISBNコードです。978－4－12が省略してあります。

ホ-1-6　中世の秋（下）
ホイジンガ
堀越孝一 訳
歴史家ホイジンガが十四、五世紀をルネサンスの告知とはみず、すでに過ぎ去ったものが死滅する時季と捉え取り組んだ、ヨーロッパ中世に関する画期的研究書。
206667-0

ホ-1-7　ホモ・ルーデンス
ホイジンガ
高橋英夫 訳
人間は遊ぶ存在である——人間のもろもろのはたらき、生活行為の本質は、人間存在の根源的な様態は何か、との問いに対するホイジンガの結論が本書にある。
206685-4

た-87-2　フランス革命夜話
辰野　隆《ゆたか》
大革命を彩るロベスピエール、シャルロット・コルデー等の人物秘話、ルイ十六世の最期、熱月九日の真相を軽妙洒脱に語る名著を復刻。〈解説〉小倉孝誠
206159-0

か-56-1　パリ時間旅行
鹿島　茂
オスマン改造以前、19世紀パリの原風景へと誘うエッセイ集。ボードレール、プルーストの時代のパリが鮮やかに甦る。図版多数収載。〈解説〉小川洋子
203459-4

か-56-2　明日は舞踏会
鹿島　茂
19世紀パリ、乙女たちの憧れは華やかな舞踏会！　フロベール、バルザックなどの作品を題材に、当時の女性の夢と現実を活写する。〈解説〉岸本葉子
203618-5

か-56-3　パリ・世紀末パノラマ館　エッフェル塔からチョコレートまで
鹿島　茂
19世紀末、先進、躍動、享楽、芸術、退廃が渦巻く幻想都市パリ。その風俗・事象の変遷を遍く紹介する魅惑の時間旅行。図版多数。〈解説〉竹宮惠子
203758-8

お-68-2　〈女らしさ〉の文化史　性・モード・風俗
小倉孝誠
近代社会において〈女らしさ〉はいかに規範化され、共有されたのか。「見られる女」の変遷を辿り、規制されてきた女性の身体を浮き彫りにする。増補改訂版。
207526-9

モ-11-1　男のイメージ　男らしさの創造と近代社会
ジョージ・L・モッセ
細谷　実／小玉亮子／海妻径子 訳
社会で共有される理想の男性像はいかに成立しナショナリズムの主要素となったのか。近代社会の成立から20世紀末までを射程に描く〈男らしさ〉の近現代史。
207502-3